KOSMOS NaturReiseführer

Andrea Kath · Karin Blessing

Spanien/Balearen

Reisen und erleben
Tiere und Pflanzen entdecken

Kosmos

Inhalt

Spanien
Zwischen Atlantik und Mittelmeer

Spanien ist ein Kontinent im Kleinen: Vergletscherte Hochgebirge, flirrende Wüsten, saftiggrüne Hügellandschaften, weite Sandstrände am kristallklaren Mittelmeer oder die trockene Meseta mit Weizenfeldern und Olivenbäumen wechseln sich ab. Und wer sich nicht allein für die Natur interessiert, der kann in den Städten auf den Spuren römischer, maurischer, jüdischer oder christlicher Geschichte wandeln.

Geschichte

Aufstieg und Fall eines Weltreichs

Die Geschichte Spaniens reicht bis in das Paläolithikum zurück. Bereits vor 40.000 Jahren hat hier der Cromagnon-Mensch gelebt. Aus der Altsteinzeit stammen die Höhlenmalereien in Altamira und aus der Jungsteinzeit Funde der Megalith-Kultur. Aus den Iberern, die aus Nordafrika einwanderten, und den Kelten, die vor rund 3.000 Jahren über Galizien kamen, entstanden die Keltiberer, die Urbevölkerung Spaniens.

In der Antike gründeten Griechen und Phönizier Handelsniederlassungen am Mittelmeer. Später vertrieben die Karthager die Griechen, verloren aber ihren Besitz im 2. Punischen Krieg (218–201 v. Chr.) an die Römer, die daraufhin ganz Spanien eroberten. Erst die Germanen beendeten während der Völkerwanderung die römische Herrschaft. Auf Alanen, Vandalen und Sueben folgten im 5. Jahrhundert nach Christus die Westgoten, zunächst als Verbündete Roms, später beherrschten sie das Land allein. 711 unterlag der Westgotenkönig Roderich dem Berberführer Tarik bei Gibraltar. Doch im Jahr 718 schlugen die Westgoten bei Covadonga die nach Norden drängenden Mauren. Fast 800 Jahre dauerte es allerdings, bis die Katholischen Könige Isabella von Kastilien und Ferdinand von Aragón 1492 den letzten Maurenherrscher aus Granada vertrieben. 1516 wurde Karl V. spanischer König und drei Jahre später Kaiser des Deutschen Reiches. Spanien war plötzlich Weltmacht, von Ungarn bis Italien, von Deutschland bis Burgund reichten seine Grenzen.

Unter Karls Sohn Philipp II. zeichnete sich jedoch bereits der Niedergang des Weltreichs ab. Hohe Militärausgaben brachten Spanien mehrfach an den Rand des Staatsbankrotts. Gleichzeitig erreichte das Land seine kulturelle Blüte. Es begann das Goldene Zeitalter (siglo de oro) mit Reformern wie Teresa von Ávila, Literaten wie Miguel de Cervantes und Malern wie Diego Velázquez. Philipp III. war zudem ein schwächlicher König. Auch seine Nachfolger Philipp IV. und Karl II. waren schlechte Re-

Der spanische Bürgerkrieg

Per Knopfdruck wird eine schaurige Szene heute in Toledo wieder allgegenwärtig: Im Alcázar ist auf Tonband jenes letzte Telefongespräch zu hören, das der franquistische Oberst Moscardó am 23. Juli 1936 mit seinem Sohn führte. Der Militärchef der regierungstreuen Truppen der liberalen Regierung Giral forderte den Oberst auf, sich zu ergeben. Anderenfalls würde man seinen Sohn Luis töten. Der Vater gab nicht auf – die Republikaner erschossen daraufhin den Sohn. Erst einige Tage zuvor, am 17. Juli 1936, hatte sich die Armee in Marokko unter General Franco gegen die Republik erhoben.

Die Zweite Republik zerbrach an den konservativen Kräften im Land, die jede Reform zu verhindern versuchten. Schon 1933 gründete José Antonio Primo de Rivera, Sohn des Ex-Diktators, die rechtsgerichtete Falange Española. Im Bienio Negro 1934–1936 jagte eine politische Krise die nächste. Nach den Parlamentswahlen im Oktober 1933 hatten die Rechtsparteien zunächst die Mehrheit, die Gewerkschaften antworteten darauf mit Generalstreiks. Die 1935 gegründete Volksfront (Frente popular), ein Bündnis aus linksgerichteten Parteien und Gewerkschaften, gewann dann die Wahlen am 16. Februar 1936.

Als der rechte Abgeordnete Calvo Sotelo am 13. Juli 1936 von Linken ermordet wurde, putschten schließlich die Militärs. Innerhalb weniger Wochen beherrschten die Nationalisten den Süden und Westen des Landes, der Osten blieb in den Händen der Republikaner. Die folgenden drei Jahre verwüsteten das Land, geschätzt eine halbe Million Menschen kam ums Leben. Die Truppen Francos erhielten Unterstützung aus Italien, Portugal und Deutschland. 1937 legte die deutsche Fliegerstaffel „Legion Condor" die Stadt Gernika in Schutt und Asche. Die Republikaner, die zwar die Mehrheit der Bevölkerung repräsentierten, waren schlechter ausgerüstet. Hilfe gab es aus Rußland, England und Frankreich. Auch die Internationalen Brigaden, militärische Freiwilligenverbände, konnten die Niederlage der Republikaner nicht verhindern. Am 26. Januar 1939 marschierten die Truppen Francos in Barcelona ein. Am 28. März besetzten sie Madrid. „Der Krieg ist zu Ende", verkündete General Franco am 1. April.

genten. Portugal wurde 1640 unabhängig, acht Jahre später folgten die Niederlande, auch Frankreich ging verloren. Als Karl II. 1700 kinderlos starb, stritten sich Habsburger und Bourbonen um den Thron, und schließlich wurde der Bourbone Philipp V. König. 1808 dankte Karl IV. zugunsten von Ferdinand VII. vorzeitig ab. Doch Napoleon setzte im selben Jahr seinen Bruder Joseph auf den Thron und marschierte in Madrid ein. Das Volk rebellierte. Unterstützt von den Engländern, wurden die Franzosen schließlich 1813 vertrieben. Als 1814 Ferdinand VII. zurückkehrte, setzte er die liberale Verfassung von 1812, die im Zeichen von Freiheit und

Die Ruinen von Belchite, 1937 in der Ebro-Schlacht zerstört, sind ein Mahnmal des spanischen Bürgerkriegs.

Gleichheit stand, sofort außer Kraft. Während seiner absolutistischen Herrschaft verlor Spanien fast alle Kolonien.

Das 19. Jahrhundert stand im Zeichen von Verschwörungen und Korruption, es gab sieben Verfassungen, in zwei Karlistenkriegen kämpften Adel und Kirche gegen Bürger und Teile des Militärs. Hinzu was mißlang. 1923 putschte General Primo de Rivera und errichtete mit Einverständnis Alfons XIII. eine Diktatur, die erst 1929 mit der Weltwirtschaftskrise endete. 1931 gab es die ersten freien Wahlen, Alfons XIII. mußte ins Exil. Die Zweite Republik scheiterte ebenfalls. 1933 siegten die Konservativen bei den Wahlen und stoppten fast alle Re-

Geschichtliche Daten im Überblick

bis 1000 v. Chr.	Basken, Kelten und Iberer bewohnen die Iberische Halbinsel
ab 1000 v. Chr.	Phönizier und Griechen gründen Städte am Mittelmeer
3. Jh. v. Chr.	Karthager gründen Handelsstützpunkte, Römer erobern Spanien
ab 400 n. Chr.	Germanische Stämme fallen ein, Westgoten besiegen die Römer
711	Beginn der Maurenherrschaft
718	Sieg der Westgoten bei Covadonga, Beginn der Reconquista
1492	Eroberung des Königreichs von Granada, Vertreibung und Zwangstaufe von Mauren und Juden, Kolumbus entdeckt Amerika
1516	Karl V. wird König und drei Jahre später deutscher Kaiser
1609	Philipp III. weist die konvertierten Mauren (Morisken) aus, wirtschaftlicher Niedergang Spaniens
1700	Der Habsburger Karl II. stirbt kinderlos, französische Bourbonen gewinnen 1714 die Erbfolgekriege
1808	Napoleon besetzt Spanien, Aufstand in Madrid (2. Mai) gegen die Franzosen
1873	Gründung der Ersten Republik
1923–1930	Putsch und Diktatur Primo de Riveras
1931	König Alfons XIII. geht ins Exil, Beginn der Zweiten Republik
1936–1939	Spanischer Bürgerkrieg und Beginn der Franco-Diktatur
1975	Franco stirbt, Juan Carlos I. wird neuer Staatschef

kamen Bauernaufstände und Attentate. Spanien verpaßte – abgesehen vom Baskenland und von Katalonien – die Industrielle Revolution. Die 1873 gegründete Erste Republik scheiterte, und als Spanien 1898 den Krieg gegen die USA um Kuba verlor, forderten Intellektuelle die politische Erneuerung – formen. In Katalonien und Asturien kam es zu Protesten, in Madrid und anderen Städten und im Baskenland zum Generalstreik. 1936 putschten die Generäle Mola und Franco. Der folgende Bürgerkrieg (s. Kasten S. 7) führte Spanien in die Diktatur, die erst 1975 mit dem Tod Francos endete.

 Geschichte

Von der Diktatur zur Demokratie

Das Todesjahr Francos 1975 war der demokratische Neubeginn des bis dahin von einer Diktatur beherrschten Landes. Noch zu Lebzeiten hatte Franco den Bourbonen Juan Carlos I. zu seinem Nachfolger bestimmt. Daß dieser nicht in seinem Sinne handeln würde, konnte er nicht ahnen. Bereits in seiner historischen Thronrede am 22. November 1975 setzte der junge König ein deutliches Zeichen. Er wolle „König aller Spanier" sein, und zwar in einer freien, modernen Gesellschaft. 1976 ernannte Juan Carlos deshalb den Christdemokraten Adolfo Suárez zum Ministerpräsidenten, am 15. Juni 1977 konnten die Spanier zum ersten Mal nach Franco ein demokratisches Parlament wählen. Gewinner war das Demokratische Zentrum, und Adolfo Suárez blieb Regierungschef. Spanien wurde eine parlamentarische Monarchie, und der König ist seither Staatsoberhaupt und Oberbefehlshaber der Streitkräfte, was sich für die junge Demokratie vier Jahre später als Segen herausstellte. Teile des Militärs und der Guardia Civil unter Oberst Tejero versuchten 1981, die Regierung zu stürzen. Aber Juan Carlos schickte sie mit Entschlossenheit wieder zurück in die Kasernen.

Nach der Verfassung von 1978, für die rund 90 % der Spanier per Referendum stimmten, ist die spanische Nation unteilbar, sie garantiert aber den Nationalitäten und Regionen Autonomierechte. Katalanen, Galizier und Basken sind als Nationalitäten anerkannt. Auch die Trennung von Kirche und Staat ist in der Verfassung verankert. Spanien verwandelte sich in einen föderalistischen Staat. Zusammen mit den Kanarischen Inseln und den afrikanischen Exklaven Ceuta und Melilla ist Spanien seit 1983 in 17 Autonome Regionen (comunidades autónomas) unterteilt, die über eigene Parlamente und Verwaltungen verfügen und u.a. in Finanz- und Kulturfragen eigenständig entscheiden. Jede Autonome Region ist darüber hinaus in Provinzen gegliedert, insgesamt sind es 52.

1982 übernahm die sozialistische PSOE unter Felipe González die Regierung. Im selben Jahr trat Spanien der NATO bei, 1986 wurde das Land Mitglied der EU. Nach Korruptions- und Geheimdienstaffären unter Gonzáles gewann die konservative Volkspartei PP unter José Maria Aznar 1996 die Wahlen. Neben der PSOE und der PP sind die Kommunisten der Vereinigten Linken IU drittstärkste Kraft im Land. In Katalonien sind daneben das bürgerliche Bündnis Convergencia i Unió (CiU) und im Baskenland die baskische Volkspartei (PNV) weitere wichtige Parteien.

Im Zeichen der EU

Seit dem Ende der Franco-Diktatur hat Spanien einen Weg vom traditionellen Agrarland zum Dienstleistungsland eingeschlagen. Ende der 80er Jahre erreichte der Aufbau des Wohlfahrtsstaates seinen Höhepunkt. Man sprach vom spanischen Wirtschaftswunder, Einkommen und Sozialleistungen stiegen.

Heute macht sich jedoch Ernüchterung breit. Nach wie vor liegt die Arbeitslosenquote bei rund 22 %, fast jeder dritte Jugendliche ist ohne Arbeit. In der Landwirtschaft verhindern die Großgrundbesitzer in Südspanien umfangreiche Reformen. Unrentable Kleinbetriebe in Nord- und Ostspanien sind kaum überlebensfähig. Einzig die exportorientierten Bewässerungskulturen am Mittel-

meer versprechen lohnende Erträge. Die traditionellen Industrieregionen wie Bilbao, Avilés und Gijón zählen mit Stahlindustrie und Werften zu den strukturschwachen Regionen Europas. Auch Spaniens Hochseefischer, die über die größte Flotte Europas verfügen, klagen. Tourismus ist deshalb in Spanien zum wichtigsten Wirtschaftszweig geworden: 1998 erreichte das Land mit jährlich knapp 48 Mio. Besuchern einen neuen Rekord.

Seit 1986 ist Spanien Mitglied der EU und hat es geschafft, die Maastricht-Kriterien für die Währungsunion zu erfüllen. Die konservative Regierung hat seit 1996 fast alle staatlichen Betriebe privatisiert, um auf diese Weise die Staatsverschuldung zu senken.

Die Börse symbolisiert den Status Madrids als Wirtschafts- und Finanzzentrum Spaniens.

Von Hochgebirgen und Wüsten

Spanien ist nach der Schweiz das gebirgigste und höchste Land Europas. Zwei Drittel der 498.307 km² großen Fläche des Festlandes und der Balearen liegt mehr als 500 m hoch über dem Meer. Madrid erhebt sich auf 650 m Höhe inmitten der kastilischen Hochebene. Nicht nur Gebirge und Hochflächen prägen die Landschaft – Spanien ist auch das einzige Land Europas mit echter Wüste. Ganz gleich, ob im atlantischen Nordspanien oder in den Wüsten Almerías: Die Landschaft ist arm an Gewässern. Die Wasserscheide liegt im Iberischen Randgebirge und in der Betischen Kordillere. Abgesehen vom Ebro, der in das Mittelmeer mündet, fließen alle großen Flüsse in den Atlantik. Tajo, Guadiana und Duero entspringen im Iberischen Randgebirge, die Quellen des Guadalquivir, der als einziger Fluß schiffbar ist, liegen in der Betischen Kordillere. Abgesehen von Gebirgsseen gibt es kaum natürliche Seen, Stauseen hingegen in fast allen Gebirgen. Sie dienen zur Energiegewinnung und als Wasserrückhaltebecken, um für die sommerliche Dürre Zentral- und Südspaniens genug Wasservorräte zu speichern.

Die kastilische Hochebene

Fast zwei Drittel Spaniens werden von einer Hochebene eingenommen, der Meseta (mesa = Tisch), die sich in die Nordmeseta (Castilla-León), die Südmeseta (Castilla-La Mancha) und die Extremadura gliedert. Das weite Tafelland von 600 m mittlerer Höhe ist von mächtigen Gebirgen umgeben. Im Norden erhebt sich das Kantabrische Küstengebirge, das im Torrecerredo (2.648 m) in den Picos de Europa gipfelt und weiter östlich in die Pyrenäen (Pico de Aneto 3.404 m) übergeht. Im Nordosten begrenzt das Iberische Randgebirge (Sierra del Moncayo 2.313 m) die Hochflächen. Im Süden bildet die bis zu 1.300 m hohe Sierra Morena die Grenze zu Andalusien.

Die kastilische Hochfläche ist keineswegs so eben, wie der Name Meseta vermuten läßt. So teilt die Cordillera Central mit der Sierra de Gredos (Pico Almanzor 2.593 m) und der Sierra de Guadarrama (Peñalara 2.430 m) die Meseta in fast gleich große Hälften. Von Westen her schieben sich die Montes de Toledo (1.491 m) und die Villuercas (1.601 m) in die Südmeseta hinein. In der Extremadura gliedern einzelne Gebirgszüge wie die 994 m hohe Sierra de Montánchez die Landschaft.

Einziger großer Fluß der Nordmeseta ist der Duero, der im Iberischen Randgebirge entspringt und die Landschaft bis zur portugiesischen Grenze durchfließt. In der Südmeseta und der Extremadura sind Guadiana und Tajo die wichtigsten Flüsse. Beide haben ihren Ursprung ebenfalls im Iberischen Randgebirge. Während die Nordmeseta als die Kornkammer Spaniens gilt und die Weizenfelder sich oft kilometerlang bis zum Horizont hinziehen, wechselt in der Südmeseta Weizen mit Oliven und Wein. Die sanft gerundeten Hügel der Extremadura sind von lichten Stein- und Korkeichenhainen (dehesas) überzogen.

Die Beckenlandschaften

Zwischen dem Iberischen Randgebirge und den Pyrenäen zieht sich das Ebrobecken von der Kantabrischen Küstenkordillere im Westen bis zur Mittelmeerküste. Der wasserreichste Fluß Spaniens durchbricht südlich von Lleida in einem Canyon das Katalanische Küstengebirge. Seit Jahrtausenden lagert der Fluß seine Sedimente in einem Delta vor der Mittelmeerküste ab. Auf seinem Weg zum Meer quert er die Halbwüsten der Bardenas Reales und der Monegros, die – ähnlich wie die Wüsten Almerías und Murcias – zu den trockensten Landschaften Spaniens zählen.

Das weite, fruchtbare Becken des Guadalquivir liegt eingebettet zwischen der Sierra Morena und der Betischen Kordillere. Anders als in Nordspanien ist in Andalusien Großgrundbesitz (latifundismo) noch weit verbreitet. Gehöftkomplexe (cortijos) liegen meist inmitten riesiger Latifundien, die oft größer als 5 km² sein können. In seinem Mündungsbereich hat der Guadalquivir ein weites Marschland (marismas) aufgeschüttet. Heute ist das Gebiet die größte Reisanbaufläche Spaniens. Der Westen der Marismas gehört zum Nationalpark Coto de Doñana.

Die Gebirge im Norden

Das bis zu 2.648 m (Torrecerredo) hohe Kantabrische Küstengebirge bildet die Klimascheide zwischen dem atlantischen Nordspanien und dem trockenen Rest des Landes. In den flacheren, meeresnahen Hügelländern wird das Landschaftsbild durch versunkene Flußtäler (rías) bestimmt. Neben Milchwirtschaft, Mais- und Kartoffelanbau sind hier bis heute Fischfang und Schiffsbau wichtige Einnahmequellen. Darüber hinaus sind Asturien und das Baskenland Zentren von Bergbau und Schwerindustrie.

Eine Folge der Erbteilung ist in Galizien die hohe Siedlungsdichte, die nicht nur zu winzigen Äckern geführt hat. Mit fast 25.000 Weilern, Dörfern und Städten hat Galizien mehr als ein Drittel aller Siedlungszentren des Landes. Bis auf den Río Miño hat Nordwest-Spanien keine großen Flüsse.

Die sich östlich anschließenden Pyrenäen bildeten jahrhundertelang eine natürliche Grenze zu Frankreich. Ackerbau und Weidewirtschaft prägen die Landschaft. Die bis zu 2.000 m hohen atlantiknahen Westpyrenäen sind regenreich. Gleiches gilt für die Zentralpyrenäen, deren höchste Gipfel wie

Die Wüste von Almería ist die einzige richtige Wüste innerhalb Europas.

der Pico de Aneto (3.404 m) vergletschert sind. In den knapp 3.000 m hohen Ostpyrenäen ist bereits der mediterrane Einfluß spürbar. Bis in 900 m Höhe wachsen Olivenbäume, auch Ackerbau ist aufgrund des milden Klimas in dieser Höhe noch möglich. Einzig die Garonne, die in den Bergen des Aran-Tals entspringt, entwässert nach Norden in den Atlantik. Alle anderen bedeutenden Flüsse fließen dem Ebro zu.

Die Mittelmeerküste

In bis zu 30 km Entfernung begrenzen den Küstensaum am Mittelmeer von Norden nach Süden die Katalanische Küstenkordillere, das Iberische Randgebirge und die Betische Kordillere. Letztgenannte setzt sich in den Balearen fort und bildet in der Serra de Tramuntana (Puig Major 1.446 m) auf Mallorca die höchste Gebirgskette des Archipels. Die Flüsse, die ins Mittelmeer münden, sind meist kurz und im Sommer ausgetrocknet. Während der Regenzeit füllen sich diese Ramblas jedoch im Nu mit reißenden Wassermassen.

Murcia und Almería hingegen sind in weiten Teilen von Halbwüste geprägt. Beide Regionen sind dank eines ausgeklügelten Bewässerungsfeldbaus dennoch wichtige Obst- und Gemüseproduzenten. Die Bewässerungskulturen in der Huerta von València zählen zu den ältesten der Iberischen Halbinsel.

Aber nicht nur Landwirtschaft prägt die Mittelmeerküste. Auch Industrieanlagen rund um die großen Städte und die stetig wachsenden Ferienzentren haben die Landschaft nachhaltig verändert.

Die Reichtümer der Berge

Wer Spanien von Westen nach Osten bereist, gelangt geologisch betrachtet in immer jüngere Schichten. Vor allem Galizien und die Extremadura bestehen aus über 400 Mio. Jahre alten präkambrischen Gesteinen der Iberischen Masse. Es sind die ältesten Gesteine des Festlandes, die hauptsächlich aus kristallinen Graniten und Schiefern bestehen. Die Hochflächen der Meseta sind ebenfalls kristalline Rumpffläche, sind jedoch im Gegensatz zu den weiter westlich gelegenen Gebieten im Tertiär und Pleistozän mit Gipsen, Tonen, Kalken und Sandsteinen überdeckt worden. Gleiches gilt für das Guadalquivir- und das Ebrobecken. Sowohl der Westen des Kantabrischen Küstengebirges (Asturien) als auch die Betische Kordillere und ein Großteil der Pyrenäen bestehen aus Sedimenten des Paläozoikums und der Trias. Nur die höchsten Gipfel der Zentralpyrenäen wie der Pico de Aneto oder der Monte Perdido sind aus kristallinen, präkambrischen Schiefern und Graniten aufgebaut. Das Iberische Randgebirge und der Osten der Kantabrischen Küstenkordillere bestehen vor allem aus jüngeren Gesteinen des Jura und der Kreide.

Spaniens Bodenschätze sind schon seit der Antike bekannt. Vor allem die älteren Gebirge wie die Kantabrische Küstenkordillere, die Sierra Morena und die Sierra de Gredos sind lagerstättenreich. Uran, Ilmenit, Nickel, Wolfram und Zinn sind in Form von Erzadern im Granit eingelagert. Berühmt sind darüber hinaus die Kohlelagerstätten Asturiens. In den jüngeren Kreideschichten der Kantabrischen Küstenkordillere lagern weiter östlich die bedeutenden Erzvorkommen Kantabriens und des Baskenlandes. In Südspanien werden nördlich von Huelva in der Sierra Morena Kupfer und Pyrit abgebaut (Ríotinto). Und in Almadén (Ciudad Real) lagern rund 50 % aller weltbekannten Vorkommen an Quecksilber, was schon die Fugger im 16. Jahrhundert auszubeuten wußten. Die einst reichen Goldlagerstätten Nordwest-Spaniens haben schon die Römer so gut wie vollständig ausgebeutet. Auch in der Betischen Kordillere haben sie im Südosten bei Cartagena schon Blei, Zink und Mangan abgebaut (La Unión). Die jüngeren Faltengebirge – das gilt vor allem für die Pyrenäen und das Iberische Randgebirge – sind hingegen relativ arm an Bodenschätzen. Mit Ausnahme von Braunkohle- und Salzlagerstätten im Ebrobecken und Schiefervorkommen in der Provinz Guadalajara sind auch die Hochflächen- und Beckenlandschaften Zentral- und Südspaniens für Lagerstättenkundler so gut wie ohne Bedeutung.

Ein Land und vier Nationen

Spanien ist ein dünn besiedeltes Land. Rund 37 Mio. Spanier leben auf dem Festland und den Balearen. Das sind nur 78 Einwohner pro km^2 (zum Vergleich: Deutschland 228 Einwohner pro km^2). Gut zwei Drittel sind Kastilier, etwa ein Fünftel Katalanen, im Nordwesten Spaniens leben rund 3 Mio. Galizier und 1 Mio. Basken. Darüber hinaus leben in Spanien etwa 40.000 Roma und Sinti (gitanos) sowie rund eine halbe Million Ausländer.

Neben Spanisch (castellano) zählen Katalanisch, Galizisch und Baskisch in den jeweiligen Autonomen Regionen zu den Amtssprachen. Während die Basken eine vollkommen andere Herkunft als alle anderen Nationalitäten haben und Forscher bis heute rätseln, woher sie und ihre Sprache eigentlich stammen (s. Kasten S. 16), gehören Galizier und Katalanen zu den romanisch-sprachigen Nationalitäten. Katalanisch war schon im Mittelalter eine wichtige Kultursprache und besaß eine blühende Literatur. Während der Zweiten Republik verfügte Katalonien bereits über eine eigene Regierung und pflegte die katalanische Sprache, die mit dem Okzitanischen Südfrankreichs verwandt ist. Später, während der Diktatur, veröffentlichten Intellektuelle trotz Verbot katalanische Literatur. Heute werden Katalanisch und seine Dialekte – wie etwa „valenciano" oder „mallorquín" – in Katalonien, auf den Balearen, in der Comunidad Valenciana und in Teilen Murcias von etwa 10 Mio. Menschen gesprochen. Das dem Portugiesischen ähnelnde Galizisch ist für rund 2,5 Mio. Menschen die Muttersprache. Mit der Staatswerdung Portugals im 12. Jahrhundert wurde der portugiesische Dialekt des Galizischen zur portugiesischen Amtssprache erhoben. Diesen Status hat Galizisch bis heute nicht erreicht, denn es besitzt – trotz zahlreicher Bemühungen – noch keine einheitliche Schriftsprache.

Sowohl die Herkunft des baskischen Volkes als auch die Wurzeln der Sprache geben bis heute Rätsel auf.

Eine rätselhafte Sprache

„Egun on" heißt guten Tag, und eine gefährliche Kurve wird im Baskenland als „birragune arriskutsua" angekündigt. Mit „zorionak" wünschen sich die Basken zum Geburtstag alles Gute, und wenn sie in der Kneipe ein Bier bestellen, sagen sie „garagardoa bat, mesedez". Baskisch scheint nur aus x und k, t und z zu bestehen.

Noch heute rätseln Sprachforscher darüber, woher Baskisch eigentlich stammt. Weder mit Spanisch noch mit anderen romanischen Sprachen hat Euskera – wie die Basken ihre Sprache nennen – etwas zu tun. Schon Wilhelm von Humboldt versuchte, das Rätsel der baskischen Sprache zu lösen. Doch Baskisch ist weder die Ursprache der Iberer, wie Humboldt annahm, noch hat es eindeutig kaukasische oder nordafrikanische Wurzeln, wie andere For-

scher vermuten. Eine schlüssige Theorie fehlt bislang.

Seit mehr als 7.000 Jahren leben die Basken nun schon im Norden Spaniens. Sie sind damit das älteste Volk Europas, und ihre Sprache ist ein Relikt aus vorindoeuropäischer Zeit. Archäologische Funde beweisen, daß Baskisch vor 2.000 Jahren in einem wesentlich größeren Gebiet gesprochen wurde als heute. Selbst in Bordeaux und Burgos sprachen die Menschen baskisch miteinander. Warum Baskisch nicht vollständig ausgestorben ist, begründen die Sprachforscher mit der Abgeschiedenheit des baskischen Berglands. Denn weite Teile waren unzugänglich und daher niemals romanisiert, und der katholische Glaube begann sich erst im frühen Mittelalter langsam gegen die Naturreligion der Basken durchzusetzen.

In den einsamen Tälern entwickelten sich viele verschiedene Dialekte, es gab jedoch keine Schrifttradition. Erst 1918 gründete sich die Akademie der Baskischen Sprache (Euskaltzaindia), Ende der 60er Jahre begann man, Normen für Euskera Batua, eine baskische Einheitssprache, aufzustellen.

Während der Franco-Diktatur wurde Baskisch aus dem öffentlichen Leben verbannt. Das ist seit 1975 vorbei. Grundschulunterricht in Baskisch ist mittlerweile Alltag, zweisprachige Straßenschilder und Ortsnamen ebenfalls. Etwa ein Viertel der rund 2,1 Mio. Bewohner des spanischen Baskenlandes spricht heute Euskera. Auch in den Gebieten der Autonomen Region Navarra, die nahe der Grenze zum Baskenland liegen, sprechen viele Menschen Baskisch.

Und das, obwohl galizische Troubadour-Lyrik schon aus dem Mittelalter bekannt ist. Heute wird „gallego" in Galizien sowie Teilen Westasturiens, Leóns und Zamoras gesprochen.

Wege aus der Heimat

Zwei Drittel der Spanier leben in Madrid und den Metropolen an der Küste wie Bilbao, Barcelona oder València. Weite Landstriche vor allem Zentralspaniens sind verlassen, denn die Landflucht in die Städte hält bis heute unvermindert an. Doch nicht nur innerhalb Spaniens haben die Menschen in der Vergangenheit eine bessere Zukunft gesucht. Aus Andalusien und der Ex-

tremadura, aus Galizien und Asturien sind viele bereits seit der Entdeckung Amerikas 1492 ausgewandert. In Südspanien waren es die schlechten Arbeitsbedingungen der Tagelöhner auf den Latifundien, in Galizien die kleinen Ackerparzellen, die die Menschen nicht mehr ernähren konnten. Zog es die Spanier zunächst in die Kolonien Lateinamerikas wie Venezuela oder Kuba, lockten ab Mitte der 60er Jahre die hochindustrialisierten Staaten Westeuropas. Zwischen 1960 und 1975 haben jährlich rund 100.000 Spanier ihr Land in Richtung Belgien, Frankreich oder Deutschland verlassen. Heute gibt es kaum noch Emigranten.

Spanien beherbergt ein einmaliges europäisches Naturerbe mit vielen Endemiten, also nur dort vorkommenden Tier- und Pflanzenarten. Besonders für Amphibien und Reptilien war beispielsweise das Überwinden von Landschaftsbarrieren wie den Pyrenäen schwierig, so daß Kieleidechse, Rippenmolch, Sandläufer oder Gebirgseidechse eigene spanische Arten ausbildeten. Nur so ist es auch zu erklären, daß die spanische Flora mit ca. 8.000 Arten zu den artenreichsten in Europa gehört.

Bedingt durch den atlantischen und den mediterranen Klimatyp haben sich verschiedene Vegetationsgesellschaften mit der ihnen eigenen Tierwelt herausgebildet. Ursprüngliche Vegetationstypen wurden vielerorts nahezu vollständig vom wirtschaftenden Menschen überformt.

Bis auf Extremstandorte der Hochgebirge, der Sumpflandschaften in den Deltabereichen oder besonders trockener Landschaften im Ebrobecken oder bei Almería war die Iberische Halbinsel nach Auffassung vieler Fachleute ursprünglich ein Wald- und Buschland. Die einst großen Flächen des mediterranen Hartlaubwaldes werden

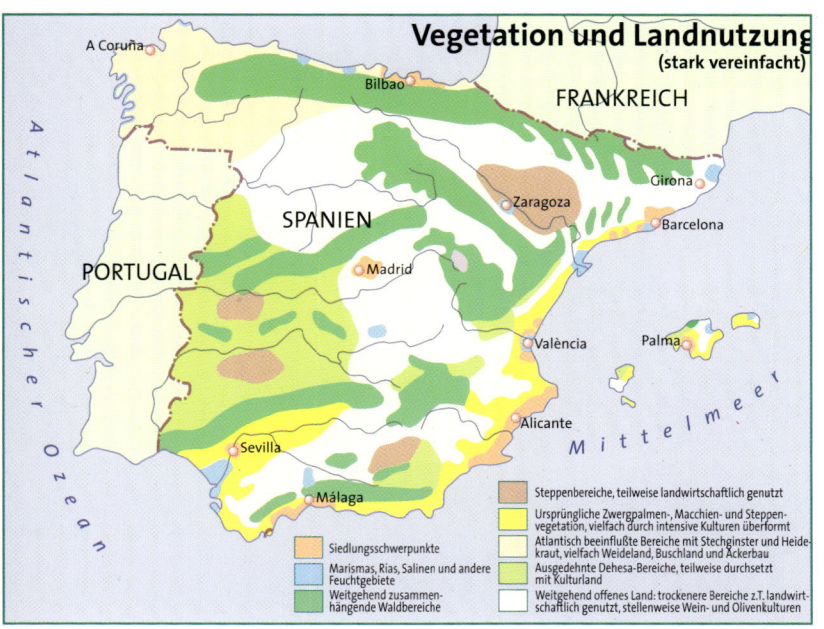

Vegetation und Landnutzung
(stark vereinfacht)

A Coruña
Bilbao
FRANKREICH
Girona
Zaragoza
Barcelona
SPANIEN
PORTUGAL
Madrid
València
Palma
Alicante
Sevilla
Mittelmeer
Málaga

Atlantischer Ozean

Steppenbereiche, teilweise landwirtschaftlich genutzt

Ursprüngliche Zwergpalmen-, Macchien- und Steppenvegetation, vielfach durch intensive Kulturen überformt

Atlantisch beeinflußte Bereiche mit Stechginster und Heidekraut, vielfach Weideland, Buschland und Ackerbau

Siedlungsschwerpunkte

Marismas, Rias, Salinen und andere Feuchtgebiete

Ausgedehnte Dehesa-Bereiche, teilweise durchsetzt mit Kulturland

Weitgehend zusammenhängende Waldbereiche

Weitgehend offenes Land: trockenere Bereiche z.T. landwirtschaftlich genutzt, stellenweise Wein- und Olivenkulturen

Dehesas, weite Stein- und Korkeichenwälder, prägen das Landschaftsbild im Südwesten Spaniens.

oder Blauracke. Auch der nur in Spanien vorkommende Pardelluchs und die Ginsterkatze sind hier beheimatet.

Eine weitere wichtige Vegetationsform ist die Macchie (span. = Matorral), ein Übergangsstadium zum mediterranen Hartlaubwald, der sich durch Beweidung zur degradierten Dauerform entwickelte. Macchienstandorte mit Stein- und Kermeseiche, Wildem Ölbaum, Erdbeerbaum und Terpentinpistazie oder aber den vielen Zistrosenarten bedecken weite Flächen der spanischen Mittelmeerküste sowie trockene Bereiche im Ebrobecken. In Bereichen des mediterranen Küstensaums, in denen Wasser aus den umliegenden Gebirgen zur Verfügung steht, findet intensiver Obst- und Gemüseanbau statt.

Offene Graslandschaften in Zentralspanien sind Rückzugsgebiete für selten gewordene Steppenbewohner wie Spießflughuhn oder Großtrappe.

Beeinflußt vom atlantischen Klima hat sich im nordspanischen Asturien, Galizien und Kantabrien eine gänzlich andere Vegetation entwickelt. Mitteleuropäische Baum- und Straucharten wie Stiel- und Traubeneiche, Buche, Birke oder Haselnuß kamen ursprünglich hier vor. Heute überwiegen Stechginster und Heidekraut auf großflächigen Weideländern sowie der vielerorts zur ökologischen Landplage gewordene Eukalyptus, der zur Papierproduktion in Monokulturen angepflanzt wird.

heute durch verschiedene Vegetationstypen – abgeleitet von diesem Waldtyp – charakterisiert.

Mehr als 40.000 km^2 nehmen die weitläufigen Dehesas besonders im spanischen Südwesten ein. Diese parkähnliche Stein- und Korkeichenlandschaft mit lichtem Unterwuchs ist Winterquartier von fast allen mittel- und nordeuropäischen Kranichen und Millionen anderer Zugvögel, aber auch Lebensraum von Kaiseradler, Gänsegeier, Mönchsgeier, Wiedehopf, Weißstorch, Einfarbstar, Bienenfresser

Klima
und beste Reisezeit

Auf dem spanischen Festland herrschen große klimatische Gegensätze. Kantabrisches Küstengebirge und Pyrenäen bilden die Grenze zwischen dem immerfeuchten atlantisch beeinflußten Nordspanien und dem sommertrockenen Zentral- und Südspanien.

Jede Region zur richtigen Zeit
Das Klima Nordspaniens ist durch regenreiche milde Winter und warme Sommer geprägt, in denen es aber ebenfalls häufig regnet. Beste Reisezeit sind die trockeneren Monate Juni bis August.

Das Klima Zentralspaniens ist hingegen durch trockene, wolkenlose Sommer gekennzeichnet. Das Klima ist kontinental, was im Sommer Gluthitze und im Winter klirrende Kälte bedeutet. Im Frühjahr und im Herbst fallen die meisten Niederschläge.

Das Klima der Mittelmeerküste und der Balearen ist mediterran mit milden Wintern und heißen Sommern. Regenzeit ist das Frühjahr und der Herbst. Deshalb empfehlen sich Sommer und Winter für eine Reise. Je weiter es nach Süden geht, desto trockener wird es. In Murcia und Almería regnet es kaum. Hier ist das ganze Jahr über Saison.

In Andalusien und der Extremadura fällt der meiste Regen in den Wintermonaten. Im Sommer klettern die Temperaturen im Hinterland am Tag oft auf 35 °C und mehr. Beste Reisezeit ist daher ebenfalls das Frühjahr und der Herbst.

Durchschnittstemperaturen und Niederschläge

| | Temperaturen in °C | | | | Niederschlag in mm |
| | Sommer | | Winter | | |
	Tag	Nacht	Tag	Nacht	
Madrid	26	14	13	5	460
Barcelona	24	16	15	6	660
València	18	16	18	9	460
Palma de Mallorca	27	14	17	5	420
Almería	27	18	19	10	200
Málaga	27	17	13	9	590
Sevilla	31	16	19	7	610
Cáceres	31	16	14	6	490
Huesca	25	13	12	3	590
San Sebastián	20	13	12	6	1580
Burgos	22	8	9	1	570
Santiago de Compostela	21	11	13	5	1920

Madrid und Kastilien

Im Burgenland

Kastilien gilt als die Wiege Spaniens. Castellano, die Sprache der Kastilier, ist heute offizielle Landessprache. Es ist ein weites, fast menschenleeres Land. Hier hat der traurige Ritter Don Quijote gegen die Windmühlen gekämpft. Hier haben sich die Adeligen in ihren Burgen vor den Mauren verschanzt. Inmitten der kargen Hochebene, der Meseta, liegen prächtige Städte wie Toledo, Segovia und Madrid, die quirlige Hauptstadt.

Madrid
Metropole im Herzen Spaniens

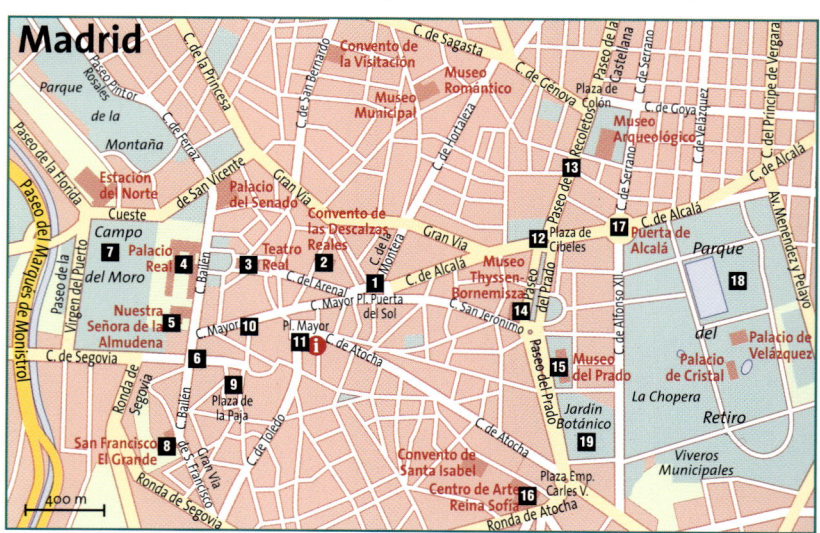

„Madrid me mata", „Madrid bringt mich um", stöhnen nicht nur die Jugendlichen beim nächtlichen Kneipenmarathon. Das Nachtleben der 4-Millionen-Stadt ist einzigartig. Das tägliche Verkehrschaos auch. Hektisch und laut entschädigt eine der jüngsten Hauptstädte Europas mit Museen von Weltrang und kosmopolitischem Flair. Erst 1561 verlegte Philipp II. seinen Hof an die Ufer des **Río Manzanares**.

Das „Dorf der Mancha", wie Madrid gerne bezeichnet wurde, entwickelte sich inmitten der trockenen Meseta zum neuen Machtzentrum Spaniens. Aus der Bürokratenstadt der Franco-Ära ist inzwischen eine der lebendigsten Metropolen Europas geworden.

Auf königlichen Pfaden
Ein Rundgang durch das alte Madrid beginnt am besten an der **Pu-**

  Madrid

...erta del Sol **1**, seit dem 19. Jahrhundert das pulsierende Stadtzentrum. Hier laufen nicht nur alle wichtigen Metro- und Buslinien zusammen, der Platz ist auch die geographische Mitte Spaniens. Ein Bronzepfeil im Bürgersteig markiert den Kilometer Null aller Straßen des Landes. Das Viertel rund um die Calle Preciados ist eines der Haupteinkaufszentren. Auf dem Platz steht auch das Wahrzeichen Madrids „Oso y Madroño", ein aufgerichteter Bär, der an einem Erdbeerbaum knabbert. Im Schatten der Erdbeerbäume kann man den Schuhputzern bei ihrer Arbeit zusehen oder in der Konditorei „La

Spanisches Fast Food

Anfängern in Sachen „Tapas", der Appetithäppchen zu Wein oder Bier, sei das Viertel rund um die Plaza Santa Ana empfohlen. La Casa del Abuelo (Victoria 12) serviert zu gegrillten Gambas hauseigenen Rotwein. Im Las Bravas (Alvarez Gato 2) gibt es angeblich die besten Patatas bravas, gebackene Kartoffeln mit scharfer Soße. In der Casa Alberto (Huertas 18) lohnen die Albóndigas, kleine Frikadellen, mit Wermut vom Faß. Im Los Gabrieles (Echegaray 17) steht roter Rioja-Schinken aus der Extremadura auf der Karte. Im La Venencia (Echegaray 7) werden zu trockenem Sherry köstliche Oliven gereicht. Und wer dann noch immer hungrig ist, sollte bei La Trucha (Manuel Fernandez y Gonzalez 3) Pescaitos, kleine gegrillte Fische, probieren.

Mallorquina" schräg gegenüber die vielleicht besten Pralinen Madrids probieren.

Hinter den Kaufhausfassaden versteckt liegt an der ruhigen **Plaza San Martín** das Kloster **Descalzas Reales 2**, das Johanna von Österreich, eine Tochter Karls V., 1559 gegründet hat. Das klösterliche Museum zeigt u.a. Gemälde von Rembrandt und Zurbarán (geöffnet Di–Do/Sa 10.30–12.30

Bär und Erdbeerbaum an der Puerta del Sol sind das Wahrzeichen Madrids.

Uhr, 16–17.30 Uhr, Fr 10.30–12.30 Uhr, So 11–13.30 Uhr).

Nicht weit davon befindet sich die **Plaza de Oriente** mit dem **Teatro Real** , dem Opernhaus. Empfehlenswert ist ein Besuch des „Café de Oriente". Trotz edlem Ambiente wohnt hier seit Jahren ein kleiner Spatz, der von den livrierten

Auf der Plaza Mayor, früher Schauplatz von Turnieren und Festen, steht das Reiterstandbild Philipps III.

Kellnern liebevoll gehegt wird. An der Calle Bailén erhebt sich der 1764 vollendete **Palacio Real** ■, das Königliche Schloß, über dem Río Manzanares. Der Palast dient dem König heute nur noch für Staatsempfänge (geöffnet Mo–Sa 9–18 Uhr, So/Fei 9–14 Uhr). Gleich daneben steht die Kathedrale **Nuestra Señora de la Almudena** ■. Papst Johannes Paul II. hat sie erst 1993 nach über hundertjähriger Bauzeit eingeweiht. In Richtung **Viadukt** ■ in der Calle Bailén liegt rechts das kleine Gartencafé „Las Vistillas", das eine schöne Aussicht auf die königlichen Gartenanlagen **Campo**

del Moro ■ bietet. Vom Viadukt ist es nicht mehr weit bis zur größten Kirche Madrids, **San Francisco el Grande** ■. Im Inneren sind u.a. Bilder von Goya zu bewundern.

Im Herzen der Altstadt

An der **Puente de Segovia** führen Treppenstufen hinab in das Habsburgerviertel. In den verwinkelten Gassen stehen die ältesten Gebäude der Stadt, viele stammen aus dem 16. und 17. Jahrhundert. So auch die Häuser an der **Plaza de la Paja** ■, einem der schönsten Plätze von Madrid. Oder an der **Plaza de la Villa** ■ mit dem Rathaus und den Palästen **Torre de los Lujanes** und **Casa de Cisneros**. Entlang der Calle Mayor gelangt man zur **Plaza Mayor** ■. Der mit Arkadenhäusern aus dem 17. Jahrhundert umbaute Platz war früher eine Stierkampfarena. Hier gab der König rauschende Feste und richtete die Inquisition ihre Opfer.

Im Museums-Dreieck

Der **Paseo del Prado** gilt als die Kulturmeile Europas. Doch zuvor sollte man von der **Plaza de Cibeles** ■ über den **Paseo de Recoletos** ■ zum Café Gijón schlendern. Seit über 100 Jahren ist das Café bei Künstlern und Intellektuellen beliebt und hat den Charme der Belle Epoque bis heute bewahrt.

Zurück an der Plaza de Cibeles liegt hinter der monumentalen Hauptpost, dem 1917 vollendeten Palacio de Comunicaciones und der Banco de España das **Museo Thys-**

sen-Bornemisza . Die ehemalige Privatsammlung im Palacio de Villahermosa umfaßt Werke von der Renaissance bis zur Pop Art (geöffnet Di–So 10–19 Uhr). Schräg gegenüber erstreckt sich das **Museo del Prado** , eine der ältesten und berühmtesten Gemäldegalerien der Welt. Von den etwa 10.000 Werken europäischer Malerei des 15. bis 19. Jahrhunderts sind rund 1.500 in über hundert Sälen ausgestellt (geöffnet Di–Sa 9–19 Uhr, So 9–14 Uhr). Wer dann noch immer kunsthungrig ist, sollte das **Centro de Arte Reina Sofía** in der Nähe des Atocha-Bahnhofs besuchen (geöffnet Mo, Mi–Sa 10–21 Uhr, So 10–14.30 Uhr). Im alten Stadtspital ist die Spanische Moderne vereint. Herzstück der Sammlung bildet Picassos „Gernika". Und wer wissen möchte, wie Francisco de Goya früher sein Geld verdiente, dem sei die Königliche Teppichmanufaktur **Real Fábrica des Tapices** in der Calle Fuenterrabía 2 empfohlen.

Madrids grüne Lunge

An der **Puerta de Alcalá** , dem Triumphbogen zu Ehren Karls III., liegt ein Seiteneingang des **Parque del Retiro** . Gut 140 ha groß ist er eine Oase der Stille in der sonst lauten Stadt. Einst gehörte der Retiro zu einem Palast aus dem 17. Jahrhundert. Heute zählt der Park zu den beliebtesten Grünanlagen der Madrilenen. Vor allem Sonntags flaniert alle Welt auf den breiten Wegen. Eindrucksvoll ist der **Palacio de Cristal**, ein gläserner Wintergarten, der wie der benachbarte **Palacio de Velázquez** als Ausstellungsraum zeitgenössischer Kunst dient. Den **Jardín Botánico** mit über 30.000 Pflanzen hat Karl III. 1774 anlegen lassen.

Informationen: Oficina de Turismo, Plaza Mayor 3, 28012 Madrid, Tel. (91) 366 48 74.

Im Retiro-Park kann man sich von den anstrengenden Streifzügen durch Madrid ausruhen.

Durch Kastilien
von Stadt zu Stadt

Die kastilischen Städte inmitten der kargen Hochebene, der Meseta, erzählen von der wechselvollen Geschichte Spaniens. Römer, Westgoten und Mauren, Juden und Christen haben hier ihre Spuren hinterlassen. Kathedralen zeugen von der einstigen Macht der Kirche, Burgen und Stadtmauern von den Kriegen während der Reconquista, prächtige Paläste vom Reichtum früherer Zeiten. Vor einigen Jahren hat die UNESCO die herrschaftlichen Städte Kastiliens erneut geadelt: Die Altstädte von Toledo, Ávila, Salamanca und Segovia wurden zum Weltkulturerbe der Menschheit erklärt.

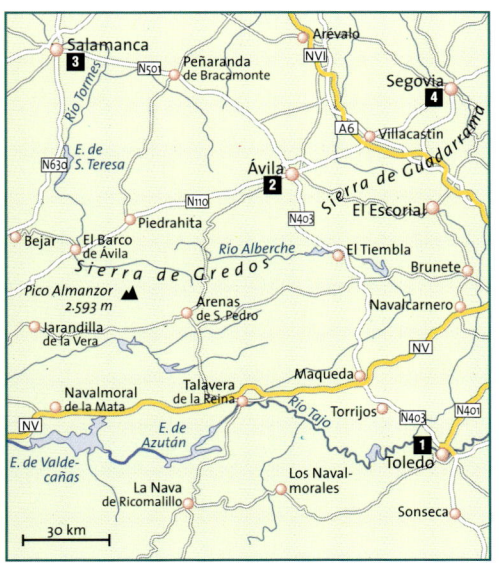

Durch Kastilien von Stadt zu Stadt

Toledo – gelebte Toleranz

Von Madrid aus führt die N 401 in das 71 km südlich gelegene Toledo (60.000 Einwohner) **1**. Die Stadt thront hoch über einem Mäander des *Río Tajo*. Das „Toletum" der Römer wurde schon 554 die Hauptstadt der Westgoten. Von 711 an herrschten mehr als 300 Jahre die Mauren, bis 1085 Alfons VI. Toledo eroberte und zur Hauptstadt Kastiliens machte. Das „Jerusalem des Westens" war im Mittelalter das geistige und kulturelle Zentrum Spaniens.

Über die Puente de San Martín geht es in die Judería, das alte Judenviertel. An der Calle Reyes Católicos liegen die Sínagoga de Santa María la Blanca und die Sínagoga del Tránsito, einst die größte Synagoge Spaniens. Der Jude Samuel Halevi ließ sie 1360 errichten. Im früheren Haus Halevis, dem heutigen Museum Casa de El Greco, soll im 16. Jahrhundert der griechische Maler El Greco gelebt haben (geöffnet Di–Sa 10–14 Uhr, 16–18 Uhr, So 10–14 Uhr). Über die Calle Santo Tomé gelangt man zunächst zur gotischen Kathedrale und dann zu der von Straßencafés gesäumten Plaza de Zocodover, Toledos zentralem Platz. Es lohnt sich, am anderen Tajo-Ufer zum Parador Conde de Orgaz hinaufzufahren. Hier bietet sich einer der schönsten Blicke auf Toledo.

Toledo war über Jahrhunderte die Hauptstadt Kastiliens und das religiöse Zentrum Spaniens.

Informationen: Oficina de Turismo, Puerta de Bisagra, 45003 Toledo, Tel. (925) 22 08 43.

Ávila – klösterlich streng

Folgt man von Toledo aus der N 403 in Richtung Nordwesten, erreicht man nach 134 km Ávila (43.000 Einwohner) **2**. Die kälteste Stadt Spaniens liegt auf 1.127 m Höhe zu Füßen der **Sierra de Gredos** (2.500 m). Der Gebirgszug bildet die Grenze zwischen Alt- und Neukastilien und ist ein Naturparadies (s. Tip S. 28). „Stadt der Steine und der Heiligen" wird Ávila auch genannt. Hier hat die Heilige Teresa 1562 das erste reformierte Karmeliterkloster Spaniens gegründet.

Hauptattraktion ist die 2,5 km lange geschlossene Stadtmauer mit ihren 90 Wehrtürmen aus dem 11. Jahrhundert. Neun Tore gewähren Einlaß in die mittelalterliche Stadt. Viele Paläste aus dem 14. bis 16. Jahrhundert zeugen von der einstigen Blüte. Neben der Puerta de los Leales liegt die Kathedrale San Salvador aus dem 12. Jahrhundert, eine der ältesten gotischen

Tip

Tour per Allrad

Der Parque Nacional de Cabañeros (260 km²) 75 km südwestlich von Toledo, gegründet 1995, ist einer der jüngsten spanischen Nationalparks. Hier wächst der größte mediterrane Stein- und Korkeichenwald Spaniens. Eingebettet in den Gebirgszug der Montes de Toledo ist der Park Lebensraum für Luchse und Wildschweine, für Kaiseradler und Schwarzstörche. Rund 270 Säugetierarten und 200 Vogelarten hat man hier bislang gezählt. Der Park ist nur in Begleitung eines kundigen Führers nach vorheriger Anmeldung zu besuchen. Vier Stunden dauert die Fahrt im allradgetriebenen Jeep durch die Eichenhaine. Informationen: Centro de Información, Pueblonuevo de Bullaque, 13195 Ciudad Real, Tel. (926) 78 32 97.

In der Sierra de Gredos

Biegt man von der C 500 im Norden der Sierra de Gredos bei Hoyos del Espino in südliche Richtung ab und überquert die Puente del Duque über den Río Tormes, endet die kurvenreiche Straße nach etwa 12 km bei Plataforma in 1.770 m Höhe. Hier beginnt eine der schönsten Wanderungen in dem zentralspanischen Hochgebirge. Gut 2 Stunden geht es über einen Pfad 300 Höhenmeter bergauf zum Talkessel des Pico de Almanzor (2.593 m) und dem Gletschersee Laguna Grande vor einer imposanten Bergkulisse. Mit etwas Glück entdeckt man Gänse- oder Mönchsgeier, vielleicht auch Steinböcke.
Informationen: Oficina de Turismo, Plaza de la Catedral 4, 05001 Ávila, Tel. (920) 21 13 87.

Kirchen Spaniens. Südlich der Plaza El Chico erhebt sich der Torreón de los Guzmanes aus dem 14. Jahrhundert, der schönste Turm der Stadt. Dahinter befindet sich das Convento de Santa Teresa, das 1636 an der Stelle des Geburtshauses der Mystikerin Teresa von Ávila errichtet wurde.

Informationen: Oficina de Turismo, Plaza de la Catedral 4, 05001 Ávila, Tel. (920) 21 13 87.

Salamanca – studentisch jung

Von Ávila sind es gut 100 km über die N 501 in das nordwestlich gelegene Salamanca (185.000 Einwohner) **3**. Die Stadt an den Ufern des **Río Tormes** ist eine quirlige Studentenstadt mit langer Geschichte. Auf der im Renaissance-Stil gebauten Plaza Mayor, einem der schönsten Plätze Europas, treffen sich allabendlich Studenten aus aller Welt. Von hier aus gelangt man über die Flanierstraße Rúa Mayor zur Casa de las Conchas aus dem 16. Jahrhundert, deren Sandsteinfassade mit Jakobsmuscheln verziert ist. Nur ein paar Schritte weiter erreicht man die schon 1254 von Alfons IX. gegründete berühmte Universität. Sie liegt gegenüber der beiden Kathedralen Catedral Nueva und Catedral Vieja aus dem 16. bzw. 13. Jahrhundert. Während der römischen Herrschaft verband Salamanca entlang der Silberstraße die Goldminen und Häfen im Norden mit den Städten im Süden Spaniens. Aus jener Zeit stammt die Brücke Puente Romano über den Río Tormes, eines der besterhaltenen römischen Bauwerke Spaniens.

Informationen: Oficina de Turismo, Casa de las Conchas, 37002 Salamanca, Tel. (923) 26 85 71.

Die Sierra de Gredos ist ein Teil der zentralspanischen Kordillere.

Verlassen und vergessen

„Ainelle gibt es", schreibt der spanische Autor Julio Llamazares in seinem Buch „Der gelbe Regen" und hat damit den verlassenen Dörfern Spaniens ein Denkmal gesetzt. Das Pyrenäendorf Ainelle haben seine Bewohner 1970 endgültig aufgegeben. Die Häuser verfallen seither in der Bergeinsamkeit.

Julio Llamazares weiß, wovon er schreibt. Sein Geburtsort Vegamián bei León ist längst unter den Fluten eines Stausees verschwunden. Rund 2.200 verlassene Dörfer sind in den letzten 30 Jahren in Spanien entstanden. Am stärksten von der Landflucht betroffen ist die Region Castilla-León. Hier gibt es rund 2.000 Dörfer, in denen selten mehr als 500 Einwohner leben, manche Dörfer verfallen seit Jahren.

Meistens war – wie in Vegamián – der Bau von Stauseen daran Schuld. Oft sind die Bewohner wie in Peñalcazar aber auch vor der Einsamkeit und der Armut in die Städte geflohen. Denn die meisten versuchten, in ihren abgelegenen Dörfern inmitten der trockenen Meseta von Ackerbau und Viehzucht zu leben, obwohl die kargen Böden die Bauern schon lange nicht mehr ernähren konnten.

Überdies fehlt es den Dörfern am Notwendigsten. Manchmal gibt es keinen asphaltierten Straßenanschluß. Von Bus und Bahn ganz zu schweigen. Auch Strom und Kanalisation gehören zu den neueren Errungenschaften. Vor allem die jungen Familien mit Kindern wandern ab. Zurück bleibt eine Handvoll alter Menschen, die sich ein Leben woanders nicht vorstellen können.

Im Rahmen des Leader-Programms versucht die Europäische Union seit einigen Jahren, das Dorfsterben zu verhindern. Für die Entwicklung des ländlichen Raums standen zwischen 1995 und 1999 EU-weit 59 Mrd. Mark zur Verfügung, z.B. für Projekte wie in Villarbón im leonesischen Gebirge Los Ancares. Schon vor mehr als zwanzig Jahren hat der letzte Bewohner das Bergdorf verlassen. Nun wollen Mitglieder der Organisation „Architekten ohne Grenzen" in Villarbón ein ökologisches Modelldorf entwickeln. Sie wollen zeigen, wie der Ort vor hundert Jahren einmal aussah, als auf den Teufelsfelsen, den Peñas de Diablo, sechzig Einwohner von reichem Viehbestand leben konnten.

Segovia – ein kulinarischer Tempel
Fährt man von Ávila über die N 110 nach Nordosten, kommt man rund 70 km weiter nach Segovia (55.000 Einwohner) ■. Die Stadt an den Ausläufern der **Sierra de Guadarrama** gibt sich eher provinziell. Über zwanzig romanische Kirchen, viele Klöster und Paläste prägen die Altstadt – Zeugnisse einer bewegten Vergangenheit. Einst war Segovia ein römisches Heerlager. Daran erinnert der mörtellos aus Granitquadern gefügte Aquädukt, ein Meisterwerk römischer Baukunst. Er überquert die Plaza del Azoguejo, an der das bekannteste Restaurant Spaniens, „El Méson de Cándido", liegt. Von hier rührt die in Segovia heute übliche Sitte her, gebackenes Spanferkel mit einem Porzellanteller zu zerteilen. Steigt man die Calle Real bergan, öffnet sich einer der schönsten Plätze der

Der zweistöckige, 728 m lange Aquädukt in Segovia ist ein Meisterwerk römischer Baukunst.

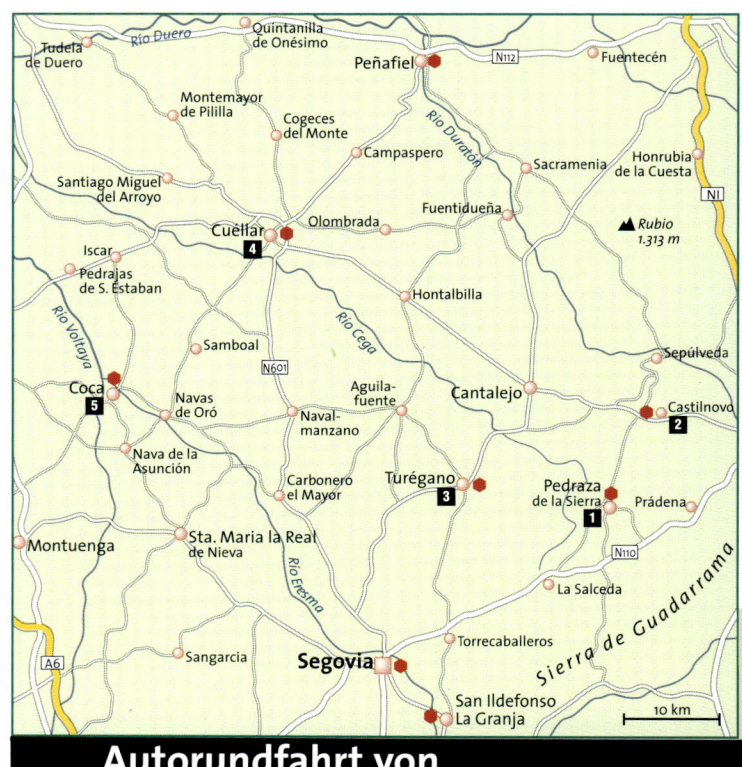

Autorundfahrt von

Burg zu Burg

Stadt, die Plaza San Martín mit der gleichnamigen romanischen Kirche. Am Ende der Calle Real erhebt sich an der Plaza Mayor die spätgotische Kathedrale. Die Kneipen unter den Häuserarkaden sind ein beliebter Treffpunkt für den abendlichen Paseo. Auf einem steilen Felssporn über den Flüssen **Río Eresma** und **Río Clamores** thront der Alcázar, eine altkastilische Burganlage aus dem 14. Jahrhundert.

Informationen: Oficina de Turismo, Plaza Mayor 8, 40001 Segovia, Tel. (921) 46 03 34.

In der Umgebung von Segovia liegen einige der schönsten Burgen Kastiliens. In Pedraza **1**, rund 30 km nordöstlich von Segovia, thront eine Burg aus dem 16. Jahrhundert hoch über dem mittelalterlichen Städtchen. Rund 12 km weiter nördlich liegt die im Mudéjar-Stil errichtete Burg von Castilnovo **2**. 25 km südwestlich von Castilnovo wacht in Turégano **3** eine gotische Burg mit romanischer Kirche über die Plaza Mayor. In Cuéllar **4**, 46 km nordwestlich von Turégano, steht eine Schloßburg aus dem 15./16. Jahrhundert. Im Mudéjar-Stil ganz aus Ziegeln erbaut ist das Castillo de Fonseca aus dem 15. Jahrhundert in Coca **5** 24 km weiter südwestlich.

Im Land der Windmühlen

Miguel de Cervantes verhalf der Mancha zu literarischem Weltruhm. Dennoch liegt die Region südlich von Toledo bis heute abseits der Touristenpfade. Im Land der Windmühlen bestritten der traurige Ritter Don Quijote und sein Gefährte Sancho Pansa so manches Abenteuer. Wer sich heute auf ihre Spuren begibt, kommt nicht nur zu Romanschauplätzen. Auch viele Naturschönheiten gibt es hier zu entdecken.

Eine perfekte Theaterkulisse

Erste Station auf der Reise durch die Mancha ist das in der Provinz Ciudad Real liegende **Almagro** (8.500 Einwohner) **1** gut 200 km südlich von Madrid. Der Ort im Herzen der Mancha hat zwar nichts mit dem Romanhelden zu tun. Doch der Corral de Comedias an der Plaza Mayor, ein Theaterhof aus dem 16. Jahrhundert, ist eine originalgetreue Kulisse für Stücke des Goldenen Zeitalters, der Hochblüte der spanischen Literatur im 16./17. Jahrhundert. Die Bühne gilt als die älteste Spaniens.

In der Nähe von **Daimiel** (19.930 Einwohner) **2**, 25 km weiter nördlich, begegnete Don Quijote den Yangüesen. Im Norden der Stadt befindet sich eines der wichtigsten Feuchtgebiete der Mancha, der **Parque Nacional Tablas de Daimiel** (19,3 km²) **3** (s. Tip). **Argamasilla de**

Alba (6.500 Einwohner) **4** 48 km östlich von Daimiel ist ein anderer Romanschauplatz. Angeblich ist es der Ort, an den sich Don Quijote „nicht erinnern" will. Hier soll Cervantes im Gefängnis gesessen und seinen Roman begonnen haben.

Informationen: Oficina de Turismo, c/Bernardas 2, 13270 Almagro, Tel. (926) 86 07 17.

Oase zwischen Weizen und Wein

Etwa 12 km südlich von Argamasilla liegt der **Parque Natural de las Lagunas de Ruidera** (37,8 km²) **5**, das zweitbedeutendste Feuchtgebiet der Region. In der Höhle von Montesinos erträumte Don Quijote „eine gewaltige Königsburg". Der

Tip

Park in Gefahr

Der Parque Nacional Tablas de Daimiel (19,3 km²) 11 km nordwestlich von Daimiel ist nicht nur der kleinste, sondern auch der bedrohteste Nationalpark Spaniens. Die Flüsse Guadiana und Ciguëla speisen die Kernzone des Feuchtgebietes. Wasserentnahme und Dürre haben den Seen in den letzten Jahren zugesetzt. Sie sind wichtige Brut- und Rastplätze für Vögel inmitten der trockenen kastilischen Hochebene. Vom Informationszentrum aus gibt es zwei Fußwege durch das Gebiet: zur Isla de Algeciras, wo getarnte Beobachtungshütten entlang des Weges angelegt wurden, und zur Isla del Pan, die über Holzstege und Brücken mit dem Festland verbunden ist. Informationen: Centro de Información, Tel. (926) 85 20 58, geöffnet im Sommer 9–21 Uhr.

Durch Kastilien-La Mancha

„Venta de Quijote" den Ritterschlag erhalten haben. 30 km weiter östlich, in **Campo de Criptana** (15.000 Einwohner) **7**, kämpfte Don Quijote gegen das Heer der „ungestalten Riesen", jene 34 Windmühlen aus dem 16. Jahrhundert, von denen heute noch zehn übriggeblieben sind.

Und im 15 km entfernten **El Toboso** **8** soll sich das Haus der angebeteten Dulcinea befinden. „Wie eine Festung gen Himmel" ragte das Schloß der hehren Dame. Tatsächlich war es nur der Kirchturm. Gegenüber der Kirche befindet sich die Biblioteca Cervantina mit rund 200 Quijote-Ausgaben in verschiedenen Sprachen. Das Haus der Dulcinea mit zeitgenössischem Interieur ist heute ein Museum (geöffnet Di–Sa 10–14 Uhr, 16–18.30 Uhr, So 10–14 Uhr, Tel. 925-19 72 88).

Über **Mota del Cuervo** **9**, ebenfalls ein typischer Ort der Mancha mit vielen Windmühlen, erreicht man nach knapp 35 km **Belmonte** **10** in der Provinz Cuenca. Hoch über dem Dorf thront die im 15. Jahrhundert im Mudéjar-Stil errichtete Burg. Hier schlug sich der Ritter mit seinem Spiegelbild in einem undurchdringlichen Wald. Der ist inzwischen verschwunden.

Zauberer Merlin soll die sieben Töchter und zwei Nichten der Kammerdame Ruidera in ebensoviele Seen verwandelt haben. Tatsächlich sind es 15 miteinander verbundene Süßwasserseen, die sich über knapp 35 km Länge rund um die Stadt **Ruidera** im oberen Tal des **Río Guadiana** erstrecken. Von zwei Flüssen und Grundwasser gespeist, führen die Lagunen das ganze Jahr über Wasser.

Informationen: Oficina de Turismo, c/Alarcos 2, 13080 Ciudad Real, Tel. (926) 21 20 03.

Nichts als Windmühlen

In **Puerto Lápice** (1.040 Einwohner) **6** 42 km nordwestlich von Argamasilla soll der „Ritter von der traurigen Gestalt" geboren sein. Später soll er hier, nach einer gehörigen Rauferei, von dem Wirt der Schenke

Abschied von der Ebene

Ob Cervantes seinen Romanhelden jemals in das 85 km entfernte **Cuenca** (43.000 Einwohner) **11** führte, ist nicht belegt. Der Ort liegt malerisch in 1.000 m Höhe auf den stei-

Das Gold der Mancha

Jedes Jahr im Oktober liegt ein violetter Blütenschleier über den braunen Weiten La Manchas. Frühmorgens ziehen Männer und Frauen mit Körben auf die Felder. Warten darauf, daß sich bei den ersten Sonnenstrahlen die zarten Blüten der Krokusse öffnen, um dann rasch jede „rosa de azafrán" von Hand einzeln zu pflücken.

Es ist Safranernte in La Mancha, dem weltweit größten Anbaugebiet.
Bevor die Blüten verwelken, zupfen die Bauernfamilien anschließend oft bis spät in die Nacht hinein die begehrten drei Staubblätter ab. Nur auf sie kommt es an. Über schwelendem Holzfeuer werden die zarten Fäden zu Safran gerö-

stet. Und am letzten Sonntag im Oktober feiern die Safranbauern in Consuegra ihr großes Erntefest, La Monda del Azafrán.
Safran ist das teuerste Gewürz der Welt. Ein Kilo kostet knapp 2.000,– DM. Bis zu 180.000 gepflückte Blüten sind dazu nötig. Noch heute rechnet man übrigens nach dem alten kastilischen Pfund, das sind 460 Gramm. Für ein Pfund Safran benötigt man ein 537 m² großes Feld, eine Maßeinheit, die bei den Safranbauern „celemín" heißt.
Safran *(Crocus sativus)*, der zur Familie der Schwertliliengewächse gehört, haben im 8. Jahrhundert die Araber mitgebracht, als sie die Iberische Halbinsel eroberten. Das aromatische Gewürz macht seither nicht nur den Kuchen gel, Köche verfeinern damit auch Paella, Risotto oder Bouillabaisse.

Jede Safranblüte muß einzeln per Hand gepflückt werden.

Tip

len Felsen der **Serranía de Cuenca** über den tief eingeschnittenen Tälern des **Río Huécar** und des **Río Júcar**. Berühmt ist Cuenca wegen seiner Casas Colgadas. Wie Schwalbennester kleben die Häuser aus dem 14. Jahrhundert über der Schlucht des Río Huécar. 1996 hat die UNESCO die malerische Altstadt zum Weltkulturerbe der Menschheit erklärt. Landschaftlich reizvoll ist auch die Umgebung, so die **Ciudad Encantada** 🔢 (s. Tip) etwa 30 km nordöstlich von Cuenca.

Informationen: Oficina de Turismo, Plaza Mayor 1, 16071 Cuenca, Tel. (969) 23 21 19.

Verzauberte Steine

Felsige Fabelwesen mit seltsamen Namen erheben sich inmitten der Berglandschaft der Serranía de Cuenca: der Hund (El Perro), das steinerne Meer (Mar de Piedra), die Pilze (Las Setas) oder die Schildkröte (La Tortuga). „Ciudad Encantada" (spanisch = verzauberte Stadt) heißen diese bizarren Skulpturen etwa 30 km nordöstlich von Cuenca. Der Name ist irreführend, denn eigentlich müßte die Gegend der „Ort der verzauberten Steine" heißen. Wasser hat im Laufe der Jahrtausende am weichen Kalkstein genagt. Ein markierter Weg führt in etwa 1 Stunde durch das Felsenlabyrinth zu den schönsten Karstformationen. Das gesamte Gebiet der felsigen Märchenwelt ist rund 20 km² groß.
Informationen: Oficina de Turismo, Plaza Mayor 1, 16071 Cuenca, Tel. (969) 23 21 19.

Der Jakobsweg

Auf den Spuren der Pilger

Seit 1993 zählt der Camino de Santiago, der Jakobsweg, zum Weltkulturerbe der Menschheit. Er zieht mit seinen mittelalterlichen Kirchen und
Klöstern, den Städten und Pilgerorten alljährlich Millionen von Menschen
an. Der Weg führt durch die schroffe Bergwelt der Pyrenäen, quert die
fruchtbaren Hügel der Rioja und die baumlosen Weizensteppen Kastiliens
und endet schließlich nach etwa 800 km im regengrünen Galizien.

Aufbruch
im Schatten der Pyrenäen

Zwei Hauptwege führen seit dem
Mittelalter über die Pyrenäen: die
aragonesische Route über den Col
du Somport und die westlich gelegene französische Route über den
Col de Ibañeta. Die französische
Route über Roncesvalles ist der Pil-
gerpfad (s. Kasten S. 37), den heute
– wie schon im Mittelalter – die
meisten Menschen beschreiten.

Schlachtfeld und Pilgerort
In **Roncesvalles** ❶ unweit der französischen Grenze sind Heldenepos
und mittelalterliche Pilgerge-
schichte vereint. Bevor im 12. Jahrhundert hier das erste Pilgerhospiz

entstand, war der Ort Schauplatz
einer Tragödie. Roland, ein Getreuer
Karls des Großen, starb 778 am Paß
von Roncesvalles im Kampf gegen
hier lebende Volksstämme. Seine
Heldentaten besingt das Rolands-
lied.

Im Pilgerhospiz gibt es neben
Jakobsmuschel, Stab und Kürbisfla-
sche auch den Pilgerpaß mit dem
Stempel der ersten Pilgerstation.
Neben dem Hospiz lohnt der Be-
such der gotischen Kirche Real Co-
legiata aus dem 13. Jahrhundert.
Die Kapelle Sancti Spiritus soll im
12. Jahrhundert über der Grabstätte
Rolands errichtet worden sein.

Auf dem Jakobsweg durch Navarra und die Rioja

Spaniens erste Touristen

Maria Jänchen strahlt über das ganze gebräunte Gesicht. Die Füße der Mittsechzigerin aus Dresden stecken in abgelaufenen Wanderschuhen, am Rucksack baumelt die Jakobsmuschel. Mehr als 700 km ist sie in den vergangenen Wochen zu Fuß gelaufen, hat Blasen und schmerzende Gelenke ertragen. Am Ziel scheint das alles vergessen.

Es ist 9 Uhr morgens. Das Pilgerbüro in Santiago de Compostela ist noch geschlossen. Mit Maria Jänchen wartet eine Handvoll Pilger darauf, die Compostela, das Zeugnis für die erfolgreiche Pilgerfahrt, zu bekommen. Manche sind die Strecke mit dem Fahrrad gefahren. Die meisten kommen, wie Maria Jänchen, zu Fuß. Als echter Pilger gilt, wer mindestens 200 km mit dem Fahrrad oder zu Pferd oder 100 km zu Fuß zurückgelegt hat.

Fromme Pilger trifft man heute aber immer seltener. Ob sportlicher Ehrgeiz, persönliche Probleme oder die kulturgeschichtliche Bedeutung: Die Gründe, sich auf den Weg zu machen, sind so verschieden, wie die Menschen, die man auf ihm trifft.

Der Apostel Jakobus (spanisch = Santiago) ging im galizischen Padrón, etwa 40 km westlich von Compostela, an Land, um von hier aus Hispanien zu evangelisieren. Im Jahr 44 kehrte er mit nur einer Handvoll Jüngern nach Judäa zurück. Herodes Agrippa ließ ihn als einen der ersten Apostel kurz darauf töten.

Wie der Leichnam dann nach Galizien kam, ist bis heute ungeklärt. Der mittelalterlichen Jakobslegende nach soll er auf einem Schiff nach Galizien getrieben sein. Das Grab wurde

Das Erkennungszeichen der Pilger ist die Jakobsmuschel.

erst im 9. Jahrhundert von einem frommen Einsiedler wiederentdeckt, dem ein heller Stern die Lage gezeigt haben soll. Aus dem campus stellae,

Noch heute dient die Kalebasse vielen Pilgern als Trinkgefäß.

dem Sternenfeld, wurde das Compostela. Tatsächlich haben Archäologen hier römische Gräber gefunden.

Compostela wurde neben Rom und Jerusalem zum bedeutendsten Wallfahrtsort. Hospize, Kirchen, Brücken und Städte entstanden entlang der Route. Seit dem Mittelalter gilt die Jakobsmuschel (galizisch = vieira) als Zeichen der Pilger und weist heute als stilisiertes gelbes Symbol auf blauem Grund den Weg nach Compostela.

Pamplona und Navarra

Durch das Tal des **Río Arga** gelangt man auf der N 135 gut 45 km südwestlich von Roncesvalles nach **Pamplona** (190.000 Einwohner) **2**. Die Stadt ist wegen ihrer Stierkämpfe berühmt. Ernest Hemingway hat die Feiern zu San Fermín in seinem Buch „Fiesta" literarisch verewigt. Am Paseo de Hemingway liegt heute die Plaza de Toros.

Schon im 12. Jahrhundert entstanden die Marktflecken San Cernín und San Nicolás, wo sich viele fromme Pilger niederließen. Zwischen den Bewohnern der Navarrería, dem Ursprung Pamplonas, und den „Franken" herrschte bis Anfang des 15. Jahrhunderts ein blutiger Kleinkrieg. Der Pilgerweg führt an der in der alten Navarrería gelegenen Kathedrale aus dem 14.

Tip

Geier am Jakobsweg

Auch früher dürften die Pilger sie gesehen haben, als sie den Río Iratí über die Brücke Puente de Diablo überquerten: die majestätisch über der Schlucht von Lumbier segelnden Geier. Im Westen der Sierra de Leyre hat der Río Iratí im harten Kalkgestein einen beeindruckenden Canyon geschaffen. Auf den Felsen nistet eine große Kolonie von Gänsegeiern. Heute verläuft der Pilgerweg 5 km weiter südlich, die Brücke ist zerstört. Doch ein Abstecher dorthin lohnt sich. Auf der N 240 biegt man 27 km südöstlich von Pamplona bei Ventas de Judas auf die C 127 nach Lumbier ab. Südlich des Ortes führt eine schmale Straße nach 2 km zu einem Parkplatz. Von hier aus geht es zu Fuß über eine stillgelegte Eisenbahnstrecke 1 km am nördlichen Flußufer entlang.

Perdón (1.037 m) **8**. Ein Abzweig führt von der N 111 auf die steile Anhöhe hinauf. Hier bietet sich ein weiter Blick über die Ausläufer der Pyrenäen und die fruchtbaren Hügel Navarras.

In **Puente la Reina 4** 23 km südwestlich von Pamplona treffen sich französischer und aragonesischer Jakobsweg. Die Pilgerbrücke über den **Río Arga** aus dem 12. Jahrhundert ist heute eines der berühmtesten Bauwerke am Pilgerweg. In der Nähe liegt die ebenfalls aus dem 12. Jahrhundert stammende romanische Kirche von **Eunate 5** – für viele ein magischer Ort. Wegen ihres achteckigen Grundrisses und der Pilgergrabstätten in der Umgebung glaubt man, daß es sich um eine Templerkirche handelt und damit um einen Nachbau der Grabeskirche in Jerusalem.

Informationen: Oficina de Turismo, c/Duque de Ahumada 3, 31002 Pamplona, Tel. (948) 22 07 41.

Jahrhundert vorbei. Die an der Plaza Consistorial im 13. Jahrhundert errichtete Wehrkirche San Cernín erinnert – genauso wie die abseits gelegene Kirche San Nicolás – an die mittelalterliche Fehde.

Einer der schönsten Punkte entlang des Pilgerwegs ist der **Alto del**

Die Kirche von Eunate ist ein beinahe magischer Ort inmitten von Weizenfeldern.

 38   Aufbruch im Schatten der Pyrenäen

Die Rioja
Das Land des Weines

Waren vom Alto del Perdón noch die schroffen Spitzen der Pyrenäen zu sehen, reist man nun durch die fruchtbare Hügellandschaft der Rioja und das weite Ebrotal. An den Hängen dehnen sich die Weinfelder bis zum Horizont.

Das Herz der Rioja
Rund 20 km hinter Puente la Reina erreicht man **Estella** (13.500 Einwohner) **6** am **Río Ega**. Die Pilger haben auch diesem mittelalterlichen Marktflecken zu Wohlstand verholfen. Sehenswert ist die Kirche San Pedro de la Rúa aus dem 13. Jahrhundert. Das Benediktinerkloster Santa María la Real de Irache 2 km südwestlich der Stadt gewährte Pilgern schon im Mittelalter Unterschlupf. Die N 111 führt 30 km weiter in den kleinen Ort **Torres del Río 7**. Hier lohnt ein Besuch der romanischen Kirche San Sepulcro.

Die Provinzhauptstadt **Logroño** (120.000 Einwohner) **8** am Ufer des **Río Ebro** ist das Herz der Rioja. In der Altstadt führt der Pilgerweg durch die Rúa Vieja und die Calle Barriocepo, vorbei an der Pilgerkirche Santiago el Real mit Fassadenschmuck und Statuen zu Ehren des Apostels Jakobus.

Eine legendäre Schlacht
Von Logroño sollte man einen kleinen Abstecher in das 18 km südlich gelegene **Clavijo 9** unternehmen. Hoch auf einem Felsen steht das **Castillo de Clavijo**. In der Schlacht von Clavijo, als Ramiro I. von Asturien 834 gegen die Mauren siegte, soll der Legende nach Santiago als Ritter erschienen sein und zahlreiche Mauren getötet haben. Seither gilt er als Schutzpatron der Reconquista.

Nájera 10, etwa 26 km von Logroño entfernt, ist ebenfalls eine typische Pilgergründung. Wie Perlen an einer Kette reihen sich die Häuser entlang des Pilgerwegs aneinander. Der Ort war im 11. Jahrhundert die Hauptstadt des Königreiches Navarra. Lohnend ist ein Besuch des Klosters Santa María la Real, das bereits 1052 gegründet und später um ein Pilgerhospiz erweitert wurde.

Ursprung der kastilischen Sprache
Abseits des Pilgerwegs liegt 15 km südlich von **Azofra** der Wallfahrtsort **San Millán de la Cogolla 11** mit zwei berühmten Klöstern. Im Kloster Yuso fand man die ältesten Schriften in kastilischer Sprache. Eine Kopie der aus dem 11. Jahrhundert stammenden „Glosas emilianenses" ist in der klösterlichen Bibliothek zu sehen. Yuso wird gerne als „Escorial der Rioja" bezeichnet. Es gehört ebenso wie das benachbarte Kloster Suso zum Weltkulturerbe der Menschheit.

Weinbau in der Rioja

Noch heute werden in den Weinbergen der Rioja Pferde eingesetzt.

Namen wie Castillo Ygay und Prado Enea lassen das Herz eines Weinkenners höher schlagen. Aber erst seit 25 Jahren sind die edlen Rotweine der Rioja auch jenseits der Pyrenäen bekannt, als sich Spanien nach dem Ende der Franco-Diktatur zögernd öffnete.

Noch bevor die Römer nach Spanien kamen, baute man im Ebrotal Wein an. Als Ende des 19. Jahrhunderts Reblaus und Mehltau dem französischen Weinbau ein vorläufiges Ende setzten, kamen Händler in die Rioja, um hier Wein zu kaufen. Sie brachten neue Weinbautechniken mit und führten auch die heute typische Lagerung in 225-Liter-Barriques aus Eichenholz ein.

Das Anbaugebiet, zu dem die Autonome Region La Rioja, Teile des Baskenlandes und Navarras zählen, ist untergliedert in die Rioja Alta, die Rioja Alavesa und die Rioja Baja. Seit 1925 wacht der Consejo Regulador über das 50.000 ha große Anbaugebiet. 1991 hat das Kontrollorgan der Rioja als bisher einziger spanischer Weinbauregion den Status einer Denominación de Origen Calificada zugebilligt, der DOC-Bezeichnung für Weine höchster Qualität.

Das im Eichenholz enthaltene Vanillin verleiht den Weinen der Rioja ihr charakteristisches Vanillearoma – eine wahre Gaumenfreude nicht nur für Spanier.

Der Pilgerweg führt von Azofra über die N 120 15 km weiter nach **Santo Domingo de la Calzada** 🔢 und durchquert den Ort schnurgerade. Am Rand des Weges steht die aus dem 12. Jahrhundert stammende Kathedrale mit dem Grabmal des Heiligen Domingo. Er ließ für die Pilger die Brücke über den **Río Oja** bauen und Straßen befestigen. Ein Käfig mit zwei lebenden Hühnern in einer Mauernische im Inneren der Kathedrale erinnert daran, daß der Heilige Domingo noch 300 Jahre nach seinem Tod Wunder vollbracht haben soll.

Informationen: Oficina de Turismo, c/Miguel Villanueva 10, 26001 Logroño, Tel. (941) 29 12 60.

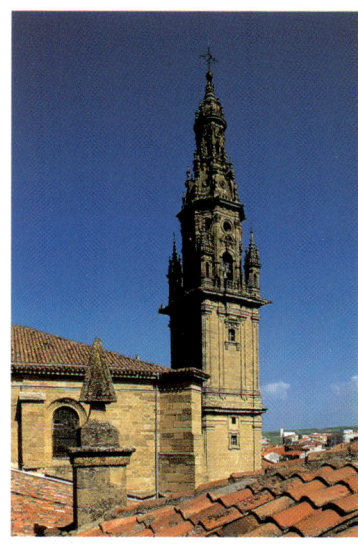

In der Kathedrale von Santo Domingo de la Calzada steht ein Käfig mit Hühnern.

Durch die baumlose Weite

Immer weiter entfernt sich der Pilgerweg von den Pyrenäen. Die Landschaft wird allmählich flacher. Hinter Santo Domingo de la Calzada erheben sich noch die Bergketten der **Sierra de la Demanda** (San Lorenzo 2.271 m) und

eine der beliebtesten Pilgerherbergen. Am späten Nachmittag treffen die ersten Pilger hier ein, waschen sich im plätschernden Brunnen, kühlen ihre wundgelaufenen Füße und ruhen sich unter den schattenspendenden Platanen aus.

Auf dem Jakobsweg durch Kastilien

der **Montes de Oca** (1.238 m). Dann beginnt die baumlose Weizensteppe Kastiliens.

Der Schrecken der Pilger

Die Gegend um **Villafranca de Montes de Oca** ◼ war bei den Pilgern wegen des unwegsamen Geländes gefürchtet. Häufig lauerten ihnen Wegelagerer auf, beraubten oder töteten sie. Heute ist es eher der Verkehr auf der stark befahrenen N 120, der die Reisenden gefährdet.

Vor der kleinen Ortschaft **Santovenia** führt eine schmale Straße zum Kloster **San Juan de Ortega** ◼, das einsam zwischen sanft geschwungenen Feldern liegt. Es ist

Die Heimat des Cid

Die nächste Etappe auf dem Jakobsweg ist das 20 km entfernte **Burgos** (160.000 Einwohner) ◼. Die Stadt am **Río Arlanzas** ist Provinzhauptstadt und Bischofssitz. An der Kreuzung von Jakobsweg und dem Weg zur Küste gelegen, wurde die Ende des 9. Jahrhunderts gegründete Stadt rasch ein bedeutender Handelsplatz und später die Hauptstadt des Königreichs Kastilien. Burgos ist die Stadt von Rodrigo Díaz de Vivar (1043–1099), genannt „El Cid", der als Maurentöter zur Symbolfigur der Reconquista wurde. In der Kathedrale von Burgos liegt er heute neben seiner Frau begraben. Die Kathedrale ist

Tip

Singende Mönche

Die Benediktinermönche des Klosters Santo Domingo de Silos 55 km südöstlich von Burgos haben mittlerweile Weltruhm erlangt. Obwohl das mittelalterliche Kloster allein schon wegen seines romanischen Kreuzgangs eine Reise wert ist, kommen die meisten Besucher wegen der singenden Mönche hierher. Eine Schallplattenaufnahme mit gregorianischen Gesängen Anfang der 90er Jahre machte die frommen Brüder zu internationalen Stars. Gregorianische Choräle sind Teil der katholischen Liturgie, sie werden einstimmig, ohne jede Instrumentalbegleitung und in Latein gesungen. Der Text bestimmt den Rhythmus der Melodie, der Sinn der gesungenen Worte die Tonhöhe des Gesangs. Messen mit gregorianischen Gesängen gibt es Mo–Sa um 9 Uhr, um 13.45 Uhr und um 19 Uhr zu hören (Tel. 947-39 00 49).

eines der schönsten Beispiele der spanischen Gotik und zählt zum Weltkulturerbe der Menschheit (geöffnet im Sommer tgl. 9.30–13 Uhr, 16–19 Uhr). Im 15. Jahrhundert soll es in Burgos 32 Pilgerhospize gegeben haben. Eines davon, das schon im 12. Jahrhundert gegründete Hospital del Rey, liegt etwa 2 km westlich der Altstadt. In der Nähe befindet sich das Zisterzienserkloster Monasterio de las Huelgas mit romanischem Kreuzgang.

Informationen: Oficina de Turismo, Plaza Alonso Martínez 7, 09003 Burgos, Tel. (987) 23 70 82.

Auf den Spuren der Romanik

Weiter geht die Reise auf der N 120 durch die kastilische Hochebene in Richtung **Frómista** 4. Ende des 11. Jahrhunderts ließ Doña Mayor, die Frau Sanchos III., hier ein Benedikti-

nerkloster bauen. Davon ist bis auf die Kirche San Martín nichts übriggeblieben. Sie aber gilt als eine Perle der Romanik.

Das knapp 20 km weiter westlich gelegene **Carrión de los Condes** 5 gehört zu den alten Königsstädten von León und ist wie **Sahagún** 6 im Mittelalter eines der wichtigsten Etappenziele für die Pilger gewesen. Vom einstigen Wohlstand Sahagúns ist heute nichts mehr zu spüren. Die Kirchen San Tirso und San Lorenzo sind schöne Beispiele der Mudéjar-Architektur.

Spaniens sixtinische Kapelle

Von Sahagún aus sind es noch gut 50 km bis in die Provinzhauptstadt **León** (145.000 Einwohner) 7. Ursprünglich ein römisches Heerlager, das die reichen Goldminen der **Médulas** (s. Kasten S. 45) bewachen sollte, entwickelte sich León zu einer der bedeutendsten Städte des christlichen Mittelalters. Die Kathedrale Santa María de la Regla ist die stilreinste gotische Kathedrale Spaniens. Von hier aus führt der Pilgerweg zur Basilika de San Isidoro an der gleichnamigen Plaza. Der Pantheon der Könige wird wegen seiner Fresken auch als sixtinische Kapelle der spanischen Romanik bezeichnet. An den Ufern des **Río Bernesga** liegt das ehemalige Pilgerhospiz San Marcos, heute einer von zwei 5-Sterne-Paradores in Spanien.

Informationen: Oficina de Turismo, Plaza de la Regla 3, 24003 León, Tel. (987) 23 70 82.

Kastilien

Die Berge der Maragatería
und des Bierzo

Hinter León endet die Monotonie der kastilischen Hochebene. Die Ausläufer des Kantabrischen Küstengebirges formen die Landschaft. Der Pilgerweg führt nun durch die Berge der Maragatería und des Bierzo. Es ist einer der vergessenen Winkel Spaniens, obwohl die Region eine über 2.000 Jahre alte Geschichte hat. Schon die Römer bauten hier Gold ab (s. Kasten S. 45). Heute sind es Eisenerz und Kohle, deren Gewinnung Narben in der Landschaft hinterläßt.

Schauplatz des „Paso honroso"
Etwa 30 km westlich von León befindet sich die Ortschaft **Hospital de Órbigo** 🖪 mit einer mittelalterlichen Brücke über den gleichnamigen Fluß. Die Brücke ist eine der berühmtesten des Jakobswegs und war Schauplatz des „Paso honroso", jenes Kampfes des unglücklich verliebten Ritters Suero de Quiñones gegen alle, die die Brücke überqueren wollten. Um sich von seiner Liebe zu befreien, schwor er, 300 Lanzen zu brechen. Danach pilgerte er mit einem Armreif seiner Angebeteten aus Dank zum Grab des Apostels.

Wo sich alle Wege kreuzen
Die Hauptstadt der Maragatería **Astorga** (12.500 Einwohner) 🖲

Der erzbischöfliche Palast in Astorga entstand nach den Entwürfen von Antoni Gaudí.

wirkt auf den ersten Blick wie ein unscheinbares Provinznest. Der Ort war jedoch schon in der römischen Antike als „Asturica Augusta" bekannt. Hier kreuzt der Jakobsweg die Via Traiana und die Via de la Plata, zwei der wichtigsten römischen Handelswege. Sehenswert sind die Kathedrale Santa María aus dem 15. Jahrhundert und der benachbarte Bischofspalast, den der katalanische Architekt Antoni Gaudí Ende des 19. Jahrhunderts entworfen hat. Hier ist das Museo de los Caminos untergebracht, das den drei historischen Wegen gewidmet ist (geöffnet im Sommer tgl. 10–14 Uhr, 16–20 Uhr).

Durch die Maragatería

Hinter Astorga folgt man dem Jakobsweg über Nebenstraßen nach **Castrillo de los Polvazares** 🔟, einem der schönsten Dörfer der Maragatería. Und nur ein paar Kilometer weiter liegt nahe des verlassenen Dorfs **Foncebadón** eines der bekanntesten Denkmäler des Pilgerwegs, das **Cruz de Hierro** 🔢. Auf einem Steinhaufen steht ein Baumstamm ohne Rinde, auf den ein Eisenkreuz aufgespießt ist. Jeder Pilger, der vorbeizieht, legt hier einen Stein nieder. 25 km weiter westlich gelangt man nach **Ponferrada** (60.000 Einwohner) 🔢, einer Industriestadt an den Ufern des **Río Sil** und des **Río Boeza**. Sehenswert sind die Altstadt und die Templerburg **Castillo de Templares** aus dem 12. Jahrhundert.

Letzter Anstieg vor Galizien

Villafranca del Bierzo (4.000 Einwohner) 🔢, 20 km westlich von

Einst eine römische Wegmarkierung ist das Cruz de Hierro heute einer der bekanntesten Punkte am Jakobsweg.

Römischer Goldrausch

Vom Aussichtspunkt Mirador de Orellán sehen die gezackten rotbraunen Erdkegel der Médulas 27 km südwestlich von Ponferrada einfach märchenhaft aus. Doch was wie eine bizarre Bergwelt aussieht, sind antike Goldminen, die mittlerweile zum Weltkulturerbe zählen.

Bereits Griechen und Römer kannten den Goldreichtum im Nordwesten Spaniens. Als die Römer um 25 v. Chr. das Gebiet besetzten, begann der römische Goldrausch. Einst war das Schwemmland des Río Sil eine hügelige Landschaft. Bis zu 170 m hoch hatte der Fluß seine goldhaltigen Sedimente am

Fuß der Montes Aquilianos abgelagert.

Um an das begehrte Edelmetall zu gelangen, schufen die Römer eine gigantische Goldwaschanlage. Sie gruben Gänge in die Sedimente und errichteten kilometerlange Kanäle, über die das Wasser aus den Bergen in das Gebiet floß. Um am höchsten Punkt mit dem Abbau beginnen zu können, bauten sie Aquädukte und Tunnel. In Stauseen sammelte sich dann das Wasser, bis es genug Druck hatte. Mit unvorstellbarem Tosen muß es dann durch den Berg in das Tal gebrochen sein. Die leichten Sedimente flossen in den Río Sil, die schweren Goldkörner sanken in Auffangbecken zu Boden. Bis die Vorräte im 3. Jahrhundert allmählich zu Ende gingen, hatten die Römer etwa 6.000 Kilogramm Gold gewonnen.

Bizarre Erdkegel sind alles, was vom Goldrausch übrigblieb.

Ponferrada, ist die letzte Pilgeretappe vor Galizien. Malerisch liegt der Ort inmitten der Hügellandschaft des Bierzo. Er ist eine typische Pilgergründung aus dem 11. Jahrhundert mit alten Adelshäusern, Kirchen, Klöstern und einer mächtigen Burg. Ersehntes Ziel vieler Pilger ist bis heute die romanische Kirche Santiago. Alle, die zu krank waren, um zum Grab des Apostels nach Compostela zu pilgern, bekamen an der Puerta del Perdón ihre Sünden erlassen.

Informationen: Oficina de Turismo, c/Gil y Carrasco 1, 24400 Ponferrada, Tel. (987) 42 42 36.

Tip

Durch einsame Täler

Nördlich von Villafranca del Bierzo liegt eine der melancholischsten Landschaften Spaniens: der Gebirgszug der Sierra de los Ancares. Die ältesten Gesteine des Kantabrischen Küstengebirges gipfeln im 1.969 m hohen Pico de Miravalles. Jahrtausendelang wurden in den einsamen Tälern aus Stein, Stroh und Holz Pallozas gebaut, jene strohgedeckten, steinernen Rundhütten keltischen Ursprungs, die noch in Dörfern wie Piornedo zu sehen sind. Manche Orte sind bis heute nur über Schotterpisten miteinander verbunden. In den abgeschiedenen Wäldern aus Edelkastanien, Eichen und Stechpalmen leben noch Wolf und Auerhahn.
Informationen: Asociación Desarollo Os Ancares, c/Rosalia de Castro, 27677 As Nogais, Tel. (982) 36 42 50.

Der Pilgerweg verläuft nun weiter durch Galizien. Die Landschaft ist hügelig, sattgrün und gesprenkelt mit granitfarbenen Dörfern und Städten. Wie ein Mosaik überziehen kleine Äcker, Weinfelder, Wiesen und Wälder die Gegend.

An der galizischen Grenze

Die Grenze zu Galizien liegt auf dem Paß **Porto de Pedrafita** (1.109 m). Der Jakobsweg steigt noch etwa 200 m weiter bergan und erreicht nach 3 km die Ortschaft **O Cebreiro** ❶, eines der ältesten Etappenziele. Von hier aus genießt man eine schöne Aussicht auf die galizische Berglandschaft.

Die Autonome Region Galizien

Im Dorf gibt es noch einige Pallozas, strohgedeckte Rundhütten keltischen Ursprungs.

Über das mittelalterliche **Sarria** ❷ und das neugegründete **Portomarín** ❸ hoch über dem Belesar-Stausee gelangt man nach **Palas de Rei** ❹. Hier beginnt ein landschaftlich besonders schöner Abschnitt des Jakobswegs, auf dem man ein paar Kilometer zu Fuß gehen sollte. Die Route führt über mittelalterliche Brücken und durch hübsche Orte wie **Mellid** oder **Furelos**, quert schattige Laubwälder mit glasklaren Bächen und blühende Wiesen mit Maisspeichern (galizisch = hórreos), deren Granitsteine von leuchtenden, orangeroten Flechten überzogen sind.

Die Stadt des Apostels

Kurz vor der Autobahn A 9 erhebt sich südlich davon die Anhöhe **Monte do Gozo**. Von dort konnten die Pilger das erste Mal nach 800 km Fußmarsch **Santiago de Compostela** (91.000 Einwohner) ❺ erblicken. Santiago ist heute nicht nur eine Stadt der Pilger. Mit der sechstgrößten Universität Spaniens strahlt sie auch ein ausgesprochen studentisches Flair aus. 1985 wurde die Stadt zum Weltkulturerbe der Menschheit erklärt.

Zentraler Platz ist die weite Praza do Obradoiro vor der Kathedrale, die vollständig von Bauten

Die Kathedrale in Santiago de Compostela ist das Ende der Pilgerfahrt.

aus dem 13. bis 16. Jahrhundert umgeben ist. An der Nordseite des Platzes liegt das Hostal de los Reyes Católicos, ein Pilgerhospiz aus dem 16. Jahrhundert mit plateresker Fassade, heute ein 5-Sterne-Parador. Die Kathedrale wurde zwischen 1075 und 1211 erbaut. In das Innere der größten Kirche Spaniens tritt man durch den feinverzierten Pórtico de la Gloria, die alte Fassade aus dem 12. Jahrhundert, das Ziel aller Pilger. An der Jakobus-Statue der Mittelsäule haben Tausende mit ihren Fingern tiefe Abdrücke im Marmor hinterlassen, um dann das Grab des Apostels in der Krypta unterhalb des Hauptaltars zu besuchen. Neben den zahlreichen Plätzen, Palästen und Klöstern lohnt auch ein Bummel durch die hübsche arkadengesäumte Altstadt.

Informationen: Oficina de Turismo, Rúa do Vilar 43, 15705 Santiago de Compostela, Tel. (981) 58 40 81.

Grüne Küste

Zwischen Bergen und Meer

Rund 1.200 km lang ist die spanische Atlantikküste von den Pyrenäen bis zur Mündung des Miño. Ob keltische Rundbauten in Galizien, romanische Kirchen in Asturien, steinzeitliche Höhlenmalerei in Kantabrien oder die heilige Eiche im Baskenland: Jede der Autonomen Regionen hat ihre eigene Geschichte und Kultur. Das grüne Spanien hat mit dem Land hinter dem Kantabrischen Küstengebirge scheinbar nur wenig gemein.

Galizien
Das Ende der Welt

Tip

Granitfelsen im Meer

Die in der Ría de Vigo liegenden Islas Cíes gehören zu den wertvollsten Naturparadiesen Galiziens. Die drei Granitinselchen bilden einen rund 450 ha großen Naturpark und sind ein marines Vogelschutzgebiet. Nur die Nord- und Südinsel sind für Touristen im Sommer mit dem Schiff von Vigo aus zu erreichen. Ein Steinpfad verbindet beide Inseln. Während die dem Atlantik zugewandte Küste steil und schroff ist, ziehen sich an der Südküste samtweiche Sandstrände hin. Auf den Inseln brüten u.a. Weißkopfmöwen, Krähenscharben und Trottellummen. Ein beschilderter Pfad ermöglicht Naturbeobachtung auf eigene Faust. Übernachtung ist auf einem Campingplatz möglich.
Informationen: Oficina de Turismo, Las Avenidas, 36202 Vigo, Tel. (986) 22 84 41.

Das „Land der tausend Flüsse" ist regenreich und voller Melancholie. Versunkene Flußtäler, die Rías, ziehen sich von der Küste kilometerweit bis in das sanfte Hügelland. Inmitten saftiger Wiesen liegen Dörfer aus Granit – eine Symphonie in Grün und Grau. Galizien ist noch bis auf den heutigen Tag ein Fischer- und Bauernland. Es ist das Land der Jakobspilger. Und das der Kelten. Über Galizien kamen sie um etwa 1.000 v. Chr. auf die Iberische Halbinsel. Das keltische Erbe ist nicht nur in der traditionellen Dudelsackmusik immer noch spürbar.

In den galizischen Rías werden die meisten Miesmuscheln Spaniens gezüchtet.

Friedhof der Engländer

Als das Segelschulschiff Serpent am 8. November 1890 den Hafen von Plymouth verläßt, ahnt keiner der 175 Mann an Bord, daß die Reise nach Sierra Leone zwei Tage später jäh enden wird. Im aufgewühlten Atlantik zerschellt das Schiff in der Nacht des 10. November an den Klippen der Todesküste, nur drei Matrosen können sich retten. Wie so oft sollen Küstenpiraten dabei ihre Hand im Spiel gehabt haben, Beweise gibt es dafür nicht. Die ertrunkene Besatzung der Serpent wird am Unglücksort begraben. Die Bucht von Trece ist heute als „Friedhof der Engländer" bekannt.

Der rasch aufziehende Nebel, der rauhe Atlantik und die schroffen Klippen machen die Todesküste zu einer der gefährlichsten Küsten der Welt. Schon 1896 bekam daher der Leuchtturm am Cabo Vilán besonders weitreichende elektrische Strahler, um vor den unheilvollen Klippen zu warnen. Bis dahin aber hatten die Fischer von Arou und Camelle mehr Schiffsunglücke gesehen als andere. So viele, daß es seit 1898 in Camelle ein Zentrum zur Rettung von Schiffbrüchigen und zur Bergung von Schiffswracks gibt. In der Dorfkirche bewahren die Bewohner bis heute die Schiffsglocke der 1897 vor der Küste untergegangenen britischen City of Agra auf.

Wie viele Schiffe an der zerklüfteten Granitküste zwischen Cabo Fisterra und Malpica zerschellt sind, weiß niemand genau. Der erste beurkundete Schiffbruch ereignete sich schon 1596, als 20 Schiffe der spanischen Armada bei der Einfahrt in die Ría de Corcubión untergingen und 1.706 Seeleute starben. Eines der letzten großen Unglücke passierte 1987. Der mit Giftfässern beladene Frachter Casón sank in der Bucht von Rostro. 23 Besatzungsmitglieder kamen durch Vergiftung ums Leben, die Dörfer Fisterra, Corcubión und Cée wurden evakuiert.

Touristenzentren im Süden

Weite Flußtäler und lange Strände sind typisch für die **Rías Baixas** (Rías Bajas), die sich von der Mündung des **Río Miño** im Süden Galiziens bis zum **Cabo Fisterra**, dem westlichsten Punkt Spaniens, ziehen. Die Bewohner des mittelalterlichen Fischerortes **Baiona** 🖪 erfuhren als erste von der Entdeckung Amerikas, als Kolumbus' Karavelle Pinta 1493 im Hafen vor Anker ging. Heute zählt Baionas **Praia América** zu den beliebtesten Stränden Galiziens.

Vigo (280.000 Einwohner) 🖬, 20 km nördlich von Baiona an der **Ría de Vigo** gelegen, hingegen bietet bis auf eine kleine Altstadt kaum Touristisches. Die moderne Industriestadt ist nach A Coruña das wichtigste Wirtschaftszentrum Galiziens. Von der Estación Marítima de la Ría (Tel. 986-43 77 77) starten die Fähren zu den **Islas Cíes** (s. Tip S. 50) oder nach **Cangas** auf der Halbinsel **Morrazo**. In **Hío** 5 km westlich von Cangas steht das größte Wegkreuz Galiziens. Die aus Granit gemeißelten Cruceiros wurden im 13. Jahrhundert überall dort aufgestellt, wo Wunder oder Verbrechen geschehen waren.

Die Provinzhauptstadt **Pontevedra** (46.000 Einwohner) 🖪 an der gleichnamigen Ría besitzt wider Erwarten eine malerische Altstadt mit Palästen und Plätzen, was man von **O Grove** 35 km weiter nordwestlich nicht behaupten kann. In dem Wattgebiet zwischen der **Illa da Toxa** und dem **Río Umia** kann man bei Ebbe Hunderte von Watvögeln beobachten.

![Der Leuchtturm am Cabo Vilán wacht über einen der gefährlichsten Küstenabschnitte der Welt.](image)

Der Leuchtturm am Cabo Vilán wacht über einen der gefährlichsten Küstenabschnitte der Welt.

Auf Weinpfaden gen Norden

Kulinarisches verspricht **Cambados** **9**, das sich „Stadt des Albariño" nennt. Cambados ist das Hauptanbaugebiet der beliebten Weißweinrebe, die deutsche Pilger im Mittelalter vom Rhein mitgebracht haben sollen. Die dazu passenden Meeresfrüchte werden in der **Ría de Arousa** gezüchtet. Hier dümpeln rund 400 floßartige Muschelfarmen wie eine ankernde Flotte im Meer. Einen schönen Blick darauf hat man vom Aussichtspunkt Mirador de Lobeira, etwa 4 km südlich von **Vilagarcía de Arousa** **10**. In **Padrón** (4.000 Einwohner) **11** betrat zwar der Apostel Jakobus zum ersten Mal spanischen Boden. Der Ort ist heute aber eher wegen seiner

scharfen kleinen Paprikaschoten, den Pimientos de Padrón, berühmt.

Viele Jakobspilger gingen früher in **Noia** **12** 42 km nordwestlich von Padrón an Land. Der Hafen ist mittlerweile versandet, doch das einst wohlhabende Städtchen hat eine hübsche Altstadt mit Palästen aus dem 15. Jahrhundert zu bieten. Auch das Fischerstädtchen **Muros** **13** am anderen Ufer der **Ría de Muros e Noia** besitzt eine sehenswerte Altstadt, die seit 1970 unter Denkmalschutz steht.

Carnota **14** an der **Ría de Corcubión** ist nicht nur für den größten Maisspeicher Galiziens bekannt, sondern auch für seinen 5 km langen, von Dünen begrenzten Sandstrand. Er wird vom **O Pindo**

(641 m) überragt, der schon den Kelten als heiliger Ort galt.

Informationen: Patronato Provincial de Turismo Rías Baixas, Avenida Montero Ríos, 36071 Pontevedra, Tel. (986) 80 41 08.

An der Todesküste

Nördlich der Ría de Corcubión beginnen die rauhen **Rías Altas** und schöne Vimianzo-Tal, führen immer wieder holperige Sträßchen zu der Granitküste mit ihren einsamen Sandstränden. Malerisch sind das ständig vom Atlantikwind umtoste Fischerdorf **Muxia** mit Blick auf die **Ría de Camariñas** und das gegenüberliegende Kap **Cabo Vilán** 16 mit seinem Leuchtturm. Auf den Klippen leben unter anderem Trot-

Radtour entlang der

Todesküste

eine der gefährlichsten Küsten der Welt. Bis zum Kap **San Adrián** westlich von A Coruña erstreckt sich die **Costa da Morte**, die Todesküste, an deren Klippen schon unzählige Schiffe zerschellt sind. Von dem lebhaften Fischerstädtchen **Corcubión** führt die Küstenstraße zunächst zum **Cabo Fisterra** 15. Das schroffe Kap war im Mittelalter der westlichste Punkt der bekannten Welt.

Folgt man der C 552 in Richtung A Coruña durch das landschaftlich

Für die Radtour empfiehlt sich wegen der holprigen Strecke ein Mountainbike. Hinter Malpica 1 erreicht man über Nemeño 2 nach 12 km Ponte-Ceso 3 an der Ría Corme e Laxe. Dann geht es über San Pedro 4 in das 14 km entfernte Laxe 5. 10 km weiter liegt Traba 6. Von hier führt der Küstenpfad über Camelle 7 und Arou 8 bis zum 10 km entfernten Friedhof der Engländer 9 an der Bucht von Trece. Über den Strand von Beira 10 gelangt man nach 10 km zum Cabo Vilán 11. Über Camariñas 12 und Ponte do Porto 13 kommt man in das 20 km entfernte Vimianzo 14. Die gut 80 km sind je nach Kondition in ein oder zwei Tagen zu bewältigen. Übernachtungsmöglichkeiten gibt es u.a. in Malpica, Laxe, Camariñas und Vimianzo.

Tip

Am Kathedralen-Strand

Westlich von Ribadeo haben die Atlantikwellen eine bizarre Küste geformt. Am „Strand der Kathedralen" (galizisch = As Catedrais) gibt das Meer bei Ebbe zahlreiche Felsbögen und -türme frei, die isoliert inmitten des Sandwatts meterhoch aufragen. Dann kann man durch die engen Spalten, Grotten und felsigen Schluchten wandern, die das Meer im Laufe der Zeit im Kalkstein ausgehöhlt hat. Allerdings ist Vorsicht geboten. Denn bei einsetzender Flut ist bald alles – bis auf die Felsspitzen – wieder unter dem Meeresspiegel verschwunden. Der Strand der Kathedralen ist von Ribadeo aus über die N 634 zu erreichen. Etwa 2,5 km hinter dem Ortsausgang biegt man von der N 634 rechts in Richtung Küste ab und folgt der Straße bis A Devesa.

tellummen, Krähenscharben und Sturmschwalben.

Entlang der Todesküste empfiehlt sich eine Fahrt mit dem Mountainbike (s. Karte S. 53). Etwa zum Friedhof der Engländer in der Bucht von **Trece** (s. Kasten S. 51). Oder zu den Fischerdörfern **Arou** und **Camelle**. In der Nähe von **Traba** liegt ein 3 km langer Sandstrand mit hohen Dünen und einer Lagune. Auch **Laxe** 🔢 und das weiter nördlich gelegene **Corme-Porte** überraschen mit schönen Sandstränden zwischen Granitklippen.

A Coruña (255.000 Einwohner) 🔢, nach Vigo die zweitgrößte Stadt Galiziens, liegt an der Mündung des **Río Mero** und gehört nicht mehr zur Costa da Morte. A Coruña besitzt einen bedeutenden Industriehafen. Die Hafenpromenade säumen zahlreiche Häuser mit Glasgalerien, deren Fassaden nicht wie üblich Galizischgrau gefärbt sind, sondern in leuchtendem Weiß erstrahlen. Vom Leuchtturm **Torre de Hércules** am Ende der Landzunge hat man einen schönen Blick auf die Stadt. Bei Ebbe sind auf den Wattflächen zahlreiche Watvögel zu beobachten.

Informationen: Oficina de Turismo, Dársena de la Marina, 15001 A Coruña, Tel. (981) 22 18 22.

Wo Spanien endet

Hoch im Norden bilden die Rías von Ortigueira, Barqueira, Viveiro, Foz und Ribadeo das Ende der galizischen Rías-Küste. Am **Cabo Ortegal** 🔢 fällt die Serra do Capelada steil zum Meer ab. Von hier aus hat man einen weiten Blick über die **Ría do Ortigueira** zur **Estaca do Bares** 🔢, dem nördlichsten Punkt Spaniens. Mit ein wenig Glück kann man hier Trottellummen, Tordalke, Baßtölpel und Seeschwalben sehen. Der Küstenabschnitt zählt zu den touristisch am wenigsten erschlossenen Gebieten der galizischen Rías-Küste, obwohl es hier viele schöne Sandstrände gibt. So in **Ortigueira**, das verträumt an der gleichnamigen Ría liegt. Oder rund um das mittelalterliche Fischerstädtchen **Viveiro** 31 km weiter östlich mit seiner hübschen Altstadt. Auch in der Umgebung von **Foz** und **Ribadeo** 🔢 (s. Tip) locken lange Sandstrände und eine eindrucksvolle Felsküste.

Informationen: Turgalicia, Carretera Santiago – Noia, 15896 Santiago de Compostela, Tel. (981) 54 25 00.

Asturien und Kantabrien

Das spanische Allgäu

Landschaftlich unterscheiden sich die beiden Autonomen Regionen Asturien und Kantabrien kaum. Sie teilen sich mit Kastilien-León die höchsten Gipfel des Kantabrischen Küstengebirges, die Picos de Europa. Dort, wo die Berge zurückweichen, grasen Kühe auf sanft gewellten, saftigen Weiden. Die Landschaft erinnert ein wenig an das Allgäu – wären da nicht die Fischerdörfer. Versteckt liegen sie in den

Hauptstadt der Frühromanik

Oviedo (226.000 Einwohner) **1** ist die Hauptstadt des Fürstentums Asturien und war einst Residenzstadt der asturischen Könige. Während des spanischen Bürgerkriegs wurde Oviedo allerdings stark zerstört. Sehenswert ist die spätgotische Kathedrale aus dem 14. bis 16. Jahrhundert im Zentrum der denkmalgeschützten Altstadt, seit 1998 Weltkulturerbe der

Entlang der grünen Küste durch Asturien und Kantabrien

Buchten der knapp 400 km langen Küste. Wie in Galizien bringen die Atlantikwolken beiden Regionen das ganze Jahr über viel Regen. Bergbau und Stahl haben Städte wie Avilés oder Täler wie das des Río Nalón geprägt. Trotzdem birgt das Land wahre Naturschätze. So leben etwa im Gebiet von Somiedo die letzten Braunbären Spaniens. Und Kantabrien hat zu alledem noch traumhafte Naturstrände zu bieten.

Menschheit. Königliche Baukunst gibt es am Südhang des **Monte Naranco** (1.233 m) etwa 3 km nordwestlich des Stadtzentrums zu bewundern. Ramiro I. ließ hier im 9. Jahrhundert die beiden Palastkirchen Santa María del Naranco und San Miguel de Lillo errichten (geöffnet im Sommer Mo–Sa 9.30–13 Uhr, 15–19 Uhr, So 9.30–13 Uhr). Man erreicht die frühromanischen Kirchen, die ebenfalls zum Weltkulturerbe zählen, über die Avenida de

Vorreiter der Romanik

Die Asturer waren rund zweihundert Jahre schneller als der Rest der Welt. Schon im 8. bis 10. Jahrhundert entstanden in der Umgebung von Oviedo mehr als 30 frühromanische Kirchen. Für die damalige Zeit waren sie revolutionär. Weder die westgotische noch die römische Architektur dienten den Baumeistern als Vorbild. Woher sie ihre Ideen nahmen, ist bis heute ungeklärt. Die Frühromanik wird daher auch als asturische Kunst bezeichnet.

Viele dieser Kirchen zählen heute zum Weltkulturerbe. Typisch für die Kirchenbauten jener Zeit ist die vollendete Harmonie. Das gilt sowohl für die Proportionen als auch für die landschaftliche Lage. Bruchsteine oder kleine Quadersteine wurden zu dreischiffigen Basiliken oder Palastkirchen in rechteckigem Profil gebaut, mit Rundbögen und feiner Orna-mentik. Neu war auch die völlige Überwölbung der Kirchenschiffe. Diese Technik beherrschten die Baumeister im übrigen Europa erst 200 Jahre später.

Die frühromanischen asturischen Kirchen überraschen mit ihrer schlichten Schönheit. Als sie jedoch errichtet wurden, waren sie über und über mit Gemälden, Mobiliar, Fresken und kostbaren Stoffen ausgeschmückt.
Informationen: Sociedad Regional de Turismo, Plaza de España 5, 33007 Oviedo, Tel. (985) 27 78 70.

San Salvador de Valdediós zählt zum Kulturerbe der Menschheit.

Tip

Auf dem Bärenweg

In den Bergen südlich von Entrago leben die letzten iberischen Braunbären. Seit einigen Jahren führt eine stillgelegte Eisenbahnstrecke ins Bärenland. Zu Fuß oder per Rad geht es über einen schmalen Pfad von Tuñón durch das romantische Tal des Río Trubia nach Entrago (22 km). Nach 6 km erreicht man das Gehege der halbwilden Braunbären in Proaza. Auf der anderen Flußseite steht das Informationszentrum der Bärenstiftung, die Casa del Oso (geöffnet im Sommer Mo–Fr 10–20 Uhr, Sa–So 10–21 Uhr). Der Weg verläuft weiter durch das Teverga-Tal bis nach Entrago, vorbei an Dörfern, Buchenwäldern und Schluchten. Den Bärenweg erreicht man von Oviedo aus über die N 634 in Richtung Grado. Nach 15 km biegt man bei Trubia auf die Straße nach Proaza ab.

los Monumentos. Wer der Straße auf den Gipfel folgt, blickt über Oviedo und das Kantabrische Küstengebirge.

Informationen: Oficina de Turismo, Plaza Alonso II. El Casto 6, 33003 Oviedo, Tel. (985) 21 33 85.

Im asturischen Apfelland

Östlich von Oviedo zieht sich das Apfelland bis zur Küste. Hier gedeihen die Äpfel für den Sidra. In **Nava** **2** informiert das erste spanische Sidra-Museum über das asturische Kultgetränk (geöffnet im Sommer Di–Fr 11–14 Uhr, 16–19 Uhr, Sa 11–15 Uhr, 16.30–20 Uhr, So 11–14 Uhr). In

Valdediós, 13 km von Nava entfernt, liegt malerisch inmitten eines Tals das Zisterzienserkloster San Salvador de Valdediós (13. Jahrhundert) mit der gleichnamigen frühromanischen Kirche aus dem 9. Jahrhundert (geöffnet im Sommer Di–So 11–13 Uhr, 16.30–18.30 Uhr).

Villaviciosa 17 km nördlich von Nava ist neben Nava Zentrum der Sidra-Produktion. Über **Colunga** erreicht man nach 20 km auf der kurvenreichen Küstenstraße das bewaldete Bergland der **Sierra del Sueve,** wo die letzten asturischen Wildpferde, die asturcones, leben. Vom Aussichtspunkt **Mirador del Fito** blickt man auf die buchtenreiche Küste, das Sella-Tal und das Gebirgsmassiv der über 2.500 m hohen **Picos de Europa** (s. S. 59 ff.). Vorbei an dem Badeort **Ribadesella**

an der Mündung des **Río Sella** geht es auf der Küstenstraße 25 km weiter nach **Llanes** , einem der malerischsten Fischerhäfen Asturiens mit einer denkmalgeschützten Altstadt. In der Umgebung finden sich schöne Strände, so in **Póo** oder **Andrín.**

Informationen: Oficina de Turismo, „La Torre", 33500 Llanes, Tel. (983) 40 01 64.

Entlang der kantabrischen Küste

An der Mündung des **Río Deva** bei **Unquera** beginnt Kantabrien. Hier weichen die schroffen Berge nach und nach zurück. Die Flußtäler öffnen sich sanft zur kantabrischen Küste. Ein typischer Fischerort ist **San Vicente de la Barquera** (3.000 Einwohner) . Zwar ist der Ort vom Durchgangsverkehr geplagt, doch

Das malerische Fischerdorf Llanes ist in den Sommermonaten heillos überlaufen.

Auf dem Río Sella

„Piragüistas! Preparados! Fuego!" Mit diesen Worten beginnt jedes Jahr offiziell das wichtigste Ereignis in Asturien, die Internationale Kanuabfahrt Descenso de Sella von Arriondas den Río Sella 25 km flußabwärts nach Ribadesella am Meer. Auch sportlich weniger Ambitionierte haben das ganze Jahr über die Möglichkeit, diese Kanutour nachzupaddeln. Von Arriondas geht es über den mäandrierenden Fluß abwärts über Triongo, Fuentes, El Llano und Llordón bis kurz vor die Brücke in Llovio bei Ribadesella. Unterwegs passiert man Brücken, hat Stromschnellen zu meistern und legt an lauschigen Inseln im Fluß an. Die Kanuverleihstellen in Arriondas am Flußufer des Sella sind nicht zu verfehlen. Ein Rücktransport von Ribadesella flußaufwärts ist im Preis stets inbegriffen.

die weite Bucht und das sanft geschwungene Hinterland bieten Postkartenpanorama. Hoch über der **Ría de San Vicente** liegt der mittelalterliche Stadtkern mit romanisch-gotischer Kirche und Ruinen einer Festung aus dem 15. Jahrhundert. Hinter der Brücke führt eine schmale Küstenstraße zum **Cabo Oyambre** mit den langen Sandstränden von **Merón** und **Oyambre**. Das Gebiet gehört zu einem knapp 60 km² großen Naturschutzgebiet mit Dünen und Sümpfen.

Comillas ⑧ 10 km östlich von San Vincente besitzt heute nicht nur einen langen Sandstrand, die Altstadt hat auch kopfsteingepflasterte Gassen mit Fachwerkhäusern und Palästen zu bieten. Sehenswert ist der vom katalanischen Architekten Antoni Gaudí entworfene Jugendstil-Palast „El Capricho", heute ein Restaurant.

Über die Küstenstraße geht es weiter in das denkmalgeschützte **Santillana del Mar** (4.200 Einwohner) ⑨. Die Stadt ist zwar weder heilig (santa), noch flach (llana), noch liegt sie am Meer (mar), dafür ist sie aber ein geschlossenes architektonisches Ensemble aus dem 12. bis 16. Jahrhundert – und leider entsprechend überfüllt. Die 2 km entfernten Höhlen **Cuevas de Altamira** mit prähistorischen Wandzeichnungen kann man als Tourist nicht mehr besuchen. Im angeschlossenen Museum ist ein Video mit den Höhlenzeichnungen zu sehen (geöffnet im Sommer Mo–Sa 10–13 Uhr, 16–18 Uhr, So 10–13 Uhr). Etwa 8 km vor Santander erstreckt sich die größte Dünenlandschaft der kantabrischen Küste, der **Parque Natural de Liencres** (194 ha) ⑩ an der Mündung des **Río Pas**. An der Playa Mogró ist die Dünenentstehung noch zu beobachten.

Santander (200.000 Einwohner) ⑪, die Hauptstadt Kantabriens, hat keine historische Altstadt zu bieten. Bei einem Feuer 1941 wurde die alte Bausubstanz weitgehend zerstört. Sehenswert sind die Sommerresidenzen der Adeligen an der **Playa del Sardinero**. Einen Eindruck von der Anfang des 20. Jahrhunderts errichteten Bäderarchitektur im Stil der Belle Epoque gewinnt man bei einem Spaziergang von der Avenida de la Reina Victoria zur Playa del Sardinero.

Informationen: Oficina de Turismo, Plaza de Velarde 5, 39001 Santander, Tel. (942) 31 07 08.

Die Picos de Europa
Wiege der Reconquista

Keine 30 km von der Küste entfernt erheben sich die Kalkgipfel der Picos de Europa und bilden den ältesten Nationalpark Spaniens. Seit 1918 steht das Gebiet um **Covadonga** unter Schutz, 1995 hat man die Fläche des **Parque Nacional de los Picos de Europa** auf knapp 650 km² erweitert. Der Park erstreckt sich über die drei Autonomen Regionen Asturien, Kantabrien und Kastilien-León. Namensgeber

Zu den Gletscherseen

Empfehlenswert ist die Anreise über die alte asturische Königsstadt **Cangas de Onís** 66 km östlich von Oviedo, denn hier steht die Casa Dago, das Informationszentrum des Nationalparks (geöffnet im Sommer tgl. 10–14 Uhr, 17–19.30 Uhr). Dort sind nicht nur Informationen über Geologie, Flora und Fauna, sondern auch die aktuellen Wetterberichte erhältlich. Die

Die Cares-Schlucht in den Picos de Europa gilt als eine der schönsten Schluchten Spaniens.

waren asturische Fischer, die bei ihrer Heimreise die Bergspitzen (picos) schon aus Hunderten von Kilometern aus dem Meer auftauchen sahen. Höchster Berg ist der **Torrecerredo** mit 2.648 m.

Straße zu den knapp 1.100 m hoch gelegenen Gletscherseen **Lago Enol** und **Lago de la Ercina** führt an dem Wallfahrtsort Covadonga 8 km hinter Cangas vorbei. Covadonga ist die Wiege der Reconquista. Hier

Braunbären in Nordspanien

Sein sympathisches Gesicht mit den dunklen Knopfaugen und sein zotteliges Fell haben dem Braunbären auf der Iberischen Halbinsel sowenig genutzt wie anderswo: Er ist hier fast ausgerottet. In den Wäldern des Kantabrischen Küstengebirges in Asturien und Kastilien-León leben nach Schätzung der asturischen Stiftung zum Schutz der Bären, der Fundación Oso de Asturias, noch rund 80 Braunbären.

Am liebsten suchen sie in ausgedehnten Eichen-Buchenwäldern nach Nahrung, doch die sind heute nur noch mosaikartig über die Landschaft verstreut. Deshalb gibt es immer wieder Konflikte mit den Bauern. Ab und zu wildern Braunbären in den Obstgärten der Bauern oder schlagen auch schon einmal ein Schaf oder ein junges Rind. Durch Aufforstungen mit wilden Fruchtbäumen will man die Nahrungsversorgung in den nächsten Jahren verbessern. Um zu verhindern, daß die Bauern wie in der Vergangenheit die Braunbären trotzdem jagen, wird ihnen der entstandene Schaden von der Regierung mittlerweile erstattet. Die asturische Bärenstiftung kämpft für den Schutz der nordspanischen Braunbären. Sie setzt auf Öffentlichkeitsarbeit, informiert in Schulen und Kindergärten, spricht auch mit den Bauern, um den tiefverwurzelten Haß gegen die zotteligen Jäger abzubauen. Die kantabrischen Braunbären sind auf zwei Gebiete verteilt. Die meisten, etwa 70, leben in den einsamen Gebirgszügen der Sierra de Somiedo und den angrenzenden Wäldern. Etwa 10 von ihnen halten sich im südlichen Teil des Nationalparks der Picos de Europa auf, rund 100 km weiter im Osten. Um sie steht es besonders schlecht, denn von der weitaus größeren Population durch Siedlungen und Straßen nahezu abgeschnitten, droht ihnen in wenigen Jahren durch Inzucht das Aussterben.

In Proaza nicht weit von Oviedo leben auf einem abgezäunten Berg – gewissermaßen halbwild – die berühmtesten Braunbären Spaniens: Tola und Paca, ein Geschwisterpaar, das von Wildhütern aufgezogen werden mußte, weil ihre Mutter von Jägern getötet worden war. Von einem eigens angelegten Aussichtspunkt kann man in das baumbestandene Areal hineinsehen.

Informationen: Casa del Oso, Fundación Oso de Asturias, Carretera General, 33114 Proaza, Tel. (985) 76 12 52.

---

siegte der Westgote Pelayo 718 gegen die Mauren. Lohnend ist eine Wanderung vom Enol-See zum Aussichtspunkt **Mirador de Ordiales** unterhalb des 2.028 m hohen **Pico Cotalba** oder vom Ercina-See quer durch das Gebirge (s. Karte S. 61).

Die Cares-Schlucht

Eine Wanderung durch die **Garganta del Cares** von Camarmeña nach Caín ist ein Klassiker unter den Touren. Ein 12 km langer Pfad führt durch die spektakuläre Schlucht des **Río Cares**, der sich bis zu 2.000 m tief in die Bergflanken eingeschnitten hat. In der Nähe der Cares-Schlucht befindet sich auch das einsamste Dorf Asturiens. Von **Camarmeña** aus windet sich ein steiniger Pfad in knapp 1,5 Stunden nach **Bulnes**. Etwa 15 Familien leben hier am Fuß des **Naranjo de Bulnes** (2.519 m), dem mystischen Berg der Picos – bislang ohne Straßenanbindung.

Potes und das Camaleña-Tal

Von **Potes** 35 km südlich von Unquera aus führt eine landschaftlich schöne Strecke durch das Tal des **Río Deva** bis zu den steil aufragenden Gipfeln der **Uriellos**. Hübsche Bergdörfer säumen die 20 km lange Straße bis zur Talstation **Fuente Dé**. Die einzige Seilbahn des Gebirges befördert Besucher zum

Bergtrekking zum

Naranjo de Bulnes

Mirador del Cable in 1.834 m Höhe (geöffnet im Sommer tgl. 9–20 Uhr). Auf einer kurzen, aber anstrengenden Wanderung gelangt man zur 2.325 m hoch gelegenen Schutzhütte Cabaña Verónica. Von dort schweift der Blick weit über das Tal des Deva und die umliegende Bergwelt.

Informationen: Parque Nacional de los Picos de Europa, Casa Dago, Av. de Covadonga, 33550 Cangas de Onís, Tel. (985) 584 86 14.

Die Picos de Europa sind ein Wanderparadies. Eine schöne 4-Tages-Tour startet am Ercina-See **1**. Erste Etappe ist der Aufstieg zur Hütte von Ario **2** in 1.670 m Höhe. Am nächsten Tag geht es über die Ostón-Alm **3** hinab zur Cares-Schlucht **4** und über Poncebos **5** wieder hinauf nach Bulnes **6** in knapp 700 m Höhe. Am dritten Tag erfolgt der Aufstieg über die Tenerosa-Alm **7** zur 2.050 m hoch gelegenen Hütte Delgado Úbeda **8** am Fuß des Naranjo de Bulnes (2.519 m) **9**. Am vierten Tag erreicht man Sotres **10**. Die Wanderung erfordert gute Kondition.

Informationen: Agrupación de Guías de Montaña, Plaza del Castañeu, 33445 Arenas de Cabrales, Tel. (985) 84 55 45.

Das Baskenland
Heimat der ersten Europäer

Mit „Ongi Etorri" begrüßen sich die Basken zu Hause. So seltsam fremd ihre Sprache klingt, so ungewöhnlich ist die Geschichte dieses kleinen Landes. Das Baskenland ist Teil des grünen Spaniens, ein Land zwischen Bergen und Meer. Es ist ein Land der Legenden, der Magie und der gelebten Traditionen. Ein Land der Bauern, der Fischer – und der Industrie. Bis heute weiß niemand genau, woher die Basken und ihre Sprache eigentlich kommen. Fest steht lediglich, daß sie als einziges Volk seit über siebentausend Jahren im grünen Norden Spaniens beheimatet sind – länger als alle anderen Völker.

Die Küste der Bizkaia

Bilbao (375.000 Einwohner) ❶, die Hauptstadt der Provinz Bizkaia, ist keine Schönheit, obwohl die Schwerindustrie im Tal des **Río Nervión** fast verschwunden ist (Informationen: Oficina de Turismo, Plaza Arriaga, 48005 Bilbao, Tel. 94-416 00 22). Hier steht das bekannteste spanische Museum für Moderne Kunst, das **Museo Guggenheim.** Allein die Titanhülle des an eine Blüte erinnernden Baus lohnt einen Besuch (geöffnet Di–So 10–22 Uhr).

Überraschenderweise erstreckt sich nur wenige Kilometer östlich der Stadt einer der schönsten baskischen Küstenabschnitte mit

Das Guggenheim-Museum im Tal des Nervión in Bilbao ist ein Kunstwerk aus Titan.

Das Baskenland

schroffen Steilküsten wie am **Kap von Matxitxako** [2], malerischen Fischerorten wie **Elantxobe** [3] und **Lequeitio** [4] oder Sandstränden wie **Laga**. An der **Ría von Gernika** liegt **Gernika-Lumo** (16.000 Einwohner) [5] mit dem baskischen Nationalheiligtum, der tausendjährigen Eiche. Pablo Picasso nahm die Zerstörung des Städtchens während des spanischen Bürgerkrieges 1937 durch die deutsche Legion Condor als Anlaß für sein Bild „Gernika". Das Mündungsgebiet der Ría gehört zum UNESCO-Biosphärenreservat **Parque Natural de Urdabai** (220 km²) [6], das als Rast- und Brutplatz für Vögel internationale Bedeutung hat (Informationen: Patronato de la Reserva de la Biosfera de Urdabai, Palacio de Udetxea, Carretera de Gernika a Lumo, 48300 Bizkaia, Tel. 946-25 71 25).

Etwa 5 km nordöstlich von Gernika befindet sich **Kortezubi** [7], das für seinen **Wald von Oma** berühmt ist. Hier hat der baskische Künstler Agustín Ibarrola Hunderte von Kiefernbaumstämmen bunt bemalt und ein riesiges Naturgemälde geschaffen. In Kortezubi liegen auch die **Höhlen von Santimamiñe** (geöffnet im Sommer Di–So 10–13 Uhr, 16–20 Uhr) mit Felsenzeichnungen aus der Altsteinzeit (Informationen: Oficina de Turismo del Gobierno Vasco, Estación Marítima, 48980 Santurtzi, Tel. 944-83 90 24).

Im Männerkochverein

„Ich bereite gerade aus Zucker, Wasser und etwas Brandy einen Sirup für den Apfelkuchen vor, den wir nachher essen werden. Vorher gibt es Stockfisch mit Knoblauch und dann gegrilltes Rindfleisch mit karamelisierten roten Paprika." Während der Sirup auf dem Herd köchelt, schildert Mikel Zeberio mit glänzenden Augen die Speisenfolge des Abends. Heute kocht er in der gastronomischen Gesellschaft Alameda San Mamés in Bilbao für sich und seine Freunde.

Gastronomische Gesellschaften zählen zur kulinarischen Tradition des Baskenlandes. Es sind Vereine, in denen sich regelmäßig Männer treffen, um gemeinsam zu kochen. „Nur Männer", wie Mikel Zeberio breit grinsend erklärt. Und das schon seit über 100 Jahren.

Schätzungsweise 1.500 dieser Tempel des guten Essens gibt es im Baskenland. Auf hohem Niveau wird hier traditionell baskisch und zumeist sehr deftig gekocht, und kaum jemand hat eine professionelle Ausbildung.

Bereits seit mehr als 7.000 Jahren leben die Basken in ihrem heutigen Siedlungsgebiet. Sie sind sich ihrer besonderen Geschichte bewußt und pflegen ihre Kultur. Dazu zählen musikalische Traditionen wie die Bertsolaris: Männer, die auf Baskisch Verse nach strengen metrischen Regeln improvisieren. Oder rurale Sportarten wie das Steineheben, das als „Harrijasotzaileak" seltsam fremd in den Ohren klingt.

Auch ihre außergewöhnliche Eßkultur gehört dazu. Jeder, der schon einmal im Baskenland war, wird die Appetithäppchen,

die Pintxos in den Kneipen der Altstädte von San Sebastián und Bilbao, wird Gerichte wie Marmitako oder Merluza a la Vasca nicht so schnell wieder vergessen. Es seien die experimentierfreudigen Männer in den gastronomischen Gesellschaften gewesen, glaubt der Journalist Victor de la Serna, die die baskische Küche kreativ weiterentwickelt hätten. Das, was die baskischen Großmütter und Mütter am heimischen Herd zauberten, werde in den Männerkochvereinen zur Vollendung gebracht.

Ginge es nach dem baskischen Schriftsteller Manuel Leguineche, wäre die baskische Küche ohnehin die beste der Welt. Abgesehen von dem Nationalstolz, der darin mitschwingt: Viele spanische Sterneköche wie Juan Mari Arzak oder Pedro Subijana sind Basken.

Im Hinterland

Vitoria-Gasteiz (210.000 Einwohner) **8** 66 km südöstlich von Bilbao ist die Hauptstadt des Baskenlandes und bezaubert durch eine mittelalterliche Altstadt mit zahlreichen Palästen und einer gotischen Kathedrale aus dem 13. Jahrhundert. Sehenswert ist auch die arkadengesäumte Plaza de España. Fern der Küste ist der kastilische Einfluß unverkennbar, was kaum verwundert, denn nachdem Sancho VI. 1181 anstelle der alten Siedlung Gasteiz hier eine Festung gebaut hatte, gehörte die Grenzstadt jahrelang immer wieder zu Kastilien.

Nördlich von Vitoria-Gasteiz liegen die rund 1.200 m hohen Bergketten des **Parque Natural de Urkiola 9**, eines 60 km² großen Naturparks mit Buchen- und Eichenwäldern, Flüssen und Höhlen. Man erreicht ihn über die C 6211 in Richtung Durango. Informationen zu Wanderwegen, Flora und Fauna gibt es im Caserío Toki Alai in Urkiola (geöffnet Sa–So 10–14 Uhr und 16–18 Uhr).

Weinbau und Belle Epoque

Der Weg von Vitoria-Gasteiz über die N 240 und die C 627 zur Küste führt nach **Deva 10** und **Zumaia 11**, zwei typischen Badeorten an der baskischen Küste mit weiten Sandstränden. Ganz anders ist das kleine Fischerdorf **Getaria 12**, das

malerisch auf einer Landzunge liegt. Es ist nicht nur der Geburtsort des ersten Weltumseglers Sebastián de Elcano, sondern auch das Zentrum des baskischen Weinbaus. An den küstennahen Hängen zwischen Getaria und Zarautz wächst Txacolí, ein trockener Weißwein, den es nur im Baskenland gibt.

San Sebastián oder Donostia (176.000 Einwohner) **13** am **Golf von Bizkaia** ist unbestritten der Höhepunkt einer Baskenlandreise. Zwischen den bergigen Halbinseln **Monte Urgull** und **Monte Igueldo** erstreckt sich die halbrunde Bucht mit den Stränden La Concha und Ondarreta und der vorgelagerten **Isla de Santa Clara**. Den schönsten Blick auf die Bucht hat man vom Monte Igueldo. Schon im späten 19. Jahrhundert war San Sebastián wegen des milden Klimas ein königliches Seebad. Ein Bummel durch die engen Altstadtgassen unterhalb des Monte Urgull, ein Spaziergang

Tip

Naturpark von Gorbeia

Das Kalkgebirge des Parque Natural del Gorbeia (200 km²) 40 km nordwestlich von Vitoria gilt als das Mekka der baskischen Bergsteiger und Wanderer. Mit 1.481 m ist der Gorbeia der höchste Gipfel des Naturparks. In den Buchenwäldern leben Hirsche und Wildschweine. Es gibt murmelnde Bäche inmitten von Zauberwäldern und baumlose Gipfel wie den 1.000 m hohen Itxina, der wegen seiner einzigartigen Karstformen unter Schutz steht. Der Naturpark ist von Norden über Orozko an der Autobahn A 68 zwischen Durango und Vitoria oder von Süden über Sarria nördlich der N 622 zu erreichen. Informationen: Consorcio Turístico Gorbeia-Urkiola, Gudarien Plaza 1, Areatza, Tel. (946) 31 72 04.

über den Paseo de la Concha mit seinen Hotels der Belle Epoque oder zu den Windkämmen (Peine de los Vientos) Eduardo Chillidas unterhalb des Monte Igueldo machen den Besuch unvergeßlich.

Informationen: Oficina de Turismo del Gobierno Vasco, Fueros 1, 20003 Donostia, Tel. (943) 42 62 82.

Vom Monte Igueldo hat man einen herrlichen Blick auf die muschelförmige Bucht von San Sebastián.

Die Pyrenäen
und Aragón

Die 450 km lange Bergkette der Pyrenäen zwischen Atlantik und Mittelmeer bildete über Jahrtausende eine fast unüberwindbare Hürde zwischen Frankreich und der Iberischen Halbinsel. Am Fuß des schroffen Gebirges breitet sich in Aragón wüstenhaftes Land aus. Von den Pyrenäenflüssen gespeist, schlängelt sich der Ebro wie ein grünes Band durch die karge Steppe der Monegros.

Die Pyrenäen
in Aragón

Tiefe Schluchten, gewaltige Felsmassive, zahlreiche Gletscher und die höchsten Gipfel der 450 km langen Gebirgskette prägen die Landschaft der aragonesischen Pyrenäen. Darin eingebettet liegen einsame Bergdörfer wie **Nerín** oder **Fanlo** mit ihren romanischen Kirchen. In den letzten Jahrzehnten sind aber auch Ski- und Wandertourismus in dieser Region immer wichtiger geworden: Wintersportgebiete wie in **Candanchú** oder **Cerler** sind ebenso wie die Täler des Monte Perdido-Massivs oder des Pico de Aneto sommers wie winters beliebte Urlaubsziele.

Der Nationalpark von Ordesa

Schroff und unnahbar beherrschen drei Gipfel die Landschaft des **Parque Nacional de Ordesa y Monte Perdido** ∎: der **Monte Perdido** (3.355 m), der **Cilindro de Marboré** (3.328 m) und der **Soum de Ramond** (3.262 m). Die „Tres Sorores" (drei Schwestern), wie die Gipfel auch genannt werden, wachen über einsame Täler mit Bergwäldern aus Buchen, Kiefern und Tannen. Gebirgsbäche und Wasserfälle rauschen in Schluchten zu Tal. Im Frühsommer blühen auf den Pyrenäenwiesen Enzian, Narzissen und Orchideen. Über den Berggipfeln kreisen Steinadler und Gänsegeier, während auf den schroffen Felsen Gemsen und Pyrenäensteinböcke leben. Seit 1918 stehen das Monte Perdido-Massiv und das Tal des **Río Arazas** wegen der seltenen Steinböcke unter Schutz. Seit 1982

Tip

Im Tal der Wasserfälle

Das Ordesa-Tal gilt vielen als der Grand Canyon Europas. Eine etwa 20 km lange einfache Tageswanderung führt einmal rund um das ganze Tal. Vom Parkplatz am Ende der Straße, die zum Nationalpark führt, geht es über die ausgeschilderte Senda de Cazadores durch Bergwälder in Serpentinen steil bergan. Nach etwa 2 Stunden gelangt man zum Mirador de Cacilarruego, wo ein weiter Blick auf den Canyon und die aufragende Felswand des Tozal de Mallo die Mühe belohnt. Der Weg verläuft dann parallel zu dem Felsband der Faja de Pelay auf 1.900 m Höhe bis zum Ende des Soaso-Kessels. Hier stürzt der Pferdeschwanz-Wasserfall (Cola de Caballo) talwärts. Am nördlichen Ufer des Río Arazas geht es zum Ausgangspunkt zurück.

zählen auch die umliegenden Täler von **Añisclo**, **Escuaín** und **Pineta** zum Ordesa-Nationalpark. Der ursprünglich nur 20 km² große Park erstreckt sich heute über eine Fläche von gut 150 km².

Im Ordesa-Tal

Das Ordesa-Tal mit dem Río Arazas ist nur über das malerisch auf 1.000 m Höhe gelegene Bergstädtchen **Torla**  erreichbar. Der mittelalterliche Ort mit engen Gassen und einer arkadengesäumten Plaza Mayor ist heute eines der Touristenzentren des Gebiets. Gleich hinter der Brücke Puente de los Navarros über den **Río Ara** beginnt der Nationalpark. Am Ende der Straße liegen der große Parkplatz (im Sommer verkehren von Torla aus Pendelbusse) und das Informationszentrum im alten Parador (geöffnet tgl. 9–13 Uhr, 15.30–19 Uhr). Von hier aus bieten sich viele Wanderungen durch das Tal des Río Arazas oder im Monte Perdido-Massiv an (s. Tip S. 68).

In unzähligen Kaskaden rauscht das Wasser des Río Arazas im Ordesa-Nationalpark zu Tal.

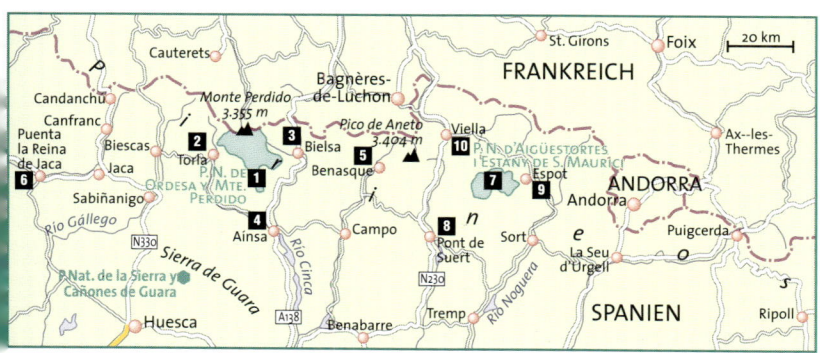

Die Pyrenäen in Aragón und Katalonien

Tip

Auf dem Abstellgleis

Umrahmt von den schroffen Gebirgsketten der Zentralpyrenäen thront seit Anfang des Jahrhunderts ein gigantischer Bahnhofspalast in der Bergeinsamkeit des Aragón-Tals. Doch was König Alfons XIII. 1928 als dritten spanisch-französischen Grenzbahnhof einweihte und was wie für die Ewigkeit gemacht zu sein schien, verfällt heute – abseits und unbemerkt. Mit den Steinen, die für den 7.800 m langen Tunnel nach Frankreich aus dem Berg geholt wurden, füllte man das Tal des Aragón und schuf ein Plateau, auf dem der Bahnhof entstand. 1970, nachdem auf französischer Seite eine Eisenbahnbrücke eingestürzt war, wurde die Bahnlinie eingestellt. Heute zockelt von Canfranc aus ein dieselbetriebener Bummelzug mehrmals täglich in Richtung Jaca zu Tal.

Stille Täler: Añisclo und Escuaín

Durch das **Broto-Tal** führt die Straße südlich von Torla, bei Sarvisé, nach **Fanlo**, einem typischen Pyrenäenbergdorf im ruhigen **Vío-Tal**. Über die kurvige Bergstraße geht es weiter über Nerín in das stille **Añisclo-Tal**. Hier hat der **Río Vellos** einen eindrucksvollen Canyon geschaffen. Fast 1.000 m hoch ragen die Felswände an einigen Stellen empor, die Breite des Tales beträgt manchmal nur 700 m. Die Wanderung am Flußufer entlang gehört zu den schönsten im Nationalpark. In **Escuaín** 20 km nördlich von Aínsa lohnt sich eine Wanderung zu der tiefen Schlucht **Gargantas de Escuaín** im **Tella-Tal**. Empfehlungen für Bergtouren gibt es in **Tella-Sin** im zweiten Informationszentrum des Nationalparks El Molino (geöffnet im Sommer tgl. 10–14 Uhr, 15–18.30 Uhr).

Via Apia der Pyrenäen

Hinter **Bielsa** 🟦 führt eine 14 km lange Straße in das von Buchen- und Kiefernwäldern bestandene **Pineta-Tal** am Fuß des Monte Perdido. Gletscher haben hier ein breites Tal geschaffen, durch das heute der **Río Cinca** rauscht. Wegen seiner Schönheit wird das Pineta-Tal als „Via Apia del Monte Perdido" bezeichnet. Auf dem Weg zum Parador am Ende der Straße steht in **Javierre** eine sehenswerte romanische Kirche aus dem 12. Jahrhundert. Der im Talkessel 1.320 m hoch gelegene Parador ist Ausgangspunkt für viele Bergtouren im Monte Perdido-Massiv, etwa zum Cilindro de Marboré oder zum Monte Perdido.

Das Tal von Benasque

Von **Aínsa** 🟦, der mittelalterlichen Hauptstadt des ehemaligen Königreichs Sobrarbe, führen die N 140 und die N 139 nach Benasque. An der Wegkreuzung der beiden Straßen bei Morillo de Liena lohnt sich ein Abstecher nach **Roda de Isábena** (2.000 Einwohner). Inmitten der Berglandschaft erhebt sich hier eine Kathedrale aus dem 10. Jahrhundert, kaum größer als eine Dorfkirche. Sie erinnert daran, daß der kleine Ort einst Sitz eines Bistums war.

Auf der Weiterfahrt nach Benasque quert man die wilde Schlucht **Congosto de Ventamillo,** die der **Río Ésera** in den Fels geschnitten hat. Das mittelalterliche **Benasque** (1.500 Einwohner) 🟦 liegt am Fuß

des höchsten Gipfels der Pyrenäen, des **Pico de Aneto** (3.404 m). Vom Plan d'Estany am Ende der C 139 starten viele Bergtouren, z.B. zum Pico de Mulieres (3.010 m) oder zum Pico de Aneto.

Informationen: Oficina de Turismo, San Pedro, 22440 Benasque, Tel. (974) 55 12 89.

Die Täler von Hecho und Ansó

Ganz im Westen der aragonesischen Pyrenäen liegt eine der greifvogelreichsten Landschaften Spaniens. Denn die steilen und oftmals unzugänglichen Felswände und Schluchten der Täler von Hecho und Ansó bieten zahlreiche Nistmöglichkeiten für Gänse- und Schmutzgeier. Die einsamen Täler sind auch Rückzugsgebiet der letzten in den Pyrenäen lebenden Braunbären.

Von **Puente la Reina de Jaca** **6** aus führt die Straße in die nur gut 1.400 m hohe Berglandschaft durch die Täler der Flüsse **Aragón Subordán** und **Veral** mit engen Schluchten. Hinter **Hecho** gelangt man zur Boca del Infierno, dem Höllenschlund, mit Blick auf den **Campanil** (2331 m). In **Siresa** lohnt sich ein Besuch des im 9. Jahrhundert erbauten Klosters mit der romanischen Kirche aus dem 11. Jahrhundert. Von Hecho aus führt eine schmale, kurvige Straße in das rund 8 km weiter westlich gelegene Bergdorf **Ansó**. Am südlichen Talende vor **Berdún** hat der Río Veral die schroffe **Biniés-Schlucht** ausgewaschen.

Informationen: Ayuntamiento de Hecho, Tel. (974) 37 50 02 und Ayuntamiento de Ansó, Tel. (974) 37 00 03.

Einsam und verlassen verfällt der monumentale Bahnhof von Canfranc inmitten des Aragón-Tals.

Viel stärker noch als in den aragonesischen Pyrenäen haben die Gletscher ihre Spuren in den katalanischen Pyrenäen hinterlassen. Hier liegt der zweite Nationalpark der Gebirgskette, der Parque Nacional d'Aigüestortes i Estany de Sant Maurici. Mit 2.982 m ist der **Peguera** der höchste Gipfel des Parks. Das Aran-Tal auf der Nordseite der Pyrenäen – erst seit 1948 durch den Viella-Tunnel mühelos erreichbar – ist heute eines der beliebtesten Skizentren Spaniens.

Nationalpark von Aigüestortes

Der **Parque Nacional d'Aigüestortes i Estany de Sant Maurici** (140 km²)  steht seit 1955 unter Schutz. Über fünfzig Gletscherseen, Wasserfälle und Bäche machen den Gebirgszug aus Granit und Schiefer zu einer der faszinierendsten Landschaften der Pyrenäen. Kiefern- und Tannenwälder mit Alpenwiesen und Bergweiden prägen die Vegetation. Neben Gemsen und Pyrenäendesman leben hier vor allem Vogelarten wie Steinadler, Bart- und Gänsegeier. Der Wasserreichtum wird seit langem für die Energiegewinnung genutzt. Viele Seen sind aufgestaut. Der 2.423 m hohe Paß **Portarró d'Espot** teilt das Gebiet in zwei Hälften: die westlichen Aigüestortes, die über das Boí-Tal erreichbar sind, und das östliche Gebiet mit dem großen Gletschersee Sant Maurici und der Serra del Encantats mit den beiden Gipfeln Petit Encantats und Gran Encantats.

Im Nationalpark von Aigüestortes gibt es mehr als 50 vom Eis geformte Gletscherseen.

Die Aigüestortes

Von der N 230 aus Richtung Lleida führt hinter **Pont de Suert** 🎱 eine schmale Straße nach **Caldes de Boí**. Kurz davor zweigt ein Forstweg zum Nationalpark ab. Aigüestortes bedeutet soviel wie „verzweigte, gewundene Wasser". Angesichts der unzähligen vom Eis geformten Gletscherseen (estany), der Bäche und Wasserfälle, die hier das Landschaftsbild formen, mag dieser Name kaum verwundern. Viele der Gletscherseen sind mittlerweile verlandet und haben ausgedehnte Sumpfflächen gebildet.

Empfehlenswert ist es, das sanft ansteigende **Sant Nicolau-Tal** hinaufzuwandern. Nach einer knappen Stunde erreicht man die Prats d'Aigües d'Aci und den Estany Long. Von hier aus geht es weiter zum Redó-See oder zum Estany de Bergús. Bei guter Kondition ist der Nationalpark in etwa 7 Stunden zu durchqueren. Über den Portarró d'Espot gelangt man zum **Sant Maurici-See** und zur Berghütte Mallafré. Hier kann man übernachten, um am nächsten Tag mit öffentlichen Verkehrsmitteln über **Pobla del Segur** zurück in das Nicolau-Tal zu gelangen.

Informationen: Oficina de Información del Parque Nacional de Aigüestortes, Boí, Tel. (973) 69 61 89.

Der Sant Maurici-See

Das kleine Bergdorf **Espot** 🖑 ist Ausgangspunkt für Wanderungen im östlichen Teil des Nationalparks. Von Pont de Suert nimmt man die C 144 nach Pobla del Segur, biegt nach Norden auf die C 147 in Richtung Sort ab und folgt hinter Escaló der kleinen Straße nach Espot. Hinter dem Ort fährt man das **Escrita-Tal** entlang bis zum Eingang des Nationalparks und zum Parkplatz.

Tip

Das Tal der Romanik

Die schönsten Kirchen der katalanischen Romanik stehen im Boí-Tal. Kurz hinter Pont de Suert steht in Llesp die erste romanische Kirche (13. Jahrhundert). Die Kirche von Coll geht ebenso wie die von Cardet auf das 12. Jahrhundert zurück. Am gegenüberliegenden Berghang liegt die Kirche von Durro mit einem Glockenturm im lombardischen Stil. Den schönsten Glockenturm aber hat die Kirche von Erilla-Vall. Auch Boí hat bis heute seine romanische Kirche bewahrt. Die zwei interessantesten Beispiele der katalanischen Romanik (12. Jahrhundert) stehen in Taüll. Informationen: Información de Turismo Vall de Boí, Carretera de Caldes de Boí, Barruera, Tel. (973) 69 40 00.

Majestätisch erheben sich linker Hand die schroffen Gipfel der **Serra del Encantats**. Durch das Escrita-Tal ist es etwa eine Stunde Fußmarsch zu dem größten Gletschersee des Gebiets, dem **Estany de Sant Maurici**. Auch er ist aufgestaut und dient heute, wie viele Seen, der Energiegewinnung. Ein ausgeschilderter Wanderpfad führt hinter dem See in gut 2 Stunden durch das **Tal von Ratera** vorbei am Ratera-See bis zur etwa 2.400 m hoch gelegenen Berghütte d'Amitges mit dem gleichnamigen See inmitten einer hochalpinen Landschaft.

Bizarre Felsformationen prägen die Landschaft im Nationalpark von Aigüestortes.

Informationen: Oficina de Información del Parque Nacional d'Aigüestortes, Parque del Guarda 4, 25597 Espot, Tel. (973) 62 40 36.

Das Aran-Tal

Erst seit Mitte des 20. Jahrhunderts verbindet der **Tunnel von Viella** das landschaftlich schöne Aran-Tal mit dem Rest Spaniens. Bis dahin war es ein abgeschiedenes Fleckchen Erde auf der Nordseite der Pyrenäen. Im Aran-Tal entspringen die Quellflüsse der Garonne, die bei Bordeaux in den Atlantik mündet. Rund 6.000 Bewohner leben hier in etwa 40 Dörfern, umgeben von mächtigen Dreitausendern.

Hinter dem Tunnel erreicht man nach rund 8 km **Viella** (2.000 Einwohner) **10**, den Hauptort des Tales. Zwischen den vielen Neubauten stehen noch einige historische Bauten. Sehenswert sind die Kirche San Miguel aus dem 14. Jahrhundert und einige Häuser aus dem 17. Jahrhundert, wie z.B. der Torre Santesmasses im Zentrum des Dorfes.

Zwischen Viella und dem 1,5 km westlich gelegenen **Gaussac** befindet sich der **Wald von Baricauba**. Mit seinen 30 m hohen Tannen ist er einer der schönsten Wälder des Tales. Die Talroute in Richtung des 2.072 m hohen **Bonaigua-Passes** ist die klassische Strecke und wird auch „Calzada Romana" (römischer Weg) genannt.

Artíes, 8 km östlich von Viella, ist bekannt als Prominenten-Skiort. Das 2 km weiter östlich gelegene **Salardú** ist ebenfalls ein typischer Skiort mit historischem Zentrum. Sehenswert ist die romanische Kirche aus dem 12./13. Jahrhundert mit ihrem achteckigen Turm. In Salardú beginnen schöne Wanderungen in das südlich gelegene Gebirge, z.B. zur Region des **Circ de Golomérs**. Der Aufstieg ist zwar schweißtreibend, aber die Landschaft entschädigt mit vielen Seen inmitten einer bizarren Hochgebirgslandschaft.

Informationen: Oficina de Turismo, Sarriulera 5, 25530 Viella, Tel. (973) 64 01 10.

Im Reich der Kraniche

Das alte Königreich Aragón ist eine Region voller landschaftlicher Gegensätze. Von den höchsten Gipfeln der Pyrenäen über Steppen wie die der Monegros mit ihren Lagunen bis zu den Hochflächen von Belchite oder den Tafelbergen der Sierra de la Muela reicht die landschaftliche Vielfalt.

Am Fuß der Pyrenäen

Etwa 25 km nordöstlich von Huesca empfiehlt sich ein Abstecher in die bis zu 2.077 m hohe **Sierra de Guara** ◼. Der Naturpark steht wegen seiner beeindruckenden Canyons unter Schutz (Informationen: Parque Natural de la Sierra y Cañones de Guara, c/Ricardo del Arco 6, 22003 Huesca, Tel. 974-29 30 36). Der bekannteste ist der Barranco de Mascún des Río Vero. Er ist von dem malerischen Städtchen **Alquézar** ◼ aus zu erreichen. In **Huesca** (50.000 Einwohner) ◼ verabschiedet sich der Reisende von den Pyrenäen (Informationen: Oficina de Turismo, Coso Alto 23, 20003 Huesca, Tel. 974-22 57 78). Die Stadt war bis zum 11. Jahrhundert eine der wichtigsten maurischen Festungsstädte.

Wer der C 1310 nach Süden folgt, kommt nun durch eine der trockensten Landschaften Spaniens, die Steppe der **Monegros**. In der weiten Hochebene haben die sommertrockenen Flüsse mächtige, kasten-förmige Barrancos im weichen Sedimentgestein geformt. Einzige Erhebung ist die **Sierra de Alcubierre** ◼, die im **San Caprasio** mit 812 m Höhe gipfelt. Charakteristisch sind die abflußlosen, von Grundwasser gespeisten Seen wie etwa in **Sariñena** ◼, die Lebensraum zahlreicher Vogelarten sind.

Im Ebro-Tal

Wie ein grünes Band schlängelt sich der Ebro durch die trockene Landschaft. Wer den Weg über **Bujaraloz** ◼ und das mittelalterliche Städtchen **Caspe** ◼ wählt, kann auf

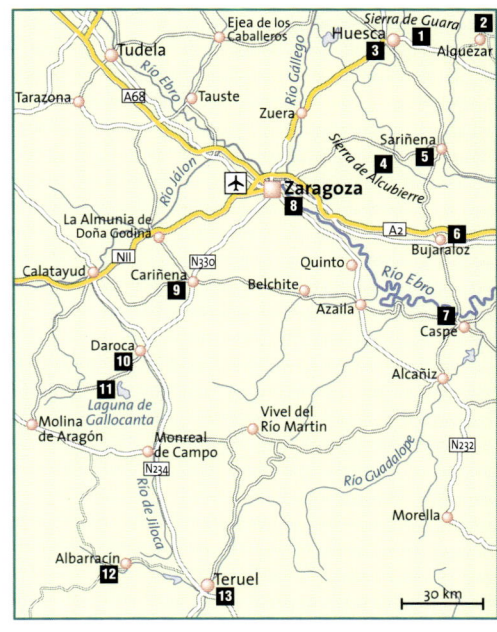

Durch die Autonome Region Aragón

Wie eine Oase in der Wüste erstreckt sich Zaragoza an den Ufern des Ebro.

Tip

Ein Dorf als Mahnmal

Als die Nationalisten um Generalíssimo Franco im Juli 1936 gegen die Zweite Republik putschten, begann der spanische Bürgerkrieg. Die Kämpfe zwischen Republikanern und Nationalisten verwüsteten daraufhin das ganze Land. Spuren dieses Gemetzels sind heute noch in Belchite 56 km südöstlich von Zaragoza zu sehen. Das Dorf wurde im August 1937 bei der Ebro-Schlacht völlig zerstört – und nicht wieder aufgebaut. Die Ruinen der Mudéjar-Kirche von San Martín ragen heute noch als Mahnmal des Krieges in den aragonesischen Himmel. Im Inneren sind Einschußlöcher von Gewehrkugeln zu sehen. Zerschossen und zerbombt verfallen seit über 60 Jahren auch die ehemaligen Wohnhäuser. Ein neues Dorf wurde erst 1954 einen halben Kilometer weiter westlich aufgebaut.

der C 221 dem mäandrierenden Fluß bis nach **Zaragoza** (600.000 Einwohner) **8** folgen. Die Stadt ist heute eines der Industriezentren Spaniens und geht auf das römische Militärlager Cesaraugusta zurück. Unter Alfons I. war Zaragoza bis zum 15. Jahrhundert königliche Residenz. Im Herzen der Altstadt erhebt sich die Basilika Nuestra Señora del Pilar, das Wahrzeichen der Stadt.

Informationen: Oficina de Turismo, Plaza del Pilar, 50003 Zaragoza, Tel. (976) 20 06 35.

Im Süden Aragóns

Hinter **Cariñena** **9**, dem Zentrum des aragonesischen Weinbaus, beginnen die Ausläufer des Iberischen Randgebirges, die den Süden Aragóns prägen. 15 km südwestlich von **Daroca** (2.600 Einwohner) **10** liegt die **Lagune von Gallocanta** **11**, einer der wichtigsten Kranich-Rastplätze Europas. Auch anderen Vogelarten dient der etwa 70 km² große Steppensee in 1.000 m Höhe als Rast- oder Nistplatz inmitten einer trockenen Hochebene (Informationen: Centro de Interpretación de la Laguna de Gallocanta, Carretera Tornos a Bello, Tel. 978-72 50 04).

Eine kurvenreiche Straße zweigt von der N 234 nach **Albarracín** (1.200 Einwohner) **12** ab. Das denkmalgeschützte Dorf an der tiefen Schlucht des **Río Guadalaviar** liegt inmitten der **Sierra de Albarracín**.

Gut 30 km weiter östlich liegt **Teruel** (30.000 Einwohner) **13** mit

Die Kunst der Toleranz

Die architektonischen Schätze Aragóns sind aus Ziegel, Gips, Keramik, Holz und Mörtel. Daraus haben die maurischen Stukkateure, Maurer und Zimmerleute einige der schönsten Beispiele der Mudéjar-Kunst Spaniens geschaffen. Trotz der christlichen Wiedereroberung vieler zentralspanischer Städte und Dörfer im 12. bis 15. Jahrhundert lebten die Mauren hier weiter und gingen ihren handwerklichen Berufen nach. In jener Zeit schufen sie einen einzigartigen Baustil. Und den Christen gefiel es. Unzählige Kirchen und Burgen wurden in diesem Stil gebaut.
Erst 1492 zwang die Inquisition die Mauren, zum christlichen Glauben zu konvertieren oder das Land zu verlassen. Diejenigen, die in Spanien blieben, wurden fortan „Moriscos" genannt. Sie hatten zwar ihre Religion gewechselt, nicht aber ihre künstlerischen Traditionen. Erst als der schwächliche König Philipp III. 1609 alle Morisken aus Spanien hinauswerfen ließ, erstarb diese Kultur.
In Teruel beispielsweise lebte bis zur endgültigen Vertreibung eine große Morisken-Gemeinde. In dieser Stadt ist deshalb bis heute vollendete Mudéjar-Kunst zu bewundern. Seit 1997 zählen die Bauwerke zum Kulturerbe der Menschheit. Ziegelstein war der vorherrschende Baustoff der Mudéjaren. Damit konnten die maurischen Baumeister beschwingte Formen schaffen. Es war eine traditionell nomadische Kultur, aus der sie ihre Ideen schöpften. Und deshalb verwundert es nicht, daß die Dächer tatsächlich an Zeltkuppeln erinnern. Maurische Stuckarbeiten mit geometrischen Formen oder Blütenmotiven zieren Fassaden, Säulen und Fensterbögen. Hinzu kommt eine Besonderheit des aragonesischen Mudéjar-Stils: Zum ersten Mal verwandte man glänzende Keramikfliesen, um den symmetrischen Ziegelfassaden etwas Spielerisches zu verleihen. Ein schönes Beispiel dafür sind die Glockentürme der Kirche von San Pedro in Teruel. Überall in Aragón finden sich schöne Beispiele dieser Architektur, neben Teruel z.B. auch in Tarazona oder Calatayud.

den schönsten Beispielen der Mudéjar-Kunst (s. Kasten), 1997 zum Weltkulturerbe erklärt (Informationen: Oficina de Turismo, Tómas Nogues 1, 44001 Teruel, Tel. 978-60 22 79). Sehenswert sind vor allem die Mudéjar-Türme der Kirchen von San Martín und San Salvador, beide aus dem 13./14. Jahrhundert, sowie die Kathedrale mit einem mudéjaren Glockenturm aus dem 13. Jahrhundert.

Das Dorf Albarracín liegt in einer der einsamsten Gegenden Spaniens.

Der Mittelmeerraum zählte schon in der Antike zu den Gunsträumen Spaniens. Karthager, Römer und Araber schätzten die fruchtbaren Ebenen zwischen Costa Brava und Costa Blanca. Katalonien sowie die Autonomen Regionen València und Murcia sind heute wichtige Industriezentren. Hier liegen auch die Touristenorte mit der längsten Tradition. Küste und bergiges Hinterland überraschen mit vielen Naturschätzen.

Barcelona
Metropole an der Costa Brava

Auf der Rambla dels Caputxins reiht sich unter den Platanen ein Café an das nächste.

Mit gut 2 Mio. Einwohnern ist Barcelona nach Madrid die zweitgrößte Stadt Spaniens. Einst von Kaiser Augustus als Barcino gegründet, blühte die Stadt in der zweiten Hälfte des 19. Jahrhunderts wirtschaftlich wie kulturell auf und ist heute das wichtigste Wirtschaftszentrum des Landes. Die Weltausstellungen 1888 und 1929 sowie die Olympischen Spiele 1992 haben die Stadt vollkommen verändert. Heute finden sich hier moderne Gebäude und historische Paläste, Museen, Theater und ein schrilles Nachtleben.

Die Flaniermeile Les Rambles
Auf den gut 1 km langen Rambles flanieren Touristen und Einheimische, treffen sich Musiker und Pantomimen unter schattenspendenden Platanen. An der **Plaça de Catalunya 1** bildet die Rambla de Canaletas, benannt nach dem gleichnamigen Brunnen, den An-

  Barcelona

fang der Flaniermeile. Dahinter beginnt die Rambla dels Estudis, die wegen der Vogelhändler auch „Rambla dels Ocells" (Vogelrambla) heißt. Und auf der Rambla de les Flors reiht sich ein Blumenstand an den nächsten. Hier liegt der schönste Markt der Stadt, die von einem Eisendach aus dem Jahr 1835 überspannte Markthalle **La Boqueria** **2**. Obst und Gemüse, Fisch und Meeresfrüchte bieten die Händler hier wochentags an. Am Pflastermosaik von Miró an der Pla Boqueria beginnt die Rambla dels Caputxins. Das angrenzende **Gran Teatre del Liceo** **3** gilt als eines der schönsten Opernhäuser Spaniens und wird nach einem Großbrand 1994 gerade renoviert. Nur ein paar Schritte weiter liegt an der Nou de la Rambla der von Antoni Gaudí entworfene **Palau Güell** **4**. Er zählt zum Weltkulturerbe der Menschheit und beherbergt das Theatermuseum (geöffnet Di–So 10–14

Prickelnder Genuß

Cava, Schaumwein, ist für die Katalanen ein Alltagsgetränk. Stets haben sie eine Flasche davon im Kühlschrank. Die meisten Cavas stammen aus dem Penedès, einem Weinbaugebiet etwa 50 km südwestlich von Barcelona. Sant Sadurní d'Anoia ist das Zentrum der Cava-Produktion. Der bis zu 700 m hohe Kalkgebirgszug des Penedès mit mildem Klima und viel Regen bietet optimale Anbaubedingungen. Die Firma Cordoníu, mittlerweile einer der größten Cava-Hersteller, führte 1872 die Champagnermethode ein. Heute werden etwa 90 % der Cavas nach der Método tradicional hergestellt. Fast alle Bodegas sind nach vorheriger Anmeldung zu besuchen. Informationen: Oficina de Información Turística, Cort 14, 08720 Vilafranca del Penedès, Tel. (93) 892 03 58.

Uhr, 16–20 Uhr). Ausruhen kann man auf der palmenbestandenen **Plaça Reial** **5** aus dem 19. Jahrhundert. Kurz vor dem Hafen schließt sich die Rambla Santa Monica an, das Rotlichtviertel Barcelonas, an deren Ende die 50 m hohe, gußeiserne **Kolumbussäule** **6** steht.

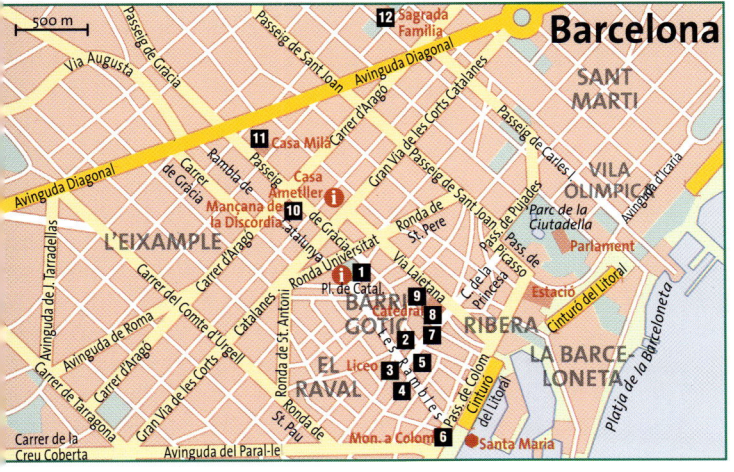

Katalanischer Jugendstil

Am 12. Juni 1926 trauerte ganz Barcelona. Ein kilometerlanger Menschenzug bewegte sich von der Altstadt auf die Baustelle der Sagrada Familia zu. Tausende säumten den Weg, um Antoni Gaudí i Cornet die letzte Ehre zu erweisen. Fünf Tage zuvor war er bei einem Spaziergang von einem Straßenbahnwagen erfaßt worden und später an seinen Verletzungen gestorben. Begraben wurde er in der Krypta der noch unvollendeten Kathedrale, dort, wo er die letzten zwölf Jahre seines Lebens gearbeitet hatte. Mit Antoni Gaudí verlor Barcelona seinen bedeutendsten Architekten. Seine modernistischen Bauwerke zählen heute zu den schönsten der Stadt, einige sind UNESCO-Kulturerbe der Menschheit, so der Parc Güell, benannt nach dem Industriellen Eusebio Güell, dem größten Förderer des Architekten. Auch der Palau Güell und die Casa Milà stehen unter dem Schutz der UNESCO. Es ist eine Architektur der Mythen und Märchen, der verschwenderischen Keramikverzierungen und Glasornamente. Rechte Winkel sind passé. Statt dessen überwiegen organische, fließende Formen.

Als sich Katalonien um 1814 wirtschaftlich langsam erholte, kam es bald zur kulturellen Wiedergeburt, zur Renaixença. Diese Aufbruchstimmung bereitete dem Modernisme den Weg. Schon 1860 riß man die alten Stadtmauern ein, die zuvor das mittelalterliche Zentrum umschlossen hatten. Die schachbrettartige Stadterweiterung L'Eixample nach den Plänen von Ildefonso Cerdá entstand. Und alle wollten sie hier wohnen. Wohlhabende Adelige, neureiche Amerikafahrer und Landfamilien kauften Grundstücke und bauten große Häuser. Ende des 19. Jahrhunderts setzte ein wahrer Bauboom ein. Wissenschaft und Technik hatten sich fortentwickelt. Und auch in Kunst und Architektur wollte man nicht länger Althergebrachtes kopieren.

In Deutschland entstand zu jener Zeit der Jugendstil, in Frankreich nannte man es Art Noveau, England und die USA hatten bald ihren Modern Style, in Italien bekannte man sich zum Liberty, in Österreich war es die Sezession. Der katalanische Modernisme aber galt als die verrückteste Stilrichtung. Architekten wie Lluis Domènech i Montaner, Josep Puig i Cadalfach und Antoni Gaudí i Cornet prägten die neue avantgardistische Stadt.

Im Gotischen Viertel

Schon zur Römerzeit war die **Plaça Sant Jaume** 7 Zentrum der Siedlung Barcino auf dem Mons Taber. Heute stehen hier das Rathaus aus dem 14. Jahrhundert und der Palau de la Generalitat aus dem 15. Jahrhundert, Sitz der katalanischen Regierung. Über die Carrer Bisbé geht es weiter zur gotischen **Kathedrale La Seu** 8, mit deren Bau schon 1298 begonnen wurde. Auf dem Platz vor der Kathedrale und auf der Plaça Sant Jaume treffen sich jeden Sonntagmittag Einheimische zum katalanischen Volkstanz „Sardana". Die Tänzer halten sich an den Händen und bilden einen Kreis. Taschen und Jacken werden in die Mitte gelegt. Der Rhythmus und die Tanzschritte sind kompliziert – aber mittanzen darf jeder, der vorher für die Musikkapelle gespendet hat.

Ein angenehmer Ort, um danach eine Pause einzulegen, ist **Els Quatre Gats** in der Carrer Montsío. Schon Picasso kam als junger Künstler hierher, um im Restaurant zu essen. So gestärkt sollte man dann die aus dem 14. Jahrhundert stammende ehemalige Königsresidenz, den **Palau Reial Major** 9, am gleichnamigen Platz besuchen. Einen Überblick über die Stadtgeschichte zeigt das nebenan liegende **Museu d'Historia de Ciutat** (geöffnet Di–Sa 10–14 Uhr, 16–20 Uhr, So/Fei 10–14 Uhr).

Auf den Spuren des Modernisme

Die schachbrettartige Stadterweiterung L'Eixample entstand Ende des 19. Jahrhunderts auf dem Reißbrett nach Plänen des Stadtplaners Ildefonso Cerdá. In der **Mançana de la Discordia** , dem Häuserblock der Zwietracht, stehen am Passeig de Gràcia drei bedeutende modernistische Bauten: die **Casa de Lleó Morera** (Nr. 35) von Domènech i Montaner aus dem Jahr 1905, die keramikverzierte **Casa Amatller** (Nr. 41) von Puig i Cadalfach aus dem Jahr 1900 und die mit bunten Mosaiken und knochenförmigen Säulen geschmückte **Casa Batlló** (Nr. 43) von Antoni Gaudí (1904–1906), eines der Meisterwerke des Architekten. Die im Volksmund „La Pedrera" (Stein-

Noch immer ragt sie unvollendet in den Himmel: Antoni Gaudís Sagrada Familia.

Ausflug nach Montserrat

Der Gebirgszug von Montserrat erhebt sich etwa 40 km nordwestlich von Barcelona und ist eines der beliebtesten Ausflugsziele. Das bis zu 1.250 m hohe Kalkmassiv scheint nur aus tiefen Einschnitten sowie aus rund geschliffenen Blöcken, Kegeln und Türmen zu bestehen. Daher rührt auch der Name „Montserrat", „zersägter Berg". Am Ausgang einer besonders tiefen Spalte liegt in 725 m Höhe das im 9. Jahrhundert gegründete Benediktinerkloster, das den Katalanen als Nationalheiligtum gilt (geöffnet tgl. 10–18 Uhr). In der Basilika ist La Moreneta, die dunkle Madonna mit ihrem Kind, zu sehen. Das Kloster liegt inmitten des zerklüfteten Gebirges und ist von Monistrol im Tal des Llobregat aus zu erreichen. Ein Ausflug dorthin lohnt sich nicht nur wegen der Kultur. Es bieten sich auch viele Wandermöglichkeiten zu den umliegenden Einsiedeleien oder zum Gipfel an. Auskünfte gibt es am Kloster an einem kleinen Informationsstand.

bruch) genannte **Casa Milà**  ist ebenfalls nach den Plänen von Gaudí entstanden und zählt zum Weltkulturerbe der Menschheit. Eine Besichtigung ist nach vorheriger Anmeldung möglich (Tel. 93-487 36 13). Das berühmteste Bauwerk Gaudís aber steht an der Carrer Mallorca 401. Noch immer ragt die **Sagrada Familia**  unvollendet in den Himmel. Von 1883 bis zu seinem Tod 1926 arbeitete Antoni Gaudí an seinem Lebenswerk, einer gigantischen Kathedrale für 15.000 Gläubige. Im Museum sind Skizzen und Bauentwürfe ausgestellt (geöffnet im Sommer tgl. 9–21 Uhr).

Informationen: Oficina de Turisme, Plaça de Catalunya 17, 08015 Barcelona, Tel. (93) 304 31 34.

Die Costa Brava ist ein Touristen-
land mit langer Tradition. Schon
Mitte der 50er Jahre kamen französische Urlauber hierher. Das war
der Anfang des Tourismus an der
spanischen Mittelmeerküste, deren
Abschnitte damals ihre Namen erhielten. Die stark zerklüftete Küste
zwischen Barcelona und der französischen Grenze hieß fortan
„Costa Brava", „die wilde Küste".

Entlang der Costa Brava und der Costa Dorada

Am Cap de Creus

Mit seinen verwinkelten Gäßchen
und den weißgetünchten Häusern
war das Fischerdorf **Cadaqués**
(1.500 Einwohner) **1** schon Anfang
des 20. Jahrhunderts eine beliebte
Künstlerkolonie. Berühmt wurde
Cadaqués durch den Maler Salvador Dalí, der im Ortsteil Port Lligat
eine Villa besaß. Sein ehemaliges
Wohnhaus ist nach vorheriger Anmeldung zu besichtigen (Tel. 972-
25 80 63, geöffnet im Sommer tgl
10.30–19.15 Uhr).

Nördlich von Port Lligat bildet
das **Cap de Creus** den östlichsten
Punkt Spaniens. Nordwestlich davon liegt **El Port de la Selva** (1.000
Einwohner) **2** an einer weiten
Bucht. Eine kleine Straße führt zu
den südlich des Ortes auf knapp
600 m Höhe gelegenen Ruinen des
Benediktinerklosters **Sant Pere de
Rodes** aus dem 9. bis 11. Jahrhundert (geöffnet im Sommer tgl
10–19 Uhr).

Der Golf von Roses

Roses (8.000 Einwohner) **3** sollen
die Griechen 500 v. Chr. als einen
der besten Ankerplätze der Mittelmeerküste gegründet haben. Südlich davon liegt zwischen den Mün-
dungen der Flüsse **Muga** und **Fluvià** der Naturpark **Aiguamolls de
l'Empordà** (50 km²) **4**, eines der
wichtigsten Feuchtgebiete Kataloniens. Die Mündung des Fluvià is

Auch Salvador Dalí liebte dieses Fleckchen Erde: das malerische Cadaqués am Cap de Creus.

durch einen Rundwanderweg erschlossen, der beim Besucherzentrum El Cortalet südlich von Castelló d'Empúries beginnt (Tel. 972-45 42 22).

Wer lieber auf den Spuren der Geschichte wandert, sollte **Empúries** 5 28 km südlich von Roses besuchen. Schon im 6. Jahrhundert v. Chr. gründeten hier die Griechen einen Handelsplatz, später siedelten die Römer an dem strategisch günstigen Ort. Die antiken Siedlungsruinen sind heute zu besichtigen (geöffnet im Sommer tgl. 10–19 Uhr). Ein Dorado für Taucher und Schnorchler sind die **Illes Medes**. Die sieben kleinen Kalkinseln bilden ein Unterwasserschutzgebiet mit Korallen und einer reichen Meeresfauna. Von **Estartit** 6 starten täglich Glasbodenboote zur nahen Meda Gran (Informationen: Museu del Montgrí i del Baix

Ter, Calle Major 31, Torroella de Montgrí).

Stille Buchten und Ferienrummel
Die kurvenreiche Küstenstraße zwischen **Pals** 7 und Palafrugell ist

Tip

Surrealismus à la Dalí

Wer Mae West auf surrealistische Art sehen möchte, sollte das Dalí-Museum in Figueres 20 km westlich von Roses besuchen. Durch einen optischen Trick wird eine Wohnzimmereinrichtung zum Gesicht der Hollywoodschauspielerin – das ist aber nur eine der Überraschungen, die das Museum zu bieten hat. Es beherbergt ein Sammelsurium aus Objekten und Gemälden des exzentrischen Künstlers, der 1904 in Figueres geboren wurde. Im benachbarten Torre Galatea lebte Dalí die letzten Jahre vor seinem Tod. Unter der Kuppel des Museums liegt er heute begraben.
Informationen: Teatro-Museo Dalí, Plaza Gala-Salvador Dalí 5, 17600 Figueres, Tel. (972) 51 19 76, geöffnet im Sommer tgl. 9–21 Uhr.

Vulkane in La Garrotxa

Der Name „La Garrotxa" bedeutet „rauhes Land". Der 120 km² große Naturpark in der Gegend von Olot rund 50 km westlich von Figueres ist ein Paradies für Vulkanforscher. Etwa 30 Vulkankegel des Stromboli-Typs, Krater und Lavafelder sowie eine artenreiche Vegetation stehen seit 1985 unter Schutz. Vor rund 350.000 Jahren gab es hier die ersten Vulkanausbrüche, der letzte war der des Croscat vor etwa 11.500 Jahren. Schöne geologische Aufschlüsse, die einen Blick in die Erdgeschichte gewähren, sind die Basaltsäulen in Castelfollit de la Roca oder Fontfreda. Wanderungen zu den Vulkankegeln sind im Gebiet ausgeschildert.

Informationen: Centro de Documentación de la Zona Vólcanica de la Garrotxa, Can Jordá, 17811 San Pau, Tel. (972) 26 46 66.

einer der schönsten Abschnitte der Costa Brava. Die Felsenküste ist mit Pinien- und Steineichenhainen bewachsen, kleine Buchten mit glasklarem Wasser reihen sich aneinander. **Begur** (2.300 Einwohner) **8** liegt einige Kilometer abseits vom Meer malerisch auf einem Hügel. Von den Ruinen der im 8./9. Jahrhundert gebauten Burg oberhalb der Stadt schweift der Blick weit über die zerklüftete Küste. Hinter der Ortschaft **Palafrugell** **9** liegen die Zentren des Massentourismus: **Sant Feliu de Guixols** **10**, **Lloret de Mar** **11** und **Blanes** **12**.

Wer statt dessen die Ruhe in der Natur sucht, sollte über Sant Celoni in das Hinterland nach **Viladrau** **13** fahren. Die kurvige Straße quert den **Naturpark von Montseny** (300 km²) **14**, einen Gebirgszug überwiegend aus Kalk und Granit, der zahlreiche Wandermöglichkeiten bietet. Der **Turó de l'Home** (1.712 m) ist der höchste Gipfel des küstennahen Gebirges, das wegen seiner vielfältigen Flora und Fauna als Biosphären-Reservat der UNESCO geschützt ist. Informationsstellen gibt es in Fontmartina und Santa Fé.

Trotz Touristenrummel gibt es an der Costa Brava immer wieder einsame Buchten.

Das Ebrodelta
und der Maestrazgo

Zwischen Tarragona und Castelló liegen zwei der ungewöhnlichsten Landschaften des Mittelmeeres: das flache Mündungsdelta des Ebro und die hochaufragenden, einsamen Gebirgszüge des Maestrazgo. Beide blicken auf eine ähnlich bewegte Geschichte zurück. Doch während das Ebrodelta im Laufe der Jahrtausende immer stärker überformt wurde, Landwirtschaft und Tourismus das ökologisch wertvolle Feuchtgebiet bedrohen, scheint im Maestrazgo die Zeit stehengeblieben zu sein.

Das Ebrodelta

Das Mündungsdelta des Ebro ist nicht nur das größte Feuchtgebiet der Mittelmeerküste, sondern als Rastplatz für Zugvögel zugleich eines der wichtigsten in Europa. Der wasserreichste Fluß Spaniens hat ein gut 300 km² großes Delta aus Flußsedimenten aufgeschüttet. Knapp ein Drittel davon steht seit 1983 unter Schutz: Der **Parc Natural del Delta de l'Ebre 15** umfaßt heute eine Fläche von rund 80 km². Gut zwei Drittel der Fläche sind Reisanbaufläche, die zweitgrößte Spaniens (s. Kasten S. 88). Während das Innere des Deltas landwirtschaftlich genutzt wird, erstrecken sich in den Küstenzonen von Schilf und Röhricht umgebene Lagunen. Und auch Sanddünen, Salzböden, Auwälder und versumpfte Reisfelder bieten zahlreichen Vögeln einen Lebensraum.

Über **Amposta 16** erreicht man entlang des Ebro nach 17 km **Deltebre**, ein verschlafenes Dorf. Hier steht neben dem Informationszentrum auch das Ökomuseum des Naturparks mit Ausstellungen und Informationen rund um Geomorphologie, Flora und Fauna (geöffnet Di–So 9–13 Uhr). Im Süden des Deltas liegt das Centre Ornitologic del Delta an der Lagune L'Encanyssada, die Casa da Fusta (geöffnet Di–So 9–13 Uhr). Vor der Landzunge, über die es zur **Punta la Banya** geht, liegt ein kleines Salinengebiet. Kurz vor der Spitze der Landzunge erhebt sich ein Beobachtungsturm, von wo aus Seeschwalbenkolonien zu beobachten sind.

Über Els Eucalyptus und Sant Jaume d'Enveja geht es weiter in Richtung **Ríumar 17**. Feriensiedlung und Campingplatz wirken zwar wenig einladend, doch kurz vor dem Ort befindet sich eine Anlegestelle. Von dort werden Bootstouren im Mündungsbereich und zur **Illa de Buda** angeboten. Direkt hinter Ríumar führt der Weg in das Gebiet von **El Garxal**. Vor allem zwischen März und Mai sind dort auf den noch trocken liegenden Reisfeldern viele Vogelarten zu beobachten. Nördlich von **La Cava 18** gelangt man zur **Punta del Fangar**, ebenfalls ein wichtiges Vogelbrutgebiet.

Reisanbau in Spanien

Der 8. März 1992 wird nicht nur den Bewohnern von València lange in Erinnerung bleiben. Denn im trockenen Flußbett des Turia wurde damals aus 5.000 kg Reis, Unmengen von Kaninchen, Geflügel, Salz und Safran zusammen mit 12.000 l Wasser in einer riesigen Metallpfanne die größte Paella aller Zeiten gekocht. Das ist bis heute ein Guinness-Rekord. In wesentlich kleinerem Maßstab kann man den Paella-Köchen häufig in den Straßen der levantinischen Dörfer zusehen, wenn es gilt, das beste Rezept zu küren.

Alexander der Große hat *Oryza sativa*, den wilden Reis, schon im 4. Jahrhundert v. Chr. aus Asien nach Europa gebracht, aber erst die Mauren pflanzten ihn in der Levante im 8. Jahrhundert großflächig für den Verzehr an. Sie erneuerten die römischen Bewässerungsanlagen und bauten Kanäle und Schöpfräder in den Sumpfgebieten der Flüsse, denn nur hier gab es genug Wasser für die durstigen Pflanzen.

Bis Anfang des 20. Jahrhunderts beschränkte sich der Anbau auf das Ebrodelta und den Küstenhof von València. Während des Bürgerkrieges begann man auch, im Delta des Guadalquivir Reis zu pflanzen, da die Levante in der Hand der Republikaner war. Bereits 1938 betrug die andalusische Reisfläche rund 1.700 ha. Heute ist das knapp 30.000 ha umfassende Anbaugebiet das größte Spaniens. Auch die sonst trockene Provinz Badajoz ist durch Bewässerung im Tal des Río Tajo zur Reisproduzentin aufgestiegen. In Aragón gibt es entlang des Ebro ebenfalls eine kleine Reisanbaufläche.

Die Spanier sind ausgesprochene Reis-Fans, und Paella ist nur eines von vielen ihrer Lieblingsgerichte. Von den etwa 750.000 t Reis, die Spanien jährlich produziert, wird daher kaum etwas ins Ausland exportiert.

Die Albufera de València ist eines der Hauptanbaugebiete für Reis.

Informationen: Centre de Informacío i Documentacío Delta de l'Ebre, Plaça de Maig 20, Deltebre, Tel. (977) 48 95 11, geöffnet tgl. 10–14 Uhr und 15–18 Uhr.

Auf den Spuren des Cid

Bei **Vinaròs** südlich des Ebrodeltas führt die N 232 in eine der einsamsten Landschaften Spaniens, den **Maestrazgo**. Das bergige Hinterland von **Castelló**, das sich über die Provinzen Castelló und Teruel erstreckt, hat seinen Namen von einem Ritterorden und dessen Besitztümern. **Morella** (3.000 Einwohner) 67 km westlich von Vinaròs thront wie eine Trutzburg hoch auf einem Felsen. Das 35 km südwestlich gelegene **Iglesuela del Cid** (550 Einwohner) verdankt seinen Namen dem Nationalhelden Cid, der diesen Ort als einen der ersten von den Mauren zurückerobert hat. Und an die Tempelritter erinnert die Burg in **Castellote**. Umgeben von einer alten Stadtmauer, gewähren fünf Tore Einlaß in das mittelalterliche **Mirambel**. Hier scheint die Zeit stehengeblieben zu sein.

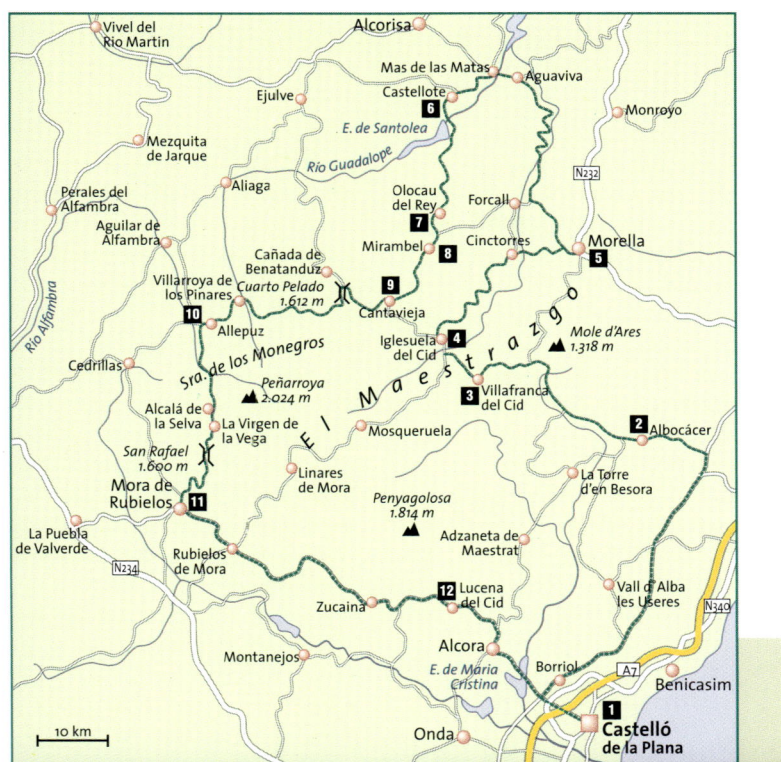

Autotour durch den

Maestrazgo

Herrschaftspaläste mit Balkonen, Türmen und prachtvollen Portalen sowie ein Rathaus mit Bogengängen versetzen die Besucher zurück in die Ritterzeit. In über 1.000 m Höhe erhebt sich auf einer Felsmauer **Villarluengo** (300 Einwohner). Ebenso trutzig wacht **Cantavieja** über die Landschaft.

Informationen: Oficina de Información Turística del Maestrazgo, c/Nueva 47, 44560 Castellote, Tel. (978) 88 75 61.

Man sollte für die kurvenreiche Strecke zwei Tage einplanen. Von Castelló **1** geht es zunächst nach Albocácer **2** und über Villafranca del Cid **3** weiter nach Iglesuela del Cid **4**. Eine Übernachtung empfiehlt sich in Morella **5**. Am nächsten Tag setzt man die Route über winzige Straßen nach Castellote **6** fort. Hinter Olocau **7** erreicht man Mirambel **8** und 12 km weiter Cantavieja **9**. Über den Cuarto Pelado-Paß (1.612 m) geht es nach Allepuz **10**. Die Straße folgt dem Río Alfambra hinauf in das Gebirge. Hinter dem San Rafael-Paß (1.600 m) liegt an den südlichen Ausläufern Mora de Rubielos **11**. Auch Lucena del Cid **12** lohnt einen Besuch.

Wo die Orangen duften

Zwischen Castelló und dem Küstenhof von València im Süden liegt die Costa del Azahar, die Küste der Orangenblüten. Bis in die terrassierten Hänge des Küstengebirges ziehen sich die Zitrusplantagen und verströmen im Frühjahr einen betörenden Duft. Der Bewässerungsfeldbau der Huerta (spanisch = Garten) von València reicht bis in die Antike zurück. Heute ist das Gebiet nicht nur landwirtschaftlich genutzt und einer der Hauptproduzenten von Apfelsinen und Reis, auch Industrie und Tourismus haben ihre Spuren hinterlassen.

València – reich durch Seide

València (750.000 Einwohner) **1** ist die Hauptstadt der Autonomen Provinz València. 138 v. Chr. von den Römern gegründet, regierten hier später die Westgoten und dann die Mauren. Im 13. Jahrhundert wurde València christlich und war bis zum 17. Jahrhundert eine der wichtigsten Handelsstädte am Mittelmeer.

Das Wahrzeichen der Stadt ist der Glockenturm der Kathedrale, **El Micalet**. Er bietet einen schönen Blick über die Altstadt. Vor dem gotischen Apostelportal der im 13. bis 15. Jahrhundert erbauten Kathedrale tagt jeden Donnerstag Punkt 12 Uhr das Wassergericht, um Streit der Huertabauern bei der Bewässerung zu schlichten (s. Kasten S. 92).

Inmitten des Gassengewirrs liegt auch die alte Seidenbörse, die **Lonja**, aus dem 15. Jahrhundert. Sie ist einer der prachtvollsten gotischen Bauten Europas und UNESCO-Weltkulturerbe der Menschheit. Einst handelten in der sternüberwölbten Halle Kaufleute mit Seide, heute stellen hier die Falla-Vereine ihre „ninots" aus, riesige Figuren aus Pappmaché. All-

Entlang der Costa del Azahar und der Costa Blanca

Die Costa del Azahar

Das Wahrzeichen von València, El Micalet, bietet einen schönen Blick auf die Altstadt.

jährlich vom 12. bis zur Nacht des 20. März feiern die Valencianos die Fallas, ein Fest der Blumen, der Raketen und des Feuers. Höhepunkt ist die „Nit de Foc", die Nacht des Feuers, vom 19. auf den 20. März. Hunderte von Pappmachéfiguren, die ebensoviele Vereine in monatelanger Arbeit gebaut haben, gehen dann in Flammen auf – bis auf die eine. Die „begnadigten" ninots sind im **Museo Faller** an der Plaza Monteolivete ausgestellt (geöffnet Di–Fr 10–14 Uhr, 16–19 Uhr, Sa–So 10–14 Uhr).

Gegenüber der Lonja erhebt sich der modernistische **Mercado Central** von 1928. Er bietet ein Fest für die Sinne: Meeresfrüchte, Obst und Gemüse werden unter riesigen Kuppeln aus Eisen, Glas und Keramik feilgeboten. Südlich der Plaza de la Reina liegt das 1999 wiedereröffnete **Museo Nacional de Cerá-** mica in einem barocken Adelspalast mit einer Ausstellung regionaler und nationaler Keramikkunst (geöffnet Di–Sa 10–14 Uhr, 16–20 Uhr, So 10–14 Uhr).

Naturpark Font Roja

Im bergigen Hinterland der Comunidad Valenciana 122 km südlich von València liegt der Naturpark Carrascar de la Font Roja. Er umfaßt die bis zu 1.352 m hohe Sierra de Menejador und ist Teil der Betischen Küstenkordillere. In dem Karstgebirge wächst in über 1.250 m Höhe einer der letzten intakten laubabwerfenden Wälder der Region mit Manna-Esche und Portugiesischer Eiche. Zwischen 1.250 und 600 m geht die Vegetation in immergrüne Steineichenhaine über. Mediterrane Buschvegetation mit Thymian und Rosmarin sowie Aleppokiefern prägt die unteren Lagen. Das Gebiet ist von zahlreichen Wanderwegen durchzogen. Das Informationszentrum in Font Roja 11 km südwestlich von Alcoy ist über die C 2001 zu erreichen (Tel. 96-533 76 20).

Die Wasserrichter

Jeden Donnerstag um Punkt 12 Uhr gibt es vor dem Apostelportal der Kathedrale in València ein eigentümliches Zeremoniell zu beobachten: In langen Roben tritt das Wassergericht, das Tribunal de las Aguas, zusammen – eines der ältesten Gerichte der Welt. Der maurische Kalif Al Hakam aus Córdoba soll es schon 960 zum ersten Mal zusammengerufen haben, um Streit unter den Huertabauern zu schlichten, wenn es mal wieder um das knappe Naß ging. Damit die Bewässerung der Huerta reibungslos funktionierte, hatten sich alle an strenge Regeln zu halten, was offenbar nicht immer glückte.

Schon die Römer bauten im fruchtbaren Saum der Mittelmeerküste ein Bewässerungssystem, das die Mauren später modernisierten und erweiterten. Einer der längsten dieser alten Kanäle ist der Acequia Real del Júcar, der die Huerta von Norden nach Süden durchquert. Die Bewässerung funktionierte nach einem ausgeklügelten System: Bei der Wasserzuleitung wurden die oberhalb gelegenen Schieber an den Kanälen geöffnet, die darunter liegenden geschlossen, so daß die Ackerfurchen der Felder im Nu voller Wasser standen. Je nachdem, wie trocken die Felder waren, passierte das im Ein- oder Zwei-Wochen-Rhythmus. War das Geländegefälle zu gering, kam das maurische Schöpfrad, die Noria, zum Einsatz. Die Bewässerung war streng geregelt und garantierte allen eine ausreichende Wasserversorgung. Die Bauern bildeten Wassergemeinschaften, je nachdem, aus welchem der acht historischen Kanäle sie ihr Wasser bezogen. Streitigkeiten blieben dabei natürlich nicht aus. Wer etwa nicht rechtzeitig bewässerte und den Nachbarn auf dem Trockenen sitzen ließ oder nicht wie vorgeschrieben nur nachts seine Felder flutete, um die Verdunstung so gering wie möglich zu halten, kam eben vor das Wassergericht. Jeweils ein Vertreter der acht historischen Wassergemeinschaften, die es in der Huerta von València gab, und ein Gerichtsdiener richteten dann über die Wasserverschwender. Heute ist das Spektakel vor der Kathedrale natürlich nurmehr ein Touristenspaß. Denn durch moderne Kanalanlagen besteht kaum noch Wassermangel, die Huerta wird heute nach einem Verteilungssystem bewässert. Werden Kanäle beschädigt oder verschmutzt, entscheiden die Zivilgerichte.

Informationen: Oficina de Turismo, Plaza del Ayuntamiento, 46002 València, Tel. (96) 351 04 17.

Die Heimat der Paella

Südlich von València wird rasch offenbar, daß das weite Schwemmland der Flüsse **Turia** und **Júcar** nicht nur landwirtschaftlich genutzt wird. Ausgedehnte Industrie- und Gewerbeanlagen ziehen sich entlang der Autobahn in Richtung Süden. Dennoch liegt hier eines der bedeutendsten Feuchtgebiete des Mittelmeerraumes, der **Parc Natural de l'Albufera** ▣. Die Lagune umfaßt je nach Wasserstand zwischen 30 und knapp 20 km². Der Naturpark ist mitsamt den umgebenden Flächen etwa 200 km² groß und steht seit 1986 unter Schutz. Rund um den Süßwassersee erstrecken sich ausgedehnte Reisfelder. In **El Palmar** am Südostufer des Sees soll angeblich die Paella erfunden worden sein. Jedes Restaurant bietet die safrangelbe Reisköstlichkeit heute an. Inmitten des Sees liegen mehrere Inseln, „matas" genannt, die mit dichtem Röhricht bewachsen sind. Hier leben vor allem Fisch- und Seidenreiher. Von El Palmar aus sind Bootsausflüge möglich (Tel. 96–183 02 56).

Informationen: Centro de Información, Raco de l'Olla, Carretera El Palmar, 46012 València, Tel. (96) 162 73 45.

Die Costa del Azahar

Entlang der weißen Küste

Die Costa Blanca hat von den Abschnitten der spanischen Mittelmeerküste den mit Abstand schlechtesten Ruf. Denn hier liegt Benidorm, der Inbegriff des Massentourismus. Und auch Orte wie Calp oder Villajoyosa versprechen nicht unbedingt ruhige Ferien. Doch die Küste und das bergige Hinterland halten so manche Überraschungen bereit.

Rund um das Cabo de la Nao

Die Stadt **Dénia** (26.000 Einwohner) **3**, 96 km südlich von València am Fuß des Berges **Montgó** (s. Tip) gelegen, zählt zu den Pionieren des Tourismus an der Costa Blanca. Trotzdem besitzt das Dianium der Römer heute noch ein kleines Fischerviertel, das von den Ruinen einer arabischen Festung überragt wird.

Südlich von Dénia beginnt die bis zu 160 m hohe Steilküste des **Cabo San Antonio** und des **Cabo de la Nao** mit der darin eingebetteten Bucht von Xàbia (Jávea). Hafen und Strand der alten Festungsstadt **Xàbia** (10.000 Einwohner) **4** sind typische Touristenzentren. Die mittelalterliche Altstadt hingegen überrascht mit schmalen Gassen, schönen Plätzen, einer Markthalle und einer gotischen Kirche aus dem 16. Jahrhundert.

Moraira **5** ist ebenso wie **Calp** (Calpe) **6** fest in Touristenhand. Vor der Landzunge des alten Dorfkerns von Calp, der inmitten der Hochhäuser kaum zu entdecken ist, ragt der 325 m hohe **Peñon de Ifach** auf, das Wahrzeichen der Costa Blanca. Der Kalkblock ist heute ein Naturpark.

Fern der Küste

Das Karstgestein der Betischen Kordillere, das sich wie ein Riegel in über 1.000 m Höhe vor den Küstensaum schiebt, ist bekannt für seine Höhlen. Ende 1998 hat die UNESCO sie am gesamten Mittelmeerbogen unter Schutz gestellt. Die 1980 entdeckte Höhle von Petracos bei **Castell de Castells** 35 km südwestlich von Xàbia ist berühmt für ihre Fels-

Tip

Auf den Montgó

753 m ragt das Kalkmassiv des Montgó über der Küstenlandschaft zwischen Dénia und Xàbia (Jávea) empor. Der gut 20 km² große Naturpark Montgó ist vom Campo de Tiro zwischen Dénia und Xàbia aus zu erreichen. Etwa 2 km von der Straße entfernt enden die Pinienaufforstungen, und ein steiniger Pfad führt im Zick-Zack-Kurs durch mediterrane Buschvegetation mit Kermeseichen und Rosmarin dem Gipfel entgegen. Hier bietet sich ein weiter Blick über die Bucht von Xàbia und das Tal des Gorgos. Bei klarer Sicht sind der Peñon de Ifach und die Insel Ibiza zu erkennen. Informationen: Centro de Información del Parque Natural del Montgó, Finca Torquemada, c/Ramón Ortega, 03700 Dénia, Tel. (96) 642 32 05, geöffnet im Sommer tgl. 9–14 Uhr.

Palmenhain von Elx

Der Palmeral von Elx (Elche) 32 km südwestlich von Alacant (Alicante) ist der nördlichste Dattelpalmenwald des Mittelmeerraumes und zugleich der größte Europas. Rund 250.000 Dattelpalmen wachsen in sogenannten Huertos rund um die Industriestadt. Am bekanntesten ist der Huerto del Cura. Hier steht die Palmera imperial, die schon über 160 Jahre alt sein soll. Schon die Phönizier haben *Phoenix dactyfilera* in die Gegend von Elx gebracht, die Araber haben sie dann später zu Tausenden gepflanzt. Seit 1986 steht der Palmenhain unter Schutz. Die Datteln und die am Sonntag vor Ostern verkauften Palmwedel sind noch heute eine wichtige Einnahmequelle der Bewohner.
Informationen: Oficina Municipal de Turisme, Passeig de l'Estació, Elx, Tel. (96) 543 38 31.

zeichnungen. Sie werden auf ein Alter von 6.000 Jahren geschätzt.

Über **Parcent** ◼ führt die gewundene Straße weiter in das Gebirge, und die fruchtbaren Obstgärten werden zu einer trockenen, kargen Karstlandschaft. Von dem 780 m hoch gelegenen Paß **Coll de Rates** blickt man über die Bergwelt hinweg bis zur Küste. In Callosa d'Ensarrià zweigt eine Straße nach **Guadalest**, 10 km weiter östlich, ab. Über dem Bergdorf thronen die Ruinen einer mittelalterlichen Burg auf den schroffen Kalkfelsen der **Sierra de Aitana**.

Benidorm und Co.

Strand und Hafen von **Altea** ◼ 10 km südlich von Calp sind zwar eine Enttäuschung, aber der alte Dorfkern liegt malerisch auf einem Hügel. Vor der hochgelegenen Kir-che mit ihrer blaugekachelten Kuppel kann man in einem der Terrassencafés das bunte Treiben auf dem Platz genießen.

Nach soviel Idylle schockt **Benidorm** ◼, der Inbegriff des Massentourismus, um so mehr. Wer die Hochhauskulisse überschauen möchte, sollte auf den Rincón de Loix oberhalb der Playa Levante fahren. 40 km südlich von Benidorm liegt die Provinzhauptstadt **Alacant** oder Alicante (267.000 Einwohner) ◼ (Informationen: Oficina de Turisme, Explanada d'Espanya 2, 03200 Alacant, Tel. 96-520 00 00). Ihr Ursprung geht auf die Römer zurück, die sie wegen ihres Lichts „Lucentum" (die Leuchtende) nannten. Das „Al-Lekant" der Mauren ist die zweitgrößte Stadt der Comunidad Valenciana und ein modernes Hafen- und Industriezentrum mit einer schönen palmengesäumten Promenade und einem kleinen Altstadtviertel. Hauptsehenswürdigkeit ist das **Castillo de Santa Bárbara** oberhalb der Altstadt auf dem Monte Benacantil.

An der Küste 21 km südlich von Alacant liegen die **Salinen von Santa Pola** ◼. Sie sind eines der bedeutendsten Feuchtgebiete der Region und heute ein Naturpark. Vor allem im Winter rasten hier unzählige Watvögel. Die Salinen zählen ebenso wie die etwa 20 km weiter südlich gelegenen **Salinen von Torrevieja-La Mata** ◼ und der Naturpark **El Hondo** zu den letzten Seeflächen der Albufera von Elx

(Informationen: Centro de Información, Torrevieja-La Mata, Tel. 96-692 04 04).

Rund um Murcia und Cartagena

Die Autonome Region Murcia ist ein wüstenartiges Land. Dennoch gilt sie als der Garten Europas, denn Anbaukulturen unter Plastikplanen, bewässerte Obstplantagen und Gemüsebeete ziehen sich die Flußniederungen entlang. Die Provinzhauptstadt **Murcia** (300.000 Einwohner) **13** haben schon im 9. Jahrhundert die Mauren im fruchtbaren Tal des Río Segura gegründet (Informationen: Oficina de Turismo, c/Alejandro Seigeur 4, 30001 Murcia, Tel. 968-22 28 00). Sehenswert ist die Altstadt mit ihrer barocken Kathedrale aus dem 14. Jahrhundert. Das **Kloster Fuensanta** liegt rund 5 km südlich der Altstadt mitten im pinienbestandenen **Naturpark El Valle**.

Von Murcia sind es gut 50 km bis nach **Cartagena** (175.000 Einwohner) **14**, dem wichtigsten Militärhafen am Mittelmeer (Informationen: Oficina de Turismo, Plaza del Ayuntamiento, 30290 Cartagena, Tel. 968–14 18 12). Die Karthager haben die Stadt im 3. Jahrhundert v. Chr. als Hauptstadt ihres Reiches in Südspanien gegründet. Archäologische Funde des Mittelmeeres sind im Museo Nacional de Arqueología Marina ausgestellt (geöffnet Di–Sa 10–14 Uhr, 16–18 Uhr, So 10–14 Uhr).

Schon vor mehr als 2.000 Jahren förderten die Bergleute Blei, Zink und Silber zu Tage, in Portus Magnus, dem heutigen **Portman** 10 km östlich von Cartagena, verschifften schon die Römer wertvolle Fracht nach Italien. **La Unión 15** ist das Zentrum der alten Bergbauregion. Bis Anfang der 90er Jahre waren die Minen in Betrieb. Im Museo Minero ist die lange Bergbaugeschichte dargestellt (geöffnet tgl. 11.30–14 Uhr, 17.30–19.30 Uhr). Empfehlenswert ist ein Abstecher in den **Naturpark von Calblanque** (26 km²) **16** südlich des **Cabo de Palos**. Klippen, Dünen und einsame Buchten mit dunklen Sandstränden stehen hier seit 1987 unter Schutz.

Der Palmenhain von Elx (Elche) ist der nördlichste Dattelpalmenwald des Mittelmeerraumes.

Sonne, Strand und Meer – das ist es, was viele Menschen beim ersten Gedanken mit Spanien verbinden. In der Tat waren es auch die langen, sonnigen Strände, die die ersten Urlauber angezogen haben. Zwar sind heute viele Küstenabschnitte mit Hotels und Ferienanlagen verbaut, dennoch haben sich in Spanien naturnahe Küsten- und Strandbereiche erhalten. Da sind die schier endlos scheinenden Strandbereiche – immer wieder unterbrochen von malerischen Felsküsten – entlang der spanischen Nordküste am Golfo de Biscaya, wo das warme Wasser des Golfstroms auch im Winter für ausgeglichene Temperaturen sorgt. Und auch die langen Sandstrände der andalusischen Atlantikküste in unmittelbarer Nähe des Nationalparks Coto de Doñana und die schönen Sandstrandbuchten zwischen hochaufragenden Felsen auf den Balearen laden immer wieder aufs Neue dazu ein, auf Naturentdeckung zu gehen.

Zu den interessantesten Strandbeschäftigungen gehört es wohl, am Spülsaum entlang zu laufen und nach „Strandgut" zu suchen. Die unterschiedlichsten Schalen von Muscheln und Meeresschnecken sind ebenso darunter wie verschiedene Grün- und Braunalgen, skurril geformte Holzstöcke oder die sogenannten „Seebälle", roßhaarähnliche Knäuel aus Neptungras. Das ausschließlich im Mittelmeer vorkommende Neptungras wächst auf sandigen und schlickigen Meeresböden in einer Tiefe von bis zu 30 m und bildet zusammen mit anderen Seegrasarten die sogenannten Seegraswiesen, die vor allem als „Kinderstube" der Fische und als Sauerstoff-

produzenten für das mediterrane Ökosystem wichtig sind. Im Herbst sterben die bis zu 1 m langen Blätter ab. Dann werden die Zellulosefasern vom Wasser regelrecht aufgerollt und als tennisballgroße Knäuel an Land gespült. Zwischen den angespülten Pflanzenresten finden sich oft auch verschiedene Lebewesen wie Meeresasseln, Quallen, kleine Krebse oder deren Panzerreste. Manchmal verbirgt sich im angespülten Algengewirr auch ein Seestern. Läuft bei Ebbe im Bereich von felsigen Küstenabschnitten das Wasser ab, bleiben in Felsaushöhlungen kleine Gezeitentümpel zurück. Auch hier gibt es einiges zu entdecken.

Man gliedert den Lebensraum Strand in verschiedene Zonen: Da ist zunächst der Spülsaum. Daran schließen sich die weißen Dünenbereiche an. Wind und Wasser schichten die Dünen ständig um. Wo Strände in Ruhe gelassen werden, sind diese Areale u.a. Brutplatz von Seeregenpfeifer, Zwergseeschwalbe und dem grazilen Stelzenläufer.

Im Anschluß an diese Weißdünen erstreckt sich der Graudünenbereich. Um die Farbenpracht der Dünenvegetation zu erleben, empfiehlt sich ein Strandbesuch im Frühsommer. Dann überzieht ein bunter Blütenteppich aus Meersenf und Strandwolfsmilch die Landschaft, durchmischt mit Stranddistel, Strandwinde und Geflügeltem Strandflieder. Unter den Pflanzen gibt es regelrechte Überlebensspezialisten, die an die extremen Bedingungen dieses Lebensraums angepaßt sind. Bei all diesen Arten handelt es sich um salztolerante Arten oder Halophyten. So sind

beispielsweise die kahlen, fleischigen Blätter des gelbblühenden Salzalants eine Anpassung an den hohen Salzgehalt der Küstenstandorte.

Wo die Landschaft noch nicht so stark verändert ist, schließt sich an den Dünenbereich oftmals ein macchieähnlicher Bestand an, begleitet von einem aromatischen Blütenduft, der einem sofort in die Nase steigt. So kann man auf oftmals nur sehr schmalem Geländeband unterschiedlichste Lebensräume erleben, die sich zu einem vielgestaltigen Naturmosaik zusammenfügen.

1 Kammseestern / Estrella de arena anaranjada / *Astropecten aurantiacus*
2 Brauner Schlangenstern / Ofiura / *Ophiderma longicauda*
3 Violetter Seeigel / Ericillo del mar / *Sphaerechinus granularis*
4 Jakobsmuschel / Concha de poregrino / *Pecten jacobaeus*
5 Herzmuschel / Berberecho común / *Cerastoderma edule*
6 Miesmuschel / Mejillón / *Mytilus edulis*
7 Gemeine Steckmuschel / Nácar / *Pinna squamosa*
8 Großer Einsiedlerkrebs / Cangrejo ermitaño / *Pagurus arrosor*
9 Langschnauziges Seepferdchen / Caballito de mar / *Hippocampus ramulosus*
10 Meersalat / Lechuga de mar / *Ulva lactuca*
11 Strandhafer / Caña de las arenas / *Ammophila arenaria*
12 Neptungras / Posidonia / *Posidonia oceanica*
12a „Seeball"
13 Meersenf / Oruga de mar / *Cakile maritima*
14 Sodomsapfel / Pepinillos del desierto / *Solanum sodomaeum*
15 Geflügelter Strandflieder / Capitana oder Siempreviva azul / *Limonium sinuatum*
16 Meerstrandbinse / Castañuela / *Juncus maritimus*
17 Dünentrichternarzisse / Azucena de mar / *Pancratium maritimum*
18 Stranddistel / Cardo marino / *Eryngium maritimum*
19 Salzalant / Salsona / *Inula crithmoides*
20 Strandwolfsmilch / Morgaño de las playas / *Euphorbia paralis*

ca. 50 cm

D bis 60 cm

1

Scheibe bis 3 cm
Arme bis 15 cm

2

3   D 7–8 cm

bis 10 cm

8

9
bis
15 cm

10

bis 13 cm

7   bis 40 cm

4

11

12a

5

bis 5 cm

1–10
cm

6

12

13

15

10–30 cm

14

15–
40 cm

0,5–3 m

16

17

18

19

20

bis 1 m

20–70 cm

10–90 cm

15–60 cm

20–60 cm

0,5–1,5 m

0,6–1 m

Andalusien
Der Inbegriff des Spanischen

In Andalusien ist Spanien am Spanischsten: Flamenco und Stierkampf, Pferde und Sherry sind mit der Region untrennbar verbunden. Das Land der Vandalen, wie die Mauren Al-Andalus nannten, hat aber viel mehr zu bieten. Das größte Feuchtgebiet und die einzige Wüste Europas oder einsame Landschaften wie die Alpujarras gibt es hier zu entdecken. Dazu Städte wie Córdoba oder Granada, die noch heute orientalisch anmuten.

Córdoba und Sevilla
Städte am Guadalquivir

Córdoba und Sevilla – bei Touristen gleichermaßen beliebt – liegen am **Río Guadalquivir** und könnten dennoch unterschiedlicher nicht sein. Während Sevilla heute die unbestrittene Kapitale Andalusiens ist, quirlig und laut, überrascht Córdoba mit einer eher kleinstädtischen Atmosphäre.

Maurische Pracht: Córdoba
Schützend wacht die **Sierra Morena** über **Córdoba** (300.000 Einwohner) **1** an den Ufern des Guadalquivir. Schon die Römer wußten die günstige Lage zu schätzen. Daran erinnern heute noch die Brücke über den Fluß und Mosaikreste, die im **Alcázar** zu besichtigen sind. Über

Durch den Westen Andalusiens

Der märchenhafte Säulenwald in der Mezquita erinnert an die glanzvollen Zeiten Córdobas.

den Ufern des Guadalquivir erhebt sich das architektonische Prunkstück der Stadt, die zum Weltkulturerbe zählende **Mezquita**, unübersehbares Zeichen dafür, daß Córdoba unter den Omaijaden einst Hauptstadt von Al-Andalus war. 800.000 Einwohner soll die Stadt im 8. Jahrhundert gehabt haben. An der Stelle einer westgotischen Basilika begann Abderramán I. 780 mit dem Bau der damals größten Moschee der Welt. Nachdem die Christen Córdoba im 13. Jahrhundert zurückerobert hatten, errichteten sie mitten in der Moschee eine Kathedrale. Von der Moschee sind noch der Säulenwald, der nach Mekka gerichtete Mihrab und der Orangenhof übriggeblieben.

Hinter der Mezquita liegt das ehemalige **Judenviertel** mit engen Gassen, die von weißgetünchten Häusern gesäumt sind. Typisch sind die blühenden Geranien an den Fassaden und die prachtvoll bepflanzten Innenhöfe. Im Mai sind die Patios nach vorheriger Anmeldung zu besichtigen (Tel. 957-47 96 02). Die Judería steht seit 1994 ebenfalls unter dem Schutz der UNESCO.

Informationen: Oficina de Turismo, c/Torrijos 10, 14003 Córdoba, Tel. (957) 47 12 35.

Mehr als Flamenco: Sevilla

Schon Iberer und Römer siedelten an den Ufern des schiffbaren Guadalquivir, die Almohaden machten

Sevilla im 12. Jahrhundert zu ihrer Residenz. Christlich seit Mitte des 13. Jahrhunderts, hatte seit 1492 die spanische Kolonialgesellschaft hier ihren Sitz. Noch heute bestimmt **Sevilla** (700.000 Einwohner) **2** Wirtschaft und Politik Andalusiens.

In der Altstadt ragt die drittgrößte **Kathedrale** der Welt auf, die man von 1402–1506 auf der alten Moschee errichtet hat. Außer dem Minarett, der **Giralda**, ist davon heute nur noch der Orangenhof, der Patio de los Naranjos, zu sehen. Im Hauptschiff der Kathedrale liegt Kolumbus begraben. Ob der Sarko-phag aber tatsächlich die sterblichen Reste des Entdeckers enthält, ist fraglich. Von der Giralda, einem der Wahrzeichen Sevillas, bietet sich ein schöner Blick über die quirlige Stadt und auf den zu Füßen liegenden **Alcázar**. Der Palast scheint zwar auf den ersten Blick maurisch, aber erst Pedro I. hat ihn im 14. Jahrhundert auf den Fundamenten einer maurischen Festung bauen lassen. Der Alcázar zählt mit seinen Patios und Gärten zum Schönsten der spanischen Mudéjar-Kunst (geöffnet im Sommer Di–Sa 10–17.30 Uhr, So 10–13 Uhr).

Dahinter liegen die engen Gassen des Judenviertels **Santa Cruz**. Über die Plaza Santa Cruz geht es durch die Gärten von Murillo zur Universität, die in der alten Tabakfabrik untergebracht ist. Dort soll einst die in Bizets Oper besungene Carmen gearbeitet haben. In der Nähe liegen der schattige Parque de María Luisa und die Plaza de España, die beide zur Ibero-Amerikanischen Ausstellung 1929 angelegt wurden. Wer nicht mehr zu Fuß gehen möchte, kann hier eine der typischen Pferdekutschen nehmen, z.B. um das zweite Wahrzeichen der Stadt zu besichtigen, den ehemaligen Wachturm **Torre de Oro** am Ufer des Guadalquivir. Gegenüber liegt eines der bekanntesten Stadtviertel, das **Barrio de la Triana**. Entlang der Calle Bétis reiht sich eine Bar an die nächste.

Informationen: Centro de Información, c/Arjona 28, 41001 Sevilla, Tel. (954) 50 56 00.

Die Giralda ist eines der Wahrzeichen Sevillas.

  Córdoba und Sevilla

Die Küste des Lichts

Die Costa de la Luz ist eigentlich eine Küste des Windes. Zwischen Ayamonte und der Meerenge von Gibraltar umspült der Atlantik die unberührtesten Strände Andalusiens. Das Klima ist ungewöhnlich rauh. Tarifa ist deshalb das Surf-Dorado Spaniens. Schon Kolumbus nutzte die günstigen Winde und startete von Palos zu seiner ersten Entdeckungsfahrt in die Neue Welt.

An der portugiesischen Grenze

Stets weht eine salzige Meeresbrise vom Atlantik nach **Ayamonte** **3** herauf. Noch vor ein paar Jahren gab es nur eine kleine Fähre, um über den **Río Guadiana** nach Portugal überzusetzen. Inzwischen hat man eine Brücke gebaut. Doch noch immer zählt Westandalusien zu den vergessenen Landstrichen Spaniens. Die Sandstrände in **Isla Christina** oder **Isla Canela** wenige Kilometer südöstlich von Ayamonte sind fast menschenleer.

An den Ufern des **Río Tinto** liegt Huelva (150.000 Einwohner) **4**. Die Industriestadt hat nur wenig zu bieten. Aber bei La Punta del Sebo überragt das Kolumbus-Denkmal die Hafeneinfahrt. Vor mehr als 500 Jahren lichtete Christoph Kolumbus in **Palos de la Frontera** **5** 3 km östlich von Huelva die Anker, um an Bord der Karavelle „Santa María" einen neuen Seeweg nach Indien zu finden. Aus dem mittler-

weile vertrockneten Brunnen der Kirche San Jorge in Palos soll Kolumbus angeblich seine Wasservorräte für die lange Seereise geschöpft haben. Und in dem Franziskanerkloster **La Rábida** **6** 8 km südöstlich von Huelva soll er von den frommen Brüdern seemännischen Rat eingeholt haben. 1992, zum 500. Jahrestag der Entdeckung Amerikas, wurde am Río Tinto ein

Tip

Die Sierra de Aracena

Der Naturpark der Sierra de Aracena und Picos de Aroche (2.000 km²) ist Teil des Gebirgszugs der Sierra Morena und liegt rund 100 km nördlich von Huelva. Das bis zu 915 m hohe Gebirge ist das Land der Stiere und der Schweine. Jabugo ist für den „pata negra", den besten und teuersten Schinken Spaniens, bekannt. In den umliegenden Steineichenhainen suchen die Iberischen Schweine nach Nahrung. Auch Stiere sind keine Seltenheit. Der Naturpark ist ein Wanderparadies. Rund um Aracena verzweigt sich ein dichtes Netz von gekennzeichneten Wegen. Höhlenfans kommen in der 1,2 km langen Tropfsteinhöhle Gruta de las Maravillas auf ihre Kosten. Informationen: Parque Natural de la Sierra de Aracena, Plaza de Santa Lucia, Aracena, Tel. (959) 11 04 75.

Hafen angelegt, in dem Nachbauten der drei Schiffe ankern, mit denen der Genueser in die Neue Welt segelte (geöffnet im Sommer Di–So 10–19 Uhr).

Einige Kilometer weiter am Rand des Nationalparks **Coto de**

Stelldichein der Zugvögel

Es scheint, als sei im Nationalpark Coto de Doñana das Paradies im Kleinen vereint: Austernfischer stochern im Schlick, gleich daneben durchkämmen Säbelschnäbler mit ihrem Schnabel systematisch das Wasser nach Freßbarem, plötzlich erhebt sich eine Wolke von Knutts in die Luft.

Der Coto de Doñana an der Costa de la Luz in Andalusien ist einer der wichtigsten Trittsteine für den internationalen Vogelzug an der westlichen Zugroute. Der Nationalpark umfaßt eine Fläche von etwa 750 km². Inzwischen wurde er von der UNESCO zum Weltkulturerbe der Menschheit erhoben – ein Vorzeigeobjekt des spanischen Naturschutzes. Im Mündungsbereich des Guadalquivir hat sich das wohl bedeutendste Feuchtgebiet Westeuropas gebildet, in dem sich von Herbst bis Frühling ca. 700.000 Zugvögel aufhalten. Dieses Schwemmland direkt an der andalusischen Atlantikküste läßt sich in vier Teilbereiche untergliedern: lange Sandstrände, wüstenartige Wanderdünen, mediterranen Buschwald und riesige Überschwemmungsgebiete mit Lagunen und Feuchtwiesen, die sogenannten „Marismas". Es ist faszinierend, wie diese unterschiedlichen Landschaftstypen sich miteinander verbinden. Der vom Atlantik wehende Südwestwind versetzt den Sand der Küstendünen um bis zu 6 m im Jahr und türmt sie bis zu 40 m hoch auf. Der Sand begräbt Pinien, Wacholder und Strandhafer unter sich, schafft an anderer Stelle neue Wachstumsmöglichkeiten für erste Pionierpflanzen und „ertrinkt" schließlich in den Marismas. Entstanden sind diese Flußmarschen aus einem verlandeten Haffsee der andalusischen Ausgleichsküste – von den Römern „Lago Ligustinus" genannt –, modelliert von den mäandrierenden Bewegungen des Guadalquivir. Wasser erhalten die Marismas ausschließlich von den Regenfällen im Winter. Dann entstehen inselartige Erhöhungen (veta) und Bodenvertiefungen (lucio).

Mit den einsetzenden Winterregen kommen die Wintergäste aus Nord- und Mitteleuropa. Jedes Jahr überwintern hier allein ca. 70.000 Graugänse. Bis zu 300.000 Kolben-, Krick-, Löffel-, Schnatter-, Spieß- und Stockenten, Zehntausende von Limikolen (Watvögel) und bis zu 10.000 Flamingos verbringen den Winter hier. Gigantisch ist auch das Heer an Singvögeln, darunter Zilpzalp, Bachstelze, Rot- und Schwarzkehlchen. Nicht nur zur Zeit des Vogelzugs ist dieses Feuchtgebiet von internationaler Bedeutung. Das ganze Jahr über ist der Coto de Doñana ein einmaliges Bioreservat. So sind hier immer wieder Rosaflamingos zu beobachten, Weißstörche bauen große Horste in den Korkeichen, Rallenreiher sind hier ebenso zu Hause wie die seltene Marmelente, das Purpurhuhn oder das Kammbläßhuhn. Mäusebussard, Zwerg- und Schlangenadler, Rot- und Schwarzmilan, oft auch Gänsegeier und Kaiseradler können beobachtet werden.

Der Nationalpark beherbergt auch andere faunistische Kostbarkeiten: Pardelluchs und Ginsterkatze sind die heimlichen Bewohner der mediterranen Buschvegetation. Sie sind die Symboltiere des Coto de Doñana. Etwa 50 Exemplare des Pardelluchses, der nur in Spanien vorkommt, leben im Park.

Fast wäre es für das erstmals 1969 zum Nationalpark erklärte ökologische Kleinod zu spät gewesen, als sich im April 1998 nach einem Dammbruch Giftschlamm in das Paradies ergoß. Fünf Millionen Kubikmeter dieser giftigen Fracht flossen in die Flußsysteme des Guadalquivir und von dort in die periphere Schutzzone. Diese Regionen werden noch lange geschädigt sein. Naturschützer kämpfen international dafür, daß die Umweltbestimmungen der Europäischen Union in Spanien eingehalten werden.

1 Alpenstrandläufer / Pedlina de los Alpes / *Calidris alpina*
2 Knutt / Correlimos gordo / *Calidris canutus*
3 Sichelstrandläufer / Correlimos zarapitín / *Calidris ferruginea*
4 Austernfischer / Ostrero / *Haematopus ostralegus*
5 Großer Brachvogel / Zarapito real / *Numenius arquata*
6 Säbelschnäbler / Avoceta / *Recurvirosta avosetta*
7 Uferschnepfe / Aguja colinegra / *Limosa limosa*
8 Rotschenkel / Archibebe común / *Tringa totatus*
9 Grünschenkel / Archibebe claro / *Tringa nebularia*
10 Waldwasserläufer / Andarríos grande / *Tringa ochropus*
11 Kampfläufer / Compatiente / *Philomachus pugnax*
12 Zwergschnepfe / Agachadiza chica / *Lymnocryptes minimus*
13 Bekassine / Agachadiza común / *Gallinago gallinago*
14 Trauerseeschwalbe / Fumarel común / *Chlidonias niger*
15 Brandseeschwalbe / Charrán patinegro / *Sterna sandvicensis*
16 Zwergmöwe / Gaviota enana / *Larus minutus*
17 Lachmöwe / Gaviota reidora / *Larus ridibundus*
18 Trauerente / Negrón común / *Melanitta nigra*
19 Marmelente / Cerceda pardilla / *Marmaronetta angustirostris*
20 Brandgans / Tarro blanco / *Tadorna tadorna*

1　16–22 cm

2　23–25 cm

3　18–23 cm

4　40–45 cm

5　50–60 cm

6　42–46 cm

7

8　27–29 cm

9　30–35 cm

10　21–24 cm

11　26–32 cm

12　17–19 cm

13　25–27 cm

14　22–24 cm

15　36–41 cm

16　25–27 cm

17

18　44–54 cm

19　39–42 cm

20　58–71 cm

36–44 cm

38–44 cm

Nationalpark Coto de Doñana

Der Lärm ist ohrenbetäubend. Doch die Austernfischer und Silbermöwen, die ihr Gefieder in der Morgensonne trocknen, scheint das nicht zu stören. Aufgeregt trippeln kleine Strandläufer zwischen den Muscheln umher. Ein Schwarzer Milan entschwebt majestätisch über die blendendweißen Dünen. „Für die Vogelwelt ist der Coto de Doñana eine der bedeutendsten Landschaften Europas", schreit Manuel Rodriguez am Steuer des Dieselbusses gegen den röhrenden Motor an. „Jedes Jahr überwintern hier Millionen Zugvögel." Wir erkunden an seiner Seite dreißig Kilometer unberührten Sandstrand entlang der Costa de la Luz, durchqueren duftende Pinienwälder, schauen über Dünengebirge, unendlich weites Marschland und Sümpfe, in denen wir hin und wieder am Horizont einen Schwarm rosaroter Flamingos ausmachen.

Schon 1969 wurde das Gebiet zum Nationalpark erklärt, mittlerweile ist es

Dünen sind eines der schutzwürdigen Biotope im Coto de Doñana.

UNESCO-Biosphärenreservat und Kulturerbe der Menschheit. Ein kleiner Teil davon ist seit ein paar Jahren unter Leitung von erfahrenen Naturschutzexperten zugänglich. Maximal 300 Besucher täglich werden zugelassen – mehr muten die Naturschützer dem empfindlichen Ökosystem nicht zu. Nur einmal im Jahr wird eine Ausnahme gemacht, wenn zu Pfingsten Hunderttausende von Wallfahrern mit Pferdekarren oder hoch zu Roß quer durch die Doñana nach El Rocío ziehen.

Das größte Informationszentrum ist das von Acebuche etwa 15 km südlich von El Rocío. Ein kleiner ökologischer Lehr- und Beobachtungspfad führt zur nahegelegenen Lagune. Eine Ausstellung informiert über Flora und Fauna und die Entstehung der Landschaft, daneben können hier Führungen per Bus durch den Park gebucht werden.
Informationen: Centro Administrativo El Acebuche, 21760 Matalascañas, Tel. (959) 44 87 40, geöffnet im Sommer tgl. 8–21 Uhr.

Doñana (750 km²) **7** (s. Kästen S. 104/105 und oben) liegt der Wallfahrtsort **El Rocío** **8**. Nur zur Pfingstwallfahrt kehrt Leben in das armselige Nest ein, das mit seinen staubigen Sandpisten an eine verlassene Westernstadt erinnert.

Informationen: Oficina de Turismo, Avda. de Alemania 1, 21001 Huelva, Tel. (956) 25 74 03.

Im Sherry-Dreieck

Am weltweiten Siegeszug des Sherrys war angeblich der Engländer Francis Drake Schuld, als er 1587 Cádiz überfiel und fast 3.000 gefüllte Sherry-Fässer raubte. Das brachte die Briten auf den Geschmack. Ende des 18. Jahrhunderts ließen sich in Jerez und Umgebung britische Kaufleute nieder, um mit Sherry zu handeln. Bodegas mit Namen wie Osborne oder Sandeman erinnern daran. Nur im Dreieck von Jerez, Sanlúcar und El Puerto darf Sherry hergestellt werden, seit 1945 unter geschützter Herkunftsbezeichnung.

Jerez de la Frontera (187.000 Einwohner) ist die Sherry-Kapitale (Informationen: Patronato Municipal de Turismo, c/Larga 39, 11020 Jerez de la Frontera, Tel. 956-33 11 50). Mit ihrer verwinkelten Altstadt, ihren Kirchen und dem Alcázar ist sie typisch andalusisch. Im Palast des Herzogs von Abrantes befindet sich die 1973 von Alvaro Domecq gegründete **Spanische**

In **El Puerto de Santa María** (76.000 Einwohner) schließt sich das Sherry-Dreieck (Informationen: Oficina Municipal de Turismo, Paseo de la Calzada, 11540 Sanlúcar de Barrameda, Tel. 956-36 61 10). Von hier brach Kolumbus zu seiner zweiten Amerikareise auf. Neben seinem köstlichen Sherry ist der Ort vor allem für leckere Meeresfrüchte bekannt.

Autoroute durch die
Weißen Dörfer

Hofreitschule. Jeden Donnerstag um 12 Uhr tanzen die Andalusier zu Klängen spanischer Gitarrenmusik (Tel. 956-31 11 11). Jerez gilt zudem als Wiege des Flamenco-Gesangs. Nur in den Bodegas von **Sanlúcar de Barrameda** (60.000 Einwohner) reift der trockene Manzanilla, ein besonderer Sherry. Vom Ufer des Río Guadalquivir aus setzen nicht nur die Wallfahrer nach El Rocío über. Seit einigen Jahren starten hier auch Ausflugsboote in den Coto de Doñana.

Eingebettet in die Berglandschaft Südandalusiens liegen die schönsten Weißen Dörfer. Die Häuser in den engen Gassen sind geschmückt mit rot- und rosablühenden Geranien. Besonders malerisch ist Arcos de la Frontera , das auf einem Felssporn über der Schlucht des Río Guadalete thront. Über die C 344 erreicht man nach ca. 35 km Ubrique und etwa 25 km weiter nordöstlich Grazalema . Auch Zahara und Algodonales sind typische Weiße Dörfer. Und Olvera knapp 24 km weiter nordöstlich lohnt ebenso einen Besuch wie Setenil 15 km südöstlich von Olvera. Unbestritten Höhepunkt aber ist das hoch über der Schlucht des Río Guadalevín gelegene Ronda .

Im Surferparadies

Bevor es entlang der Küste in Richtung Gibraltar geht, lohnt sich ein Abstecher nach **Cádiz** (155.000 Einwohner) **12**. Es ist die älteste Stadt Spaniens mit einer mehr als 3.000 Jahre alten Geschichte. Bereits von den Phöniziern gegründet, haben hier auch Griechen, Römer, Westgoten und Mauren ihre Spuren hinterlassen. Die Altstadt liegt auf einer Landzunge und ist an drei Seiten von Wasser umgeben.

einwärts liegt **Vejer de la Frontera 14**, ein malerisches Weißes Dorf. Von hier führt eine schmale Straße zum gut 16 km entfernten **Cabo de Trafalgar 15**. Besonders schön ist die Steilküste bei Caños de Meca. Die Pinienwälder und die Steilküste stehen unter Naturschutz und sind vom Tourismus daher bislang weitgehend verschont geblieben.

Tarifa 16 ist der südlichste Punkt des europäischen Festlands. Bei klarer Sicht kann man über die nur

Die verwinkelten Weißen Dörfer Andalusiens wie etwa Zahara sind maurisches Erbe.

Über die N 340 erreicht man nach etwa 45 km **Conil de la Frontera** (15.000 Einwohner) **13**, einen beliebten Badeort. Das Städtchen bietet kilometerlange Sandstrände, eine hübsche Altstadt und jede Menge Bars und Cafés. Etwas land-

14 km breite **Meerenge von Gibraltar** bis nach Afrika schauen. Der windigste Ort Spaniens ist seit Jahren ein Paradies für Windsurfer.

Informationen: Oficina de Turismo, Calderón de la Barca, 11003 Cádiz, Tel. (956) 57 26 36.

Costa del Sol
Sonne, Berge und Meer

Die Costa del Sol gilt als der Teutonengrill schlechthin. Und für die Küstenorte mag das auch zutreffen. Während sich die Touristen an verbauten Stränden in der Sonne aalen, bietet das Hinterland aber um so reizvollere Landschaften wie die Sierra de Grazalema und malerische Städte wie Ronda und Ubrique.

Im Bergland von Ronda

Wer kein Fan von Hochhauskulissen und Massentourismus ist, sollte von **San Roque** [17] aus den Weg in das Bergland nehmen. Etwa 100 km sind es bis nach **Ronda** (35.000 Einwohner) [18] (Informationen: Oficina de Turismo, Plaza de España 1, 29400 Ronda, Tel. 952-87 12 72). Schon Rainer Maria Rilke schwärmte von diesem Ort. Ronda besticht durch seine Lage: Auf einem Felsplateau hoch über dem **Río Guadalevín** wacht es über die umliegende Bergwelt. Es ist eine der ältesten Städte Andalusiens. Die beeindruckende Puente Nuevo verbindet seit dem 18. Jahrhundert die südlich gelegene Altstadt mit der Neustadt im Norden. Ronda gilt als der Ursprung des modernen Stierkampfes, seine Arena ist die älteste Spaniens. Das Museo Taurino an der Plaza de Toros zeigt einen Überblick über die Stierkampfgeschichte (geöffnet im Sommer tgl. 10–18 Uhr).

Ronda gehört ebenso wie das 25 km weiter westlich gelegene **Grazalema** [19] zu den Weißen Dörfern Andalusiens (s. Karte S. 107). Zwischen Grazalema, **Ubrique**, ebenfalls ein Weißes Dorf, und **El Bosque** liegt der Naturpark der **Sierra de Grazalema** (500 km²) [20]. Das Gebiet ist seit 1977 Biosphären-

Tip

Wald aus Korkeichen

Der Naturpark von Alcornocales nördlich von Tarifa ist mit rund 1.700 km² einer der größten Korkeichenwälder der Erde. Eine Erkundung empfiehlt sich daher mit dem Auto. Der Naturpark liegt an den südwestlichen Ausläufern der Betischen Kordillere und reicht fast bis Tarifa. Er besteht hauptsächlich aus Sandstein, was den Korkeichen optimale Wachstumsbedingungen bietet. Der Pico del Aljibe ist mit 1.091 m die höchste Erhebung. In den im Süden des Gebietes liegenden engen Flußtälern (canutos) haben sich aufgrund des besonderen Mikroklimas bis heute seltene Pflanzen des Tertiärs, wie z.B. Farne und Lorbeer, erhalten. Von La Sauceda aus ist eine Wanderung durch die Pasadallana-Schlucht möglich. Hier kann man besonders schöne Korkeichen-Exemplare mit ihren geschälten rotbraunen Stämmen bewundern. Informationen gibt es in Alcalá de los Gazules (Tel. 956-42 02 77).

reservat der UNESCO und Vogelschutzgebiet. Höchste Erhebung des Kalkgebirgszuges ist der **Torreón** (1.654 m). Neben Korkeichen und Steineichen liegt hier in der **Sierra del Pinar** einer der letzten Igeltannenwälder Spaniens. Für ei-

Korkeichen und Korken

Bereits Ägypter, Griechen und Römer nutzten die Borke der Korkeiche. Sie stellten daraus Bojen her, verschlossen Tongefäße damit und schusterten Sandalen daraus. Heute wird Kork vor allem als Verschluß für Wein- oder Sektflaschen verwendet. Mehr als 1,3 Mrd. Korken sind das allein in Deutschland, Jahr für Jahr. Hinter Portugal ist Spanien der Hauptproduzent von Naturkork. Denn neben Steineichen sind Korkeichen die Hauptbaumarten des lichten Mittelmeerwaldes – heute eine der schützenswertesten Kulturlandschaften Europas. In der Extremadura und in Andalusien, aber auch in Nordkatalonien gedeiht *Quercus suber* schon seit Jahrtausenden. Wie fast jede Holzpflanze schützt sich auch die Korkeiche gegen Verdunstung, Hitze oder Infektionen, indem sie Kork bildet – und zwar soviel, daß sich eine wirtschaftliche Nutzung lohnt. Kork besteht aus dichtgepackten, toten Zellen, die das sogenannte Korkkambium nach außen abgibt. Die Wände des Korks sind mit Suberin, dem Korkstoff, beschichtet und dadurch praktisch undurchlässig.

Nur im Sommer wird geerntet. Denn nur dann lassen die hohen Temperaturen das Harz zwischen Kork und Korkkambium weich werden, so daß die Bäume geschält werden können. Höchstens zwei Drittel der schützenden Schicht werden entfernt, mehr würde den Baum nicht verkraften. Im Alter von etwa 25 Jahren wird er zum ersten Mal geschält. Zurück bleibt ein hellbrauner Stamm, der sich nach und nach rotbraun färbt. Alle 7 bis 10 Jahre wiederholt sich die „Ernte". Während man aus den Kork-platten Abertausende von Flaschenkorken stanzt, werden die Überbleibsel zu Fußbodenbelägen verarbeitet. Sie sind wegen ihrer schalldämmenden und isolierenden Eigenschaften weltweit überaus beliebt.

Die Korkeiche ist ein recht anspruchsvoller Baum. Sie gedeiht nur auf Silikatböden, liebt das Mittelmeerklima, hohe Luftfeuchtigkeit und Höhen von weniger als 1.300 m. Pfleglich behandelt, werden Korkeichen über 200 Jahre alt. Einige uralte Exemplare stehen z.B. im Süden Spaniens, im Naturpark Los Alcornocales (s. Tip S. 109). Nachdem seit den 70er Jahren viele Korkeichenhaine Eukalyptus-Aufforstungen zum Opfer fielen, setzt in Spanien langsam ein Umdenken ein. Neupflanzungen mit Korkeichen sind heute in Andalusien und der Extremadura keine Seltenheit mehr.

nen Besuch ist eine Genehmigung des Nationalparkbüros nötig (Avda. de la Diputación 10, 11670 El Bosque, Tel. 956-71 60 63).

Bei den Schönen und Reichen

Von Ronda erreicht man über eine kurvenreiche und landschaftlich schöne Strecke (C 339) das 53 km entfernte **San Pedro de Alcántara** 🔢 an der Küste. Hier reiht sich ein Touristenort an den nächsten. Am bekanntesten ist das kosmopolitische **Marbella** 🔢 10 km weiter östlich.

Die Küstenautobahn führt über Orte wie **Fuengirola** 🔢 und **Torremolinos** 🔢, dem andalusischen Pendant zu Benidorm, weiter nach **Málaga** (600.000 Einwohner) 🔢, der Provinzhauptstadt der Costa del Sol (Informationen: Oficina de Turismo, Pasaje de Chinitas 4, 29015 Málaga, Tel. 952-21 34 45). Schon die Phönizier haben sie gegründet, den Mauren diente sie als wichtiger Hafen. Trotz der modernen Hochhausviertel überrascht Málaga mit einer hübschen Altstadt. Sehenswert sind die Kathedrale aus dem 16. Jahrhundert und die gegenüberliegende maurische Festung, die Alcazaba. Lohnend ist auch ein Spaziergang zum maurischen Castillo de Gibralfaro, heute ein staatlicher Parador.

Entlang der Küste nach Osten

Angenehmer geht es rund 25 km östlich von Málaga in **Vélez-Málaga** 🔢 zu, das etwas abseits der Küste seinen ursprünglichen Charme bis heute bewahrt hat. Der Ort ist durch und durch maurisch mit seinen verwinkelten Gassen, Kirchen und einer arabischen Festung. **Nerjá** 🔢, 91 km weiter östlich gelegen, ist ein typischer Badeort. Nördlich davon erstreckt sich die unter Naturschutz stehende **Sierra de Tejeda**. Von den kleinen Bergdörfern wie **Canillas de Aceituno** oder **Sedella** aus sind Bergwanderungen möglich.

Almuñecar 🔢, das heute vor allem durch Hochhausbauten geprägt ist, und das schönere **Salobreña** 🔢 bilden die Grenze zur **Costa Tropical**, die bereits zur Provinz Granada gehört (Informationen: Oficina Municipal de Turismo, Plaza de Goya, Salobreña, Tel. 958-

El Torcal de Antequera

Zwischen 1.100 m und 1.370 m hoch ist das Karstmassiv des Naturparks El Torcal (170 km²) 35 km nördlich von Málaga. Wind und Wasser haben in Jahrmillionen im weichen Kalkstein bizarre Formen geschaffen. In dem Felsenlabyrinth aus stark verwitterten Karsttürmen und -kegeln haben Botaniker über 30 Orchideenarten gezählt. Das kleine Informationszentrum am Eingang des Naturparks (geöffnet im Sommer Di–So 10.30–14 Uhr, 16–18 Uhr) gibt einen Überblick, was es sonst noch an Flora und Fauna hier gibt. Drei markierte Rundwege die zwischen 1,5 km und 4,5 km lang sind, führen durch das Felsenmeer. Gutes Schuhwerk ist in jedem Fall empfehlenswert. Informationen: Oficina Municipal de Turismo, Palacio de Nájera, Coso Viejo, 29200 Antequera, Tel. (952) 70 40 51.

61 03 14). Mit Ausnahme der Wochenenden, wenn die Einwohner Granadas die Strände bevölkern, kann man in Salobreña einige ruhige Strandtage verbringen. Sehenswert ist auch die maurische Festung oberhalb des Ortes.

Im Hinterland der Costa del Sol, wie hier bei Antequera, dehnen sich sanfte Berge aus.

Granada
und die Sierra Nevada

Die Alhambra von Granada gilt als eines der schönsten Bauwerke Spaniens. Malerisch liegt sie vor den Gipfeln des höchsten Gebirges der Iberischen Halbinsel, der bis zu 3.481 m hohen Sierra Nevada. Granada zählt nach Córdoba und Sevilla zu den beliebtesten Touristenzielen Andalusiens. Die Sierra

Durch den Osten Andalusiens

Nevada hat sich in den letzten Jahren zu einem der bedeutendsten spanischen Skigebiete entwickelt.

Traumhaftes Granada

„Gib ihm ein Almosen, Frau, denn nichts ist schlimmer als blind zu sein in Granada", besagt ein spanisches Sprichwort – und wer die hoch über **Granada** (270.000 Einwohner) **1** thronende Alhambra und den Generalife einmal gese-

hen hat, weiß, was damit gemeint ist. Das UNESCO-Weltkulturerbe ist ein Muß für jeden Granada-Besucher. Die **Alhambra** besteht aus der maurischen Festung Alcazaba, dem Nasridenpalast aus dem 13. Jahrhundert und dem wie ein Fremdkörper wirkenden Palast Karls V. aus dem 16. Jahrhundert. Durch den Königspalast der Nasriden weht noch heute ein Hauch von Tausendundeiner Nacht. So im Myrthenhof und im berühmten Löwenhof, dem Patio de los Leones, der Teil des Harems war (geöffnet im Sommer Mo–Sa 9–19.45 Uhr, So 9–18 Uhr, Di, Do, Sa auch 22–23.45 Uhr). Betörend sind auch die maurischen Gärten des **Generalife**, wenn im Frühling und Sommer Orangenbäume, Myrthe und Jasmin blühen.

Gegenüber der Alhambra liegt der **Albaicín**, das älteste Stadtviertel Granadas. Es ist eines jener typischen Judenviertel andalusischer Städte, nur daß dieses seinen ursprünglichen Charakter bewahrt hat. Entlang des **Río Darro** erreicht man dann über die Plaza Nueva die Altstadt rund um die aus dem 16. bis 18. Jahrhundert stammende **Kathedrale**. In der angeschlossenen Capilla Real liegen die Katholischen Könige Isabella und Ferdinand II. begraben.

Vor der Weiterfahrt in die Sierra Nevada können Literaturfreunde

auf den Spuren Federico García Lorcas wandeln. Der Dichter wurde 1898 in **Fuente Vaqueros** etwa 25 km westlich von Granada geboren. Im Geburtshaus ist ein kleines Museum untergebracht (geöffnet im Sommer Di–So 10–13 Uhr, 18–20 Uhr).

Informationen: Oficina de Turismo, Corral del Carbón, 18009 Granada, Tel. (958) 22 59 90.

Im Nationalpark Sierra Nevada

Südlich von Granada führt eine gewundene Straße über Pinos Genil in das Hochgebirge der **Sierra Nevada** ■. Seit 1966 ist das tertiäre Faltengebirge Biosphärenreservat der UNESCO, Ende 1998 wurde das knapp 1.700 km² große Gebiet rund um die höchsten Gipfel der Iberischen Halbinsel, den **Mulhacén** (3.481 m) und den **Pico Veleta** (3.392 m), zum Nationalpark erklärt. Das Gebirge hat eine West-Ost-Ausdehnung von nur rund 80 km. Es ist von Norden nach Süden gerade einmal 30 km breit und gleicht mit seiner sanften Topographie einer Gebirgsinsel.

Etwa 60 Dörfer liegen im Nationalparkgebiet, das in den letzten Jahren vor allem als Skigebiet an Bedeutung gewann. Häßliche Skistationen wie Sol y Nieve und Pradollano zeugen davon. Der ursprüngliche Waldbewuchs aus Kiefern und Eichen ist durch jahrhundertelange Bewirtschaftung heute praktisch verschwunden. Dennoch zählt die Sierra Nevada zu den botanischen Schatzkammern des

Der Albaicín mit seinen engen, verwinkelten Gassen ist das älteste Stadtviertel Granadas.

spanischen Festlandes. Die kargen Steinschuttfluren, die die Hänge bedecken, sind Heimat von mehr als 60 endemischen Pflanzenarten. Informationszentren stehen in **Pinos Genil** (Tel. 958-24 83 00) und in **Pampaneira** (Tel. 958-76 33 27).

Tip

Die Höhlen von Guadix

In Guadix etwa 57 km nordöstlich von Granada scheinen weißgekalkte Schornsteine und dürre Fernsehantennen direkt aus der Erde zu wachsen. Sie gehören zu Höhlenwohnungen, sogenannten „cuevas", die die Bewohner in das weiche Gestein gegraben haben – eine jahrtausendealte Tradition, die bis heute fortbesteht. Mittlerweile stehen die Höhlen unter Denkmalschutz. Etwa 2.000 sind noch bewohnt. Strom und Wasser sind ebenso selbstverständlich wie die natürliche Klimaanlage. Das Gestein isoliert im Winter gegen die Kälte und hält im Sommer die Wohnungen angenehm kühl. Wer einmal in einer Cueva übernachten möchte, kann das seit kurzem im Höhlenhotel. Informationen: Oficina de Turismo, Avenida de Granada, 18500 Guadix, Tel. (958) 66 26 65.

Am Südhang der Sierra Nevada liegen die Alpujarras. Im abgeschiedenen Bergland lebten die Morisken nach dem Fall Granadas 1492 bis zu ihrer endgültigen Vertreibung im 17. Jahrhundert. Bewässerungsanlagen und kunstvoll terrassierte Hänge sind maurisches Erbe. Weiter im Osten wird das Land immer karger. Die Wüste von Almería ist die trockenste Landschaft Spaniens.

Die bis zu 1.544 m hoch aufragende Sierra de Contraviesa begrenzt die Alpujarras im Süden.

Die Alpujarras

Etwa 14 km südlich von Granada überquert die N 323 den 860 m hohen **Puerto del Suspiro del Moro**. Der letzte Nasriden-Herrscher Bobadil soll hier einen letzten Seufzer (suspiro) getan haben, bevor er ins Exil ging. Hinter **Tablate** 🟦 führt die C 332 zu den schönsten Dörfern der Alpujarras. Dazu zählen **Lanjarón** ebenso wie **Pampaneira**, **Bubión** und **Capileira**. Über **Pitres** geht es nach **Trevélez**, dem höchstgelegenen Dorf Spaniens auf 1.470 m Höhe. Hinter **Ugíjar** 🟦 beginnt die Provinz Almería. Zwischen der Sierra Nevada und der südlichen **Sierra de Gádor** liegen im Tal des **Río Andaráx** einsame Alpujarra-Dörfer wie **Laujar** oder **Canjáyar**.

Informationen: Oficina de Turismo, 14812 Bubión, Tel. (958) 76 30 53.

Die Wüste von Almería

Almería (160.000 Einwohner) 🟦 ist Hauptstadt der trockensten Provinz Spaniens. Unter Abderramán III. war das arabische Al-mariya wichtiger Hafen des Kalifats von Córdoba, später sogar hunder Jahre lang unabhängiger Teilstaa (taifa). Die über der Stadt gelegene Alcazaba ist eine der größten Maurenfestungen Spaniens. Landschaftlich reizvoll ist die nördlich gelegene **Wüste von Tabernas** 🟦 (s Tip S. 115). Die Tafelberge mit spärli

In Mini-Hollywood in der Wüste von Tabernas sind schon viele Western gedreht worden.

cher Buschvegetation und die trockenen Flußtäler zwischen dem Arroyo de Valdelecho und der Rambla de Tabernas stehen seit 1989 unter Naturschutz.

Informationen: Oficina de Turismo, Parque Nicolás Salmerón, 04002 Almería, Tel. (950) 27 43 55.

Am Cabo de Gata

Die östlich von Almería gelegene Halbwüste des **Parque Natural de Cabo de Gata-Níjar** (260 km²) ist eine vergessene Landschaft, die seit 1987 unter Schutz steht. Das Vulkangebiet ragt in der **Sierra de Gata** knapp 500 m hoch auf. An der Küste zwischen den Salinen bei **El Cabo** und dem Dorf **San José** liegen zwischen den Klippen einsame Sandstände und Dünen, die oft von tiefen Trockentälern unterbrochen werden. Agaven und Zwergpalmen beherrschen die Vegetation. Über **Retamar** ist eine Anfahrt

Wie im Wilden Westen

Mehr als hundert Mal war die Wüste von Almería Drehort von Westernfilmen. Eines der bekanntesten Kulissendörfer ist das in der Nähe von Tabernas 30 km nordöstlich von Almería liegende Mini-Hollywood (geöffnet im Sommer tgl. 10–19.30 Uhr), mittlerweile eine Touristenattraktion. Hier drehte unter anderem Clint Eastwood den Film „Für eine Handvoll Dollar". Auch das nicht weit entfernte Texas-Hollywood kannten schon die „Glorreichen Sieben" (geöffnet tgl. 9–20 Uhr). Täglich gibt es Banküberfälle und Schießereien zu sehen. Wer den Rummel scheut, kann in der einzigen Wüste Europas verfallene Westernstadtkulissen auch auf eigene Faust entdecken.
Informationen: Oficina de Turismo, Parque Nicolás Salmerón, 04002 Almería, Tel. (950) 27 43 55.

mit dem Auto bis zum **Cabo de Gata** möglich.

Informationen: Centro de Visitantes, Las Amoladeras, Ctra. Retamar-Cabo de Gata, Tel. (950) 16 04 35, geöffnet im Sommer tgl. 9–14 Uhr, 17–20 Uhr.

![Olivenhaine prägen schon seit Jahrhunderten die Landschaft in der Provinz Jaén.](#)

Olivenhaine prägen schon seit Jahrhunderten die Landschaft in der Provinz Jaén.

Die Provinz Jaén ist das Land der Oliven. Symmetrisch angeordnet ziehen sich Hunderttausende der silbrigglänzenden, knorrigen Ölbäume die sanft gerundeten Hügel entlang – soweit das Auge blickt. Touristen verirren sich selten hierher. Dabei bieten Städte wie Ùbeda oder die Quellen des Guadalquivir in der Sierra de Cazorla mehr als einen Grund, diese Provinz zu besuchen.

Zwischen Jaén und Ùbeda

Jaén (100.000 Einwohner) **9** ist die moderne Hauptstadt der nördlichsten Provinz Andalusiens. Am Fuß des **Cerro de Santa Catalina** mit seiner maurischen Burg geht es beschaulich zu. Sehenswert sind die Kathedrale Santa María, die zwischen dem 16. und 18. Jahrhundert erbaut wurde, und das östlich gelegene Altstadtviertel rund um die Plaza Santa Luisa de Marillac. Im Palacio de Villarlombardo sind arabische Bäder aus dem 11. Jahrhundert und eines der schönsten Volkskundemuseen Andalusien zu sehen (geöffnet im Somme Di–Fr 10–14 Uhr, 17–20 Uhr, Sa–S 10.30–14 Uhr).

57 km nordöstlich von Jaén lieg das verschlafene Städtchen **Baez**

(16.000 Einwohner) **10**. Der Ort ist ein Traum der Renaissance. Mehr als 50 Paläste liegen im Dreieck der Plazas de España, del Arcediano und del Pópulo. Auch das nur 8 km entfernte **Úbeda** (32.000 Einwohner) **11** ist eine verkannte Schönheit. Umgeben von Olivenhainen ist die Stadt maurischen Ursprungs ebenso wie Baeza eine Stadt der Plätze, der Paläste und der Kirchen.

Informationen: Oficina de Turismo, Arquitecto Bergés 1, 23002 Jaén, Tel. (953) 22 27 37.

In der Sierra de Cazorla

Mit seinem Schloß und den Adelshäusern aus dem 15. und 16. Jahrhundert ist das Bergstädtchen **Cazorla** **12** das Tor zum größten Naturpark Spaniens, dem **Parque Natural de la Sierra de Cazorla y las Villas** (2.140 km²) **13** (s. Tip). Umgeben von lichten Olivenhainen ragt das Gebirge wie eine Waldinsel auf. Das seit 1986 unter Schutz stehende Gebiet zählt zu den regenreichsten Andalusiens. In dem zwischen 600 m und 2.107 m hoch aufragenden Karstgebirge entspringen die Flüsse **Guadalquivir** und **Segura**. Der Gebirgszug bildet damit die Wasserscheide zwischen Atlantik und Mittelmeer. Die zum Teil schroffen Täler sind vor allem mit Kiefern bewachsen. Eine Besonderheit ist das Cazorla-Veilchen, eine endemische Pflanzenart.

Eine asphaltierte Straße durchquert den Naturpark im Westen und verbindet Cazorla mit dem 90 km entfernten **Villanueva de Arzobispo** **14**. Auf dem Weg zum Parador überquert man den Paß **Puerto de las Palomas**. Vom Aussichtspunkt Mirador del Valle blickt man über den geschlossenen Waldbestand bis zum **Stausee von Tranco de Beas** **15**. Auf der Weiterfahrt zum Stausee erreicht man hinter Vadillo nach einigen Kilometern **Torre del Vinagre**, ein Informationszentrum der Kooperative Quercus (geöffnet im Sommer Di–Sa 11–14 Uhr, 17–20 Uhr). Hinter Tranco folgt die Straße dem malerischen Lauf des Guadalquivir, der sich an manchen Stellen in einer tiefen Schlucht seinen Weg durch das Karstgebirge bahnt.

Informationen: Oficina de Turismo, Paseo de Santo Cristo 17, 23470 Cazorla, Tel. (953) 72 00 60 und Oficina del Parque Natural, Calle Martínez Fallero 11, 23470 Cazorla, Tel. (953) 72 01 25.

Tip

Durch das Borosa-Tal

Eine schöne Wanderung im Naturpark von Cazorla führt durch das Tal des Río Borosa zur Lagune von Valdeazores. Hinter der Fischzuchtstation an der Straße nach Tranco beginnt der Weg. Talaufwärts verengt sich das Tal in der Cerrada de Elias zu einem Canyon, über einen Felssteig geht es weiter bis zur Lagune. Nicht selten schweben Geier oder Adler über der Schlucht. Hin- und Rückweg sind rund 12 km lang. Im Informationszentrum Torre del Vinagre – geleitet von der Kooperative Quercus – kann man einen kundigen Führer buchen. Man kann die Strecke auch mit einem geliehenen Mountainbike zurücklegen. Informationen: Torre del Vinagre, Crta. Tranco km 19, geöffnet im Sommer Di–Sa 11–14 Uhr und 17–20 Uhr.

Extremadura
Im Reich der Störche

Die Extremadura galt lange als das Armenhaus Europas: trocken, spärlich besiedelt und kaum industrialisiert. Aus der Heimat Francisco Pizarros sind die Menschen seit jeher ausgewandert. Zu hart waren die Lebensbedingungen jenseits des Río Duero. Zwischen der Sierra Morena und der Sierra de Gredos aber finden sich die schönsten mittelalterlichen Städte Spaniens. Dazwischen erstrecken sich Dehesas, soweit das Auge reicht.

Zwischen Sierra Morena und Río Guadiana

Durch die Extremadura

Sanfte Hügel mit Steineichenhainen (s. Kasten S. 122) und darin eingebettete mittelalterliche Städte wie Zafra. Portugiesisch anmutende Orte wie Olivenza und Badajoz ganz im Westen, die weite Ebene der Tierra de Barros mit ihren Weinfeldern und die karge Steppenlandschaft La Serena im

Osten – so abwechslungsreich ist die südliche Extremadura.

Zafra und die Tierra de Barros

Knapp 500 m hoch liegt **Zafra** (14.000 Einwohner) **1** an den nördlichen Ausläufern der **Sierra Morena**. Mit seinen palmengesäumten Straßen und Plätzen und den weißgekalkten Häusern wird das lebhafte Städtchen gern als „Klein-Sevilla" bezeichnet. Bereits im 11. Jahrhundert war das maurische Safar eine geschäftige Messestadt. Sehenswert ist die unter Denkmalschutz stehende Altstadt rund um die Plaza Grande mit ihren Palästen, Kirchen und Adelshäusern aus dem 16. und 17. Jahrhundert.

Nördlich von Zafra weitet sich die **Tierra de Barros** in der Niederung des **Río Guadiana**. Der Name der Landschaft stammt von dem rötlichen Lehm (barro), der in vielen Dörfern, wie z.B. in **Salvatierra de Barros** 29 km nordwestlich von Zafra, zu kunstvoller Keramik verarbeitet wird. Es ist eine der fruchtbarsten Gegenden der Extremadura. In **Nogales** 21 km weiter nord-

westlich wacht eine Burg aus dem 15. Jahrhundert über der Landschaft. **Almendralejo**  35 km weiter nördlich ist das regionale Weinbauzentrum. **Hornachos**  liegt weit im Osten vor den Bergen der **Sierra Grande** in landschaftlich schöner Kulisse.

Informationen: Oficina de Turismo, Plaza de España, 06300 Zafra, Tel. (924) 55 10 36.

ren Hügeln seit Jahrhunderten Herden von Merinoschafen weiden.

In **Castuera**  15 km östlich geht die sanfte Hügellandschaft in eine schier endlose Weite über. Über Campanario erreicht man nach 43 km **Villanueva de la Serena**  in der Niederung der Flüsse **Zújar** und **Guadiana**. An den Ufern des Guadiana liegt knapp 10 km weiter das verschlafene **Medellín** , der Ge-

Im Norden der Sierra Morena liegt Zafra, das „Klein-Sevilla" der Extremadura.

n der Steppe

56 km nordöstlich von Hornachos erreicht man **Zalamea de la Serena**, hier beginnt die Steppe der Extremadura. Zalamea haben schon die Römer gegründet. Auf einer Anhöhe inmitten der Stadt thront eine Burg aus dem 6. Jahrhundert, umgeben von einer trockenen und unbewaldeten Landschaft, auf de-

burtsort von Hernán Cortés, des Eroberers von Mexiko. Wahrhaft Römisches gibt es in **Alange** 45 km westlich von Villanueva de la Serena zu entdecken. Das antike römische Heilbad ist auch heute noch ein anerkannter Kurort. Zwei römische Thermen sind in den modernen Badebetrieb integriert worden und können besichtigt werden.

Spanische Viehweiden

Was die Streuobstwiesen für Mitteleuropa, das sind die Dehesas mit ihren knorrigen Stein- und Korkeichen für Südwestspanien. Im Frühjahr überzieht Klatschmohn die Weiden,

Die spanischen Dehesas dienen als Viehweiden.

in der lichten Parklandschaft grasen Schafe und Rinder oder suchen die schwarzen Iberischen Schweine nach Eicheln. „Dehesa" bedeutet „Viehweide". Wegen des felsigen Untergrunds und des trockenen Klimas ist die Viehweide die für diese Landschaft angepaßte Nutzung.

Die jahrhundertealten Dehesas zählen zu den ökologisch wertvollsten Landschaftstypen Spaniens. Wildlebende Tierarten wie Kaiseradler oder Luchs profitieren heute ebenso davon wie Zugvögel. In den Dehesas überwintern Gartenrotschwanz und Ringeltaube. Mehr als 60.000 Kraniche rasten hier auf ihrem Weg zwischen Afrika und Nordeuropa.

Dem Bewässerungslandbau und der Aufforstung mit Kiefern und Eukalyptus sind allerdings seit den 50er Jahren hunderttausende Hektar Dehesa zum Opfer gefallen. Allein für den „Plan Badajoz", der unter anderem die Regulierung des Guadiana und neues Bewässerungsland vorsah, wurden Anfang der 50er Jahre in Südwest-Spanien 50.000 ha Eichenwald abgeholzt. Naturschutzorganisationen wie z.B. die Stiftung Europäisches Naturerbe setzen sich mittlerweile für den Erhalt der Dehesas ein.

Informationen: Dehesa-Naturschutzzentrum, c/Gabriel y Galán 17, 10694 Torrejón el Rubio, Tel. (927) 45 51 78.

Informationen: Oficina de Turismo, c/Delgado València 3, 06800 Mérida, Tel. (924) 31 23 09.

Auf nach Portugal

Wer von Zafra aus den Weg nach Westen wählt, erreicht über Burgillos del Cerro **Jerez de los Caballeros** (11.000 Einwohner) **7**. Der mittelalterliche Ort mit Stadtmauer und Burgtürmen aus dem 13. Jahrhundert war die Heimat von Vasco Nuñez de Balboa, der 1475 hier geboren wurde. Als erster Europäer entdeckte er nach einer Durchquerung Panamas den Stillen Ozean und bewies damit, daß die Neue Welt ein eigener Kontinent ist.

Olivenza (10.000 Einwohner) **8** ist eine typisch portugiesische Kleinstadt. 1297 ging Olivenza an Portugal über, erst Anfang des 19. Jahrhunderts wurde die Stadt wieder spanisch. Sehenswert ist die Kirche Santa María de Magdalena. In der königlichen Bäckerei im Schloß ist das einzige Volkskundemuseum der Provinz Badajoz untergebracht, das Museo Municipal González-Santana (geöffnet im Sommer Di–So 11–14 Uhr, 17–20 Uhr).

Nur 24 km nördlich von Olivenza liegt die Provinzhauptstadt **Badajoz** (135.000 Einwohner) **9**. Das römische Colonia Pacensis liegt hoch über dem Río Guadiana und ist heute das bedeutendste Wirtschaftszentrum der Provinz. Sehenswert sind die maurische Festung Alcazaba und die Kathedrale aus dem 13. Jahrhundert.

Informationen: Oficina de Turismo, Plaza de la Libertad 3, 06005 Badajoz, Tel. (924) 22 27 63.

Zwischen Legionären
und Eroberern

Entlang der Vía de la Plata liegen zwei der beeindruckendsten Städte der Extremadura – das von den Römern erbaute Mérida und das mittelalterliche Cáceres, eine der schönsten Städte Spaniens. Trujillo, die Heimat der meisten Konquistadoren, liegt rund 50 km östlich des alten Handelsweges. Das Städtedreieck umschließt die Berglandschaften der 1.000 m hohen **Sierra de Montánchez** und der knapp 700 m hohen Ausläufer der **Sierra de San Pedro** mit ihren ausgedehnten Kork- und Steineichenhainen.

Mérida – eine antike Sun City

Dort, wo sich die von Norden nach Süden verlaufende Vía de la Plata (s. Kasten S. 124) und der von Ost nach West ziehende alte Handelsweg von Toledo nach Lissabon kreuzen, liegt eine der besterhaltenen römischen Siedlungen Spaniens. Während der römischen Besetzung der Iberischen Halbinsel war Mérida (55.000 Einwohner) 🔟 die Hauptstadt Lusitaniens und galt als eine der schönsten Städte.

25 v. Chr. ließ Publius Carisius im Auftrag von Kaiser Augustus hier für die Veteranen der V. und X. Legion eine Art Altersruhesitz errichten. Und damit es den römischen Pensionären nicht langweilig wurde, verfügte das Emérita Augusta der Römer über Amphitheater, Zirkus, Tempel und Thermen. Vieles davon ist mittlerweile ausgegraben worden und seit 1993 UNESCO-Weltkulturerbe. Zu Fuß gelangt man noch immer über die Puente Romano an das andere Ufer des **Río Guadiana**. Über Aquädukte versorgten die Römer ihre antike Sun City mit Wasser. Im Norden der Stadt sind Reste der Aquädukte von Milagros und San Lázaro erhalten. Mitten in den engen Altstadtgassen steht man plötzlich vor einem Diana-Tempel oder durchschreitet einen Trajans-Bogen. Im

Im römischen Theater in Mérida finden noch heute Theater- und Musikveranstaltungen statt.

Zentrum bietet das römische Theater mit seinen Säulen heute rund 6.000 Zuschauern bei Theater- und Musikvorführungen Platz. Kunstvolle Amphoren, Mosaike und Münzen sind nur ein Teil der römischen Kunst, die im Museo Nacional de Arte Romano gleich gegen-

Die Vía de la Plata

Wer heute der N 630 durch die Extremadura folgt, bewegt sich auf historischen Pfaden, denn die Nationalstraße führt entlang der alten Römerroute, die das heute asturische Gijón mit dem andalusischen Sevilla verband. Die Vía de la Plata quert dabei weite Flußniederungen wie die des Guadiana und des Tajo, durchzieht Kulturlandschaften wie die Dehesas der Sierra Morena und streift römische Städte wie Mérida und Cáceres. Entlang des Weges überqueren noch heute römische Brücken wie in Alcántara die Flüsse. Pensionierten Legionären wurden damals in Mérida und Itálica Alterssitze gebaut.

Die ganze Mühe beim Wegebau diente den Römern vor allem zu einem Zweck: die wertvollen Edelmetalle aus Nord- und Westspanien so schnell wie möglich nach Rom zu bringen. Daher wird die Vía de la Plata auch gerne mit „Silberstraße" übersetzt. Mit dem edlen Metall hat der Name aber trotzdem nichts zu tun. Er stammt vom arabischen „balatha", was soviel wie „Pflaster" oder „Pflasterstraße" bedeutet. Als der römische Feldherr Scipio im 2. Punischen Krieg fast die gesamte Iberische Halbinsel für Rom eroberte, begannen die Römer sogleich, ihre neuen Provinzen mit einem Wegenetz zu überziehen. 26.000 km lang waren die mit grobem Steinpflaster befestigten Straßen, und die Vía de la Plata war der wichtigste Handelsweg im Westen. Schließlich lagen bei Astorga die reichen Goldminen der Médulas, und von Sevilla aus konnte man das Gold den Guadalquivir flußabwärts rasch nach Italien verschiffen.

Zwar haben die Römer die Vía de la Plata befestigt, doch die Wegverbindung gab es bereits in vorrömischer Zeit. Schon der Karthager Hannibal soll auf alten Viehwegen mit seinen Heeren hier entlang gezogen sein. Nach den Römern kamen die Araber, um über die historische Straße die Iberische Halbinsel zu erobern. Die Christen nutzten sie für deren Rückeroberung.

Auf der Vía de la Plata pilgern Gläubige seit dem Mittelalter nach Astorga, um von dort weiter nach Santiago zu ziehen. Auch der westlichste der königlichen Triftwege, die Cañada de la Vizana, über die die Hirten mit ihren Schafherden von den Winterweiden Andalusiens und der Extremadura noch heute zu den Sommerweiden in León wandern, folgt über weite Strecken der Vía de la Plata.

über zu besichtigen ist. Der vom spanischen Architekten Rafael Moneo entworfene Bau lohnt allein schon wegen seiner außergewöhnlichen Gestaltung einen Besuch (Ausgrabungsstätte und Museum geöffnet im Sommer Di–Sa 10–14 Uhr, 17–19 Uhr, So 10–14 Uhr).

Informationen: Oficina de Turismo, Av. José Alvarez Sáez de Buruaga, 06800 Mérida, Tel. (924) 31 53 53.

Trujillo – Stadt der Eroberer

Bevor man Trujillo besucht, lohnt sich ein Abstecher in das kleine Bergdorf **Montánchez**, 50 km nördlich von Mérida inmitten des gleichnamigen Gebirgszugs gele-gen. Wegen des milden Höhenklimas ist Montánchez berühmt für seinen leckeren Schinken, der in den Dorfläden überall zu haben ist. Der Ort wird auch als „Balkon der Extremadura" bezeichnet, denn von den Burgruinen hoch über Montánchez hat man einen besonders schönen Blick auf die umgebende Landschaft mit ihren ausgedehnten Steineichen- und Korkeichenhainen.

Etwa 40 km sind es dann noch bis nach **Trujillo** (10.000 Einwohner) **11** im Nordosten. Die Heimat der meisten Konquistadoren ist eine beschauliche Kleinstadt. Hier wurden Francisco Pizarro, der Eroberer Perus, und auch Francisco de

Orellana geboren, der den Amazonas erkundete. Die Keltiberer nannten Trujillo „Turgalium", was soviel wie „ohne Wasser" bedeutet. Zwar siedelten auch die Römer in dieser trockenen Gegend, aber erst unter den Mauren gewann die Stadt an Bedeutung.

Die arkadengesäumte Plaza Mayor ist heute umgeben von Stadtpalästen, die sich die Amerika-Heimkehrer von ihrem neu gewonnenen Reichtum bauen ließen. Beherrscht wird der Platz von einem bronzenen Reiterstandbild, das Francisco Pizarro darstellt. Dahinter erhebt sich die aus dem 14. Jahrhundert stammende Kirche Santa María. Über die Treppenstufen führt ein steiler Weg bergan zur maurischen Festung aus dem 9.

Das Kloster Guadalupe

Nicht nur für die Bewohner der Extremadura ist das Kloster Santa María de Guadalupe 73 km östlich von Trujillo ein bedeutender Wallfahrtsort. Die Virgen de Guadalupe wird auch in vielen Ländern Lateinamerikas als Schutzheilige verehrt. Alfons XI. ordnete inmitten der wilden Berglandschaft der Villuercas im 14. Jahrhundert den Bau eines Hieronymitenklosters im Mudéjar-Stil an, das seit 1993 zum UNESCO-Weltkulturerbe zählt (geöffnet im Sommer tgl. 9.30–13.30 Uhr, 15.30–18.30 Uhr). Das Kloster war aber nicht nur religiöses Zentrum. Die Mönche studierten auch Medizin und Chirurgie. Hier sollen die ersten, von der katholischen Kirche zugelassenen Autopsien gemacht worden sein. Der Bergort La Puebla (2.500 Einwohner), über dem das Kloster majestätisch thront, ist ein schöner Ausgangspunkt für Wanderungen in die südlich gelegenen Villuercas mit ihren Stein- und Korkeichenwäldern. Informationen: Oficina de Turismo, Plaza Mayor, 10140 Guadalupe, Tel. (927) 15 41 28.

Das Kloster von Guadalupe ist einer der bedeutendsten Wallfahrtsorte in Spanien.

Jahrhundert. Von den Festungsmauern bietet sich ein schöner Blick über die zu Füßen liegende Landschaft und die Dächer Trujillos.

Unterhalb der Festung steht das Stammhaus der Pizarros, heute ein Museum, in dem im 1. Stock Karten und Gemälde rund um die Conquista ausgestellt sind (geöffnet im Sommer tgl. 11–14 Uhr, 17–19 Uhr). Hinter der Kirche Santa María la Mayor, die im 13. Jahrhundert auf den Fundamenten einer Moschee errichtet wurde, liegt das Geburtshaus von Francisco de Orellana aus dem 15. Jahrhundert.

Informationen: Oficina de Turismo, Plaza Mayor, 10200 Trujillo, Tel. (927) 32 26 77.

Die mittelalterliche Altstadt von Cáceres ist eine der besterhaltenen in Spanien.

Tip

Das Museo Vostell

Übereinandergestapelte Motorräder, flimmernde Fernseher oder einbetonierte Autos – 1976 hat der deutsche Fluxus-Künstler Wolf Vostell in einer ehemaligen Wollwäscherei in Malpartida, etwa 15 km westlich von Cáceres, ein schrilles Museum eröffnet. Bis zu seinem Tod 1998 wohnte der Künstler hier inmitten der Granitlandschaft der Barruecos. In einem aufgestauten Teich hinter dem Museum leben unzählige Frösche. Sie sind die begehrteste Mahlzeit für die hungrigen Weißstörche, die auf den nahegelegenen Felsen nisten. Ein schmaler sandiger Pfad führt hinter dem Museum direkt dorthin.
Informationen: Museo Vostell, Carretera de Los Barruecos, 10910 Malpartida de Cáceres, Tel. (927) 27 64 92, geöffnet im Sommer Di–So 10–13.30 Uhr, 17–19.30 Uhr.

Cáceres – die Stadt der Störche

46 km westlich von Trujillo liegt Cáceres (85.000 Einwohner) **12** an der Vía de la Plata. Wie Trujillo ist auch Cáceres die Heimat vieler Konquistadoren. Und wie in Trujillo zeugen viele Stadtpaläste aus dem 15. bis 18. Jahrhundert von dem neuen Reichtum der Amerika-Heimkehrer. Der Ort ist ein Stein gewordener Traum inmitten der trockenen Extremadura. Das römische Norba Caesarina ist seit 1986 UNESCO-Weltkulturerbe – und eine Stadt der Störche. Auf fast jedem Turm nistet ein Storchenpaar, und das Klappern ihrer Schnäbel begleitet jeden Stadtrundgang.

Das von Wehrmauern umgebene historische Zentrum ist eines der schönsten in Spanien. Von der quirligen Plaza Mayor, die an drei Seiten von Arkadenhäusern aus dem 16. Jahrhundert gesäumt ist, führen Treppenstufen in die ummauerte Altstadt mit ihren engen Gassen und kleinen und großen Plätzen. Paläste und Kirchen stehen dicht an dicht. Besonders sehenswert sind die zwischen dem 12. und 16. Jahrhundert erbaute Kirche Santa María und die Casa de los Golfines de Abajo, eines der schönsten Beispiele typischer Architektur des 15. und 16. Jahrhunderts. Auch aus römischer und maurischer Zeit sind Bauten erhalten wie etwa der arabische Wasserspeicher in der Casa de las Veletas.

Informationen: Oficina de Turismo, Plaza Mayor, 10003 Cáceres, Tel. (927) 24 63 47.

Die nördliche Extremadura
Von Bergen bewacht

Der Norden der Extremadura liegt an den Ausläufern des mehr als 2.000 m hohen Gebirgszuges der Sierra de Gredos. Weite Täler mit Obstbäumen wie die des Río Jerte und des Río Tiétar prägen die Landschaft. Im Süden der Provinz Plasencia erstreckt sich der Naturpark von Monfragüe mit einer für ganz Spanien außergewöhnlichen Tier- und Pflanzenwelt.

Die erste Stadt der Reconquista

Die Provinzhauptstadt **Plasencia** (38.000 Einwohner) ⌷ liegt im Schatten der **Sierra de Gredos** am **Río Jerte**. Alfons VIII. ließ Plasencia 1186 als erste Stadt nach der Reconquista in der Extremadura zu reinen Verteidigungszwecken bauen. Innerhalb der mittelalterlichen Stadtmauern, die fast vollständig erhalten sind, verzweigen sich enge Gassen rund um die Plaza Mayor, den zentralen Stadtplatz. Unter den Arkaden der weißgetünchten Häuser reihen sich Bars und Läden aneinander. Sehenswert sind das Rathaus aus dem 15. Jahrhundert mit seinen Renaissancebögen und die aus dem 12. Jahrhundert stammende Kathedrale. Jeden Donnerstag wird gegenüber der Puerta del Sol der traditionelle Bauernmarkt abgehalten.

Informationen: Oficina de Turismo, c/El Rey 8, 10600 Plasencia, Tel. (927) 42 21 59.

Im Naturpark von Monfragüe

Etwa 25 km südwestlich von Plasencia liegt der **Parque Natural de Monfragüe** (180 km²) ⌷. Das Gebiet umfaßt einen der letzten zusammenhängenden, mediterranen Steineichen- und Korkeichenwälder Spaniens. Im Gebiet von Monfragüe haben der **Río Tajo**, der bereits in den 60er Jahren aufgestaut wurde, und der **Río Tiétar** im Lauf der Jahrtausende eine von Tälern durchschnittene Landschaft geformt. Die Mauren nannten diese Gegend daher „Al Mofrag", den

Der Geierfelsen mit der größten Greifvogelkolonie von Monfragüe ist vom Tajo-Ufer aus gut zu beobachten.

„Abgrund". Wer von Norden über den Puerto de la Serrana in das Gebiet kommt, sieht zunächst aber die Sünden der Vergangenheit. Reste von Eukalyptus-Aufforstungen überziehen kilometerlang die Hänge. Mittlerweile versuchen die

Spanische Esel

Ihre Geduld ist sprichwörtlich, ihre Sturheit auch. Boshafte Zungen behaupten sogar, daß Esel dumm seien. Jahrhundertelang verrichteten vor allem in Spanien Millionen von Eseln treue Dienste. Aber seit Autos Lasten transportieren, Traktoren die Feldarbeit erledigen, Wasserräder von Elektromotoren statt mit Eselsgeduld angetrieben werden, sind die meisten Esel nutzlos geworden. Kaum jemand kümmert sich mehr um ihre Zucht.

Die Naturschützer wie die deutsche Horstmann-Stiftung im andalusischen Vélez Blanco schlagen deshalb Alarm. Denn der spanische Esel ist mittlerweile vom Aussterben bedroht. Dabei ist es vor allem um die reinrassigen Esel schlecht bestellt: den andalusischen Esel, den kastilischen Esel, der ursprünglich aus Zamora-León stammt, und den katalanischen Esel. Der mallorquinische Esel ist bereits so gut wie ausgestorben. Nach Studien der Universität von Córdoba gibt es von der andalusischen Rasse gerade noch 100 Stuten und zwei Dutzend Hengste, beim kastilischen Esel sind es ebensowenig.

Während die kastilischen, katalanischen und mallorquinischen Esel von *Equus asinus europaeus* abstammen, weideten die Urahnen des andalusischen Esels in Ostafrika *(Equus asinus somaliensis)*. Das kurze Fell des Riesenesels, wie die andalusischen Esel auch genannt werden, ist hellgrau und fein. Der kastilische Esel hingegen ist ein zotteliger Geselle mit dunklem Fell und großem Kopf. Informationen: Fundación Horstmann, c/Corredera 42, 04830 Vélez Blanco, Tel. (950) 41 56 06 und Dehesa-Naturschutzzentrum, c/Gabriel y Galán 17, 10694 Torrejón el Rubio, Tel. (927) 45 51 78.

Eine Rarität – sonst ziehen fast nur noch Traktoren die Karren.

Förster, wieder mediterrane Baumarten zu pflanzen.

Villareal de San Carlos (20 Einwohner) ist das einzige Dorf im Naturpark. Hier steht das Besucherzentrum, in dem eine kleine Ausstellung über gefährdete Tier- und Pflanzenarten informiert. Broschüren weisen den Weg zu Aussichtspunkten, die in Monfragüe extra für Besucher angelegt wurden. Gut ein Drittel des Naturparks ist zum Schutz der Tiere und Pflanzen heute für Touristen tabu.

In **Torrejón el Rubio** 16 km südlich von Villareal de San Carlos bietet das Naturschutzzentrum der Stiftung Europäisches Naturerbe geführte Wanderungen in deutscher Sprache an (Tel. 927-45 50 96). Wer den Naturpark lieber auf eigene Faust erkunden und z.B. in einer etwa halbstündigen Wanderung den Berg mit der maurischen Burgruine von Monfragüe erklimmen möchte, durchwandert mediterranen Urwald aus Korkeiche, Steinlinde und Erdbeerbaum.

Von hier blickt man auf einen der schönsten Aussichtspunkte des Naturparks, den an der Durchgangsstraße oberhalb des Stausees gelegenen Peña Falcón. Gänsegeier, Mönchsgeier, Wanderfalken und sogar zwei Schwarzstorchenpaare nisten auf den schroffen Felsen.

Informationen: Centro de Información del Parque Natural de Monfragüe, 10695 Villareal de San Carlos, Tel. (927) 45 51 04.

Die Täler von Jerte und Tiétar

Vor allem im Frühling sind das Tal des **Río Jerte** und das weiter östlich gelegene Tal des **Río Tiétar** eine wahre Pracht. Unzählige Kirschbäume blühen dann auf den terrassierten Hängen und überziehen die Landschaft mit einem weißrosa Schleier. Eine landschaftlich besonders schöne Strecke führt in das Gebiet von La Vera im Tiétar-Tal. Oberhalb von **Cuacos de Yuste** ■ 10 km östlich von Plasencia verbrachte Karl V. die letzten Jahre seines Lebens im hiesigen Hieronymitenkloster San Jerónimo. In einer Maultiersänfte ließ sich der kränkelnde Monarch 1557 über die Sierra de Gredos hierherbringen. An der Klosterkirche ließ Karl V. einen kleinen Palast bauen, in dem er im September 1558 starb. Sein Sohn Philipp II. überführte den Sarkophag 1574 in den Escorial. Heute lebt in dem Kloster nur noch eine Handvoll Hieronymitenmönche (geöffnet im Sommer Mo–Sa 9–12.45 Uhr, 15.30–19 Uhr, So 9–11.45 Uhr, 15.30–18.45 Uhr).

Rund 10 km weiter östlich liegt **Jarandilla de la Vera** ■ mit der ehemaligen Burg des Grafen von Oropesa, heute ein staatlicher Parador (Informationen: Oficina de Turismo, Plaza de la Constitución 1, 10450 Jarandilla de la Vera, Tel. 927-56 04 60). In der Burg aus dem 15. Jahrhundert übernachtete Karl V., bis er seinen Palast in Yuste bezog.

Im Kloster Cuacos de Yuste verbrachte Karl V. die letzten Jahre seines Lebens.

Die Balearen
Inselparadies im Mittelmeer

Die Balearen (rund 5.000 km²) sind mit einer gut 1.200 km langen Küste gesegnet. Der Name der 151 Inseln des Archipels stammt von den „baliarides", Söldnern, die sich in der Antike als Steinschleuderer in Kriegen verdingten. Nur Mallorca, Menorca, Ibiza und Formentera sind heute noch bewohnt. Hotelburgen und stille Buchten, laute Städte und unberührte Landschaften liegen hier dicht beieinander.

Mallorca
Die Insel der Ruhe

Das Image des Billigtourismus haftet der größten Balearen-Insel bis heute an. Und in Zentren wie El Arenal an der Playa de Palma mag dieses Klischee vielleicht sogar stimmen. Doch wer abseits von „Ballermann 6" die Insel erkundet, findet Bergdörfer wie Orient, weite Sandstrände wie in Es Trenc, einsame Burgen wie in Alaró oder schroffe Berglandschaften wie die Serra de Tramuntana. Immerhin ein

Drittel der 3.600 km² großen Inse steht unter Naturschutz. Und so kommen hier nicht nur Sonnenan beter, sondern auch Radfahrer Wanderer und Naturfreunde vol auf ihre Kosten.

Die Inselhauptstadt Palma
Mehr als die Hälfte der Mallorqui ner lebt in der Inselhauptstad **Palma** (350.000 Einwohner) **1** 122 v. Chr. gründeten die Römer au

Die Balearen

  Mallorca

Oberhalb des Hafens der Inselhauptstadt Palma thront die Kathedrale La Seo.

Für einen ersten Eindruck der lebhaften Stadt empfiehlt sich ein Besuch des **Castell de Bellver**, dem „Schloß der schönen Aussicht", das Jaume I. oberhalb von Palma auf einer Anhöhe bauen ließ (geöffnet tgl. 8–18 Uhr). Von hier blickt man über den Hafen bis zur malerischen Altstadt.

Idealer Ausgangspunkt für eine Stadterkundung ist der von Norden nach Süden verlaufende, baumbestandene **Passeig des Born**, die Hauptpromenade von Palma. Daran erhebt sich in der Nähe des Hafens die maurische Festung **Almudaina** (geöffnet im Sommer Di–Sa 10–19 Uhr). Von hier aus gelangt man geradewegs zum quirligen Hafen, dem gegenüber die alte Seehandelsbörse **La Llonja** aus dem 15. Jahrhundert liegt (geöffnet im Sommer Di–Sa 11–14 Uhr, 17–21 Uhr,

den Resten einer Talayot-Siedlung einen Ruhesitz für ehemalige Legionäre. Die Vandalen vertrieben die Römer von der Insel, bis zur Herrschaft der Araber stand Mallorca unter byzantinischem Einfluß. Das arabische Medina Mayurka wurde 1229 unter Jaume I. Teil des Königreichs von Aragón, und sein Sohn Jaume II. gründete 1276 das bis 1349 bestehende Königreich von Mallorca mit der Hauptstadt Palma. Von da an war die Insel bis in das 18. Jahrhundert umkämpft, Piratenüberfälle waren an der Tagesordnung. Daran erinnern heute die Wachtürme entlang der Küste.

Tip

Zugfahrt nach Sóller

Für manchen ist es die nostalgischste Bahnfahrt Europas. Seit 1912 verbindet der „Rote Pfeil" Palma mit dem 27 km entfernten Sóller hinter der Serra de Tramuntana. 13 Tunnels durchquert der Zug auf seinem Weg durch das schroffe Gebirgsmassiv, zockelt vorbei an Orten wie Bunyola entlang von Mandel- und Olivenhainen bis in das Tal der Orangen- und Zitronenbäume. Knapp eine Stunde dauert die Fahrt. Wer den „Tren túristico" um 10.40 Uhr von Palma nach Sóller nimmt, fährt nicht nur in historischen Waggons dahin – oberhalb von Sóller stoppt der Zug, damit die Reisenden die herrliche Aussicht auf das Tal genießen können. Von Palma nach Sóller fährt der Zug im Sommer tgl. um 8 Uhr, 10.40 Uhr, 13 Uhr, 15.15 Uhr und 19.45 Uhr. Zurück geht es ab Sóller um 6.45 Uhr, 9.15 Uhr, 11.50 Uhr, 14.10 Uhr und 18.30 Uhr.

So 11–14 Uhr). Steigt man hinter der Almudaina die Treppenstufen hinauf, erreicht man das Wahrzeichen der Stadt, die **Kathedrale La Seo**, mit deren Bau bereits im 13. Jahrhundert begonnen wurde. Dahinter liegen die engen Gassen des **Gotischen Viertels** mit vielen Palästen und Plätzen.

Wer indes über den Passeig des Born nach Norden schlendert, erreicht über die steilen Treppen am Ende der Carrer de la Unió die arkadengesäumte **Plaça Major**. Bevor man sich hier in einem der zahlreichen Cafés ausruht, sollte man auf dem Weg dorthin im berühmtesten Bäckerladen der Stadt „Forn des Teatre" an der Plaça Weyler süße Ensaimadas kosten.

Informationen: Oficina de Turisme, Plaça d'Espanya, 07001 Palma de Mallorca, Tel. (971) 71 15 27.

Tip

Zum Castell d'Alaró

Alaró liegt rund 20 km nordöstlich von Palma am Fuß der Gebirgskette der Serra de Tramuntana. 822 m hoch über dem Ort thronen die Ruinen einer maurischen Burg, die man zu Fuß erklimmen kann. Wer hinter Alaró dem Hinweisschild nach Es Pouet folgt, erreicht nach ein paar Kilometern einen kleinen Bauernhof unterhalb der Burg, die auf einem fast senkrecht aufragenden Felssporn liegt. Entsprechend schweißtreibend ist der Aufstieg. Ein grobgepflasterter Pfad führt hinter dem Gehöft steil bergan. Oben angekommen, erhebt sich nördlich des Berggrats die Serra de Tramuntana mit dem 1.446 m hohen Puig Major. Südlich davon schweift der Blick über die weite Zentralebene Es Pla, aus der der Tafelberg von Randa mit seinen drei Klöstern rund 500 m hoch aufragt.

In der Serra de Tramuntana
Eine Fahrt entlang der Nordwestküste zählt zu den schönsten Ausflugstouren auf Mallorca, die im rund 30 km südwestlich von Palma gelegenen **Andratx** 2 beginnt. Schon kurz hinter dem Ort windet sich die Straße durch das Tramuntana-Gebirge. Immer wieder quert die Straße kleine malerische Dörfer wie **Estellencs** und **Banyalbufar**.

In einem weiten Tal liegt **Valldemosa** (1.200 Einwohner) 3. Dem kleinen Bergort haben George Sand und Frédéric Chopin zu Weltruhm verholfen. In der Real Cartuja de Jesús de Nazaret verbrachte das Liebespaar den feuchten Winter 1838/39. George Sands Buch „Ein Winter auf Mallorca" ist mittlerweile ein Literaturklassiker, und in der Cartuja findet alljährlich ein Chopin-Klavierfestival statt. Im Kloster sind Dokumente und das Klavier Chopins in den Zellen zu sehen, in denen das Künstlerpaar angeblich übernachtet hat (geöffnet im Sommer Mo–Sa 9.30–13.30 Uhr 15–18 Uhr).

Auch **Sóller** (11.000 Einwohner) 4 erstreckt sich in einem weiten zum Meer geöffneten Tal der Serra de Tramuntana. Terrassierte Hänge mit Mandeln, Apfelsinen und Zitronen umgeben den ruhigen Ort, der für die meisten nur Durchgangsstation ist auf ihrem Weg zum nahegelegenen **Port de Sóller**, dem Ferienort an der Küste.

Vor der Weiterfahrt gen Norden lohnt sich ein Abstecher in zwei der schönsten mallorquinischen Dör

Valldemosa ist eins von vielen anderen schönen Dörfern an der Nordwestküste Mallorcas.

fer, **Biniaraix** und **Fornalutx** östlich von Sóller. Von hier aus führt die Straße wieder mitten in das Gebirge. Unterhalb des **Puig Major** (1.446 m), des höchsten Bergs der Insel, zweigt eine Straße in Richtung Meer ab. Wer die schmale gewundene Straße nach **Sa Calobra** nimmt, sollte allerdings schwindelfrei sein – eine Haarnadelkurve folgt der nächsten. An der Cala de Sa Calobra öffnet sich die bis zu 400 m tiefe Schlucht des **Torrent de Pareis** zum Meer.

Zum Cap de Formentor

Pollença (10.000 Einwohner) war die zweite römische Stadtgründung auf Mallorca. Die heutige Altstadt mit ihren verwinkelten Gassen erinnert dennoch eher an eine maurische Stadt, von den Römern ist nur die kleine Brücke vor den Stadttoren erhalten. Lohnend ist ein Aufstieg über die 365 Stufen zum Kalvarienberg. Von dort hat man einen schönen Blick auf die umgebenden Mandel- und Olivenhaine bis zur 5 km entfernten Küste.

Port de Pollença 5 5 km hinter Pollença hat sich in den letzten Jahren zu einem lebhaften Ferienzentrum mit Jachthafen entwickelt. Hier führt die Straße zum windumtosten **Cap de Formentor** 6, dem nördlichsten Punkt von Mallorca. Nach etwa 3,5 km erreicht man den Mirador Es Colomer mit einem atemberaubenden Blick auf die bis zu 300 m hohen Felswände.

An der weiten Bucht von Pollença liegt einige Kilometer landeinwärts **Alcúdia** (7.000 Einwohner) 7. Seit der Verkehr nicht mehr durch den Ortskern rauscht, hat sich das Städtchen mit seiner mit-

Capdepera ist ein malerisches Städtchen mit weithin sichtbarer Festung.

telalterlichen Stadtmauer und den Toren, den engen Gassen und Plätzen zu einer wahren Schönheit entwickelt.

Das kann man von den Touristenorten **Port d'Alcúdia** und **Can Picafort** mit ihren Hotelburgen nicht gerade behaupten. Allerdings erstreckt sich zwischen den beiden Ferienorten eines der ökologisch wertvollsten Feuchtgebiete Mallorcas, der **Parc Natural S'Albufera** (17 km²) **8**. Der Naturpark mit Dünen, Kiefernwäldern, Sumpfgebiet und Salinen bildet das östliche Ende der Ebene **Es Pla** zwischen der Serra de Tramuntana und der Serra de Llevant und steht seit 1988 wegen seiner ökologischen Bedeutung für die Vogelwelt unter Schutz. Rund 200 Vogelarten haben die Biologen hier gezählt. Der Naturpark verfügt über ein Infor-

mationszentrum, drei Beobachtungshütten und Lehrpfade (geöffnet im Sommer tgl. 9–19 Uhr).

Von Bucht zu Bucht im Südosten

Eine kurvige Küstenstraße führt von **Capdepera** **9** in Richtung Süden. Wie an einer Perlenkette reihen sich die Ferienorte entlang der Küste auf. **Cala Millor** ist ebenso wie das rund 15 km weiter südlich liegende **Porto Cristo** fest in Touristenhand. Auch **Porto Colom** und **Porto Petro** sind ausgesprochen touristisch. Weiter südlich erstreckt sich der **Parc Natural de Cala Mondragó** (8 km²) **10**, eine der schönsten Buchten des gesamten Küstenabschnitts. Türkisfarben schimmert das Meer inmitten der tiefeingeschnittenen Kalkbuchten. Wer in dem glasklaren Wasser baden möchte, muß allerdings von

den außerhalb des Naturparks liegenden Parkplätzen zu Fuß durch die Aleppokiefernwälder wandern.

Entlang des Wegs in das kleine Hafenstädtchen **Cala Figuera** 6 km weiter südwestlich an der gleichnamigen tiefeingeschnittenen Bucht erstreckt sich eine typisch mallorquinische Landschaft. Die Äcker und Weiden mit Oliven- und Mandelbäumen sind mit Trockenmauern eingefaßt. Wer durch diese Landschaft radelt oder zu Fuß geht, hört Grillen zirpen und atmet den Duft von Jasmin und Pinien.

Etwa 15 km südöstlich von **Santanyí** 11 liegt das Naturschutzgebiet Es Trenc. Auf dem Weg dorthin lohnt sich bei Llombards ein Abstecher zum **Cap de Ses Salines** 12. Von der einsamen, steinigen Küste aus ist die rund 9 km entfernte **Isla Cabrera** 13 (s. Tip) zu sehen. Über Ses Salines und Banyos de Sant Joan erreicht man über eine schmale Nebenstrecke den Strand

Tip

Zur Isla Cabrera

Wie ein Wachposten liegt der aus 18 Inseln bestehende Nationalpark von Cabrera vor der Südküste Mallorcas. Die Inselgruppe mit den beiden großen Inseln Cabrera und Conejera hat eine wechselvolle Geschichte. Die Festung auf Cabrera stammt aus dem 14. Jahrhundert und sollte die Insel vor Piraten schützen. Anfang des 19. Jahrhunderts waren hier französische Gefangene interniert. Bis Ende der 8oer Jahre war der Archipel militärisches Sperrgebiet. Karge Kalkfelsen mit Macchia-Bewuchs, Steilküsten und eine reiche Unterwasserwelt stehen seit 1991 unter Naturschutz. Der Nationalpark umfaßt eine Fläche von rund 100 km². Davon entfallen nur etwa 13 km² auf das Festland. Bootsausflüge sind von Palma, Porto Petro oder Sant Jordí aus möglich. Geführte Touren gibt es im Sommer zweimal pro Tag (Tel. 971-72 50 10).

von **Es Trenc**. 1.500 ha Dünen und Sandstrand, Salzsümpfe und Aleppokiefernwälder stehen hier seit 1984 unter Naturschutz. Der Strand ist bei Badetouristen beliebt und zählt zu einem der reizvollsten Strände Mallorcas.

Unverbaute Sandstrände wie Es Trenc an der Südostküste sind auf Mallorca selten.

Die spanische Macchie

Es duftet nach Lavendel, Thymian, Rosmarin und anderen Parfüms der Natur. Schmetterlinge gaukeln von Blüte zu Blüte, Wildbienen summen und brummen, Heuschrecken hüpfen umher, und eine auf der Lauer liegende Eidechse nähert sich ruckartig der erspähten Beute, um dann wieder wie versteinert innezuhalten. Aus dem Gewirr von Mastixsträuchern, Schmalblättrigen Steinlinden, dem Immergrünen Kreuzdorn, Zwergpalmen, Wildoliven und verschiedenen Zistrosenbüschen dringt das Lied einer Samtkopfgrasmücke an das Ohr.

Der verkarstete, kalkige Untergrund und die geringen Niederschläge spiegeln sich in der fast baumlosen Macchielandschaft im Norden Mallorcas wider. Die Gebüschformation, die in Spanien auch „Matorral" heißt, ersetzt heute an vielen Stellen des Mittelmeerraums die einst typischen Hartlaubwälder, die nur noch auf wenige, kaum zugängliche Bereiche beschränkt sind. Vielerorts wurde der Hartlaubwald verändert oder das Gelände mit Kiefern oder Eukalyptusbäumen aufgeforstet. Die Macchie ist eigentlich eine Sukzessionsgesellschaft zum ursprünglichen Hartlaubwald, der auch wegen der Überweidung durch Schafe und Ziegen keine Chance hat. Die Übergänge vom gelichteten und zu Weidezwecken genutzten Hartlaubwald (Dehesa) bis hin zur baumlosen Macchie sind fließend.

In der Macchie finden sich verschiedenste Überlebensstrategien, wenn es darum geht, die sommerliche Trockenheit zu überdauern. So werfen einige Zistrosenarten einfach ihre Blätter ab, um sich gegen allzu große Verdunstung zu schützen. Rosmarin und einige Ginsterarten haben die Blattgröße reduziert. Wieder andere Arten wie z.B. das Windende Geißblatt haben ledrige Blätter entwickelt. Manche Pflanzen besitzen eine helle, filzige Behaarung, die die Sonnenstrahlen reflektiert. Die Lackblättrige Zistrose etwa sondert Wachs ab, das eine dünne Schicht um das Blatt bildet, und schafft so ein eigenes Mikroklima. Eine weitere Anpassungsform ist eine kurze, auf die feuchten Perioden beschränkte Lebensdauer. Bei Beginn der Trockenzeit sterben diese Pflanzen ab und sorgen durch ihre Samen für den Erhalt der Art. Das Überdauern der Pflanze als Zwiebel oder Knolle ist die Strategie von Meerzwiebel, Weißem Affodil und einer Vielzahl von Orchideen. Erst bei genügend Feuchtigkeit im Frühling entwickeln sie ihre ganze Pracht.

Die Arten des Hartlaubwaldes sind nicht nur gegen anhaltende Trockenheit, sondern auch gegen natürliche Waldbrände gewappnet. Schutzmechanismen wie die der unbrennbaren Korkrinde bei der Korkeiche verhinderten im naturnahen Hartlaubwald größere Schäden durch Feuer.

Die Nutzung der Macchielandschaften durch den Menschen ist vielseitig. Zahlreiche der aromatisch riechenden Kräuter und Zwergsträucher werden wegen ihrer ätherischen Öle geschätzt. Rosmarinblättchen etwa werden gerne in der Küche verwendet und verfeinern Braten, Soßen und Suppen. Die nach Kampfer riechenden Öle werden auch als durchblutungsförderndes Mittel eingesetzt.

Mastix ist ein Harz, das vom Mastixstrauch gewonnen wird. Dazu wird die Rinde der Pflanze kreuzförmig eingeritzt, so daß das Harz ausfließt und erstarrt. Früher fand das Harz zur Herstellung von Arzneien und Wundverbänden Verwendung, heute dient es zur Produktion von Spezialkitten und -firnissen. Vor allem in Griechenland setzt man es noch immer zur Konservierung von Rotwein ein. Die Fasern der Zwergpalmenblätter wurden in früheren Zeiten zur Herstellung von Körben, Matten und Stuhlbespannungen verwendet.

1 Zürgelbaum / Almez / *Celtis australis*
2 Terpentinpistazie / Cornicabra / *Pistacia terebinthus*
3 Mastixstrauch / Lentisco oder Charneca / *Pistacia lentiscus*
4 Phönizischer Wacholder / Sabina / *Juniperus phoenicea*
5 Stechwacholder / Enebro / *Juniperus oxycedrus*
6 Retamaginster / Retama de bolas / *Lygos sphaerocarpa*
7 Retamaginster / Retama blanca / *Lygos monosperma*
8 Windendes Geißblatt / Madreselva / *Lonicera implexa*
9 Immergrüner Schneeball / Durillo de flor / *Viburnum tinus*
10 Ölbaum-Kreuzdorn / Espino negro / *Rhamnus lycoides lycoides*
11 Herbstseidelbast / Torvisco / *Daphne gnidium*
12 Myrte / Mirto / *Myrtus communis*
13 Weißstengliger Spargel / Esparraguera blanca oder Espárrago amarguero / *Asparagus albus*
14 Immergrüner Buchsbaum / Boj de Mahón / *Buxus balearica*
15 Stacheltäubchen / Hierba pincel / *Coris monspeliensis*
16 Lackblättrige Zistrose / Jara pringosa / *Cistus ladanifer*
17 Montpellier-Zistrose / Jaguarzo negro oder Estepa negra / *Cistus monspeliensis*
18 Gelbe Zistrose / Jaguarzo blanco / *Halimium halimifolium*
19 Osterluzei / Aristoloquia menor / *Aristolochia pistolochia*

1
bis 25 m

2
2–5 m

3 1–3 (8) m

7
1–3,5 m

4
1–2 m

5
1–8 m

6
1–2 m

8
1–2 m

9
1–3 (7) m

10
0,6–2 m

11
0,5–2 m

12
1–5 m

13
0,5–1 m

14
bis 5 m

15
10–30 cm

16
1–2,5 m

17
0,3–1,5 m

18
0,3–1 m

19
20–60 cm

Menorca ist die zweitgrößte Insel der Balearen. Auf rund 670 km² wohnen etwa 55.000 Menschen vor allem in den größten Orten Ciutatella und der Inselhauptstadt Maó. Mit nur 357 m ist der Puig de Toro der höchste Berg Menorcas. Nicht nur Phönizier, Römer und Mauren regierten hier, auch Franzosen und Briten beherrschten einst die Insel. 1993 wurde Menorca von der UNESCO zum Biosphärenreservat erklärt. Die Insel ist in Abhängigkeit von den Winden zweigeteilt: Der Norden ist steil und felsig und heißt wie der Nordwind „Tramuntana", der Süden mit seiner gebuchteten Küste wird wie der Südwind „Migjorn" genannt. Die leicht hügelige und nur 46 km lange Insel eignet sich bestens zum Radfahren oder zum Wandern. Unzählige kleine Buchten bieten ungestörte Badefreuden.

In der prähistorischen Siedlung Talatí de Dalt nordöstlich von Maó findet man Reste der Talayot-Kultur.

Maó und Umgebung

Die Inselhauptstadt **Maó** (22.000 Einwohner) 🔢 hat einen der schönsten Naturhäfen Spaniens. Fjordartig zieht sich die Bucht kilometerweit in das Land. Griechen, Phönizier und Karthager nutzten den 6 km langen Naturhafen ebenso wie später die Römer, die den Hafen „portus magnus" nannten. Nach dem Ende der maurischen Herrschaft ließ Alfons III. 1287 Wehrmauern errichten. Genützt hat das jedoch wenig, denn 1535 überfielen Truppen Kaiser Barbarossas die Stadt, Piratenangriffe folgten. 1713 ging Menorca durch den Vertrag von Utrecht an die Briten über. Nach einem 7jährigen französischen Intermezzo blieb die Insel bis 1782 britisch, wechselte dann in die Hände der Spanier über und wurde von 1798 bis 1802 zum letzten Mal von den Briten regiert. Noch heute sind ihre Spuren deutlich erkennbar: Typisch britische Erkerfenster und rote Hausfassaden gibt es nicht nur in der Altstadt von Maó. Auf die Franzosen geht indes die berühmteste menorquinische Erfindung zurück: die Mayonnaise. Auf spanisch heißt sie „salsa mahonesa" und wird original aus Olivenöl, Zitrone, Knoblauch und Eiern zubereitet.

Maó läßt sich rasch erkunden. Sehenswert ist das Altstadtviertel rund um die Plaça de la Constitució

mit seinen Palästen und Kirchen, engen Gassen und Plätzen. Hier erhebt sich die im 18. Jahrhundert gebaute Kirche Santa María, deren Ursprung bis in das 13. Jahrhundert zurück reicht.

Nach einem Spaziergang über die belebte Hafenpromenade ist eine Bootstour durch den Naturhafen ein schöner Abschluß des Stadtbesuchs. Außerdem hat man vom Boot aus einen der besten Blicke auf die heute in Privatbesitz befindliche **Golden Farm**, jenes legendäre britische Anwesen, in dem Lord Nelson residierte und wo er mit seiner Geliebten Lady Hamilton einige Wochen verbracht haben soll.

Informationen: Oficina d'Informació Turística, Plaça s'Esplanada 40, 07703 Maó, Tel. (971) 36 37 90.

An der wilden Nordküste
Etwa 7 km nördlich von Maó erstreckt sich das zweitgrößte Feuchtgebiet der Balearen, der **Parc Natural S'Albufera d'es Grau** westlich der Feriensiedlung Es Grau. Lagune und vorgelagerte Inseln bilden mit Dünengürtel, Kiefern- und Steineichenhainen, Mooren und Steilküste ein knapp 32 km² großes Schutzgebiet, das vor allem für Vögel ein wertvoller Lebensraum ist.

Wer der schmalen Küstenstraße weiter nach Norden folgt, erreicht nach 10 km **Port d'Addaia**, neben Fornells eines der wenigen Ferienzentren an der Nordküste. **Fornells** (300 Einwohner)  liegt auf einer Landzunge, umgeben von zwei tief eingeschnittenen Buchten. Die im 17. Jahrhundert als Castell de Sant Antoní gegründete Siedlung wurde 1708 von den Briten besetzt. Die malerische Lage, die Burgruine und

Ciutatella, einst Hauptstadt Menorcas, ist heute Bischofssitz und Touristenzentrum.

vor allem die leckere Langustensuppe lohnen einen Besuch.

Über **Cala Tirant**, das einen schönen Sandstrand besitzt, erreicht man den nördlichsten Punkt der Insel, das **Cap de Cavalleria** 🔳. Über der 90 m hohen Klippe thront malerisch ein weißgetünchter Leuchtturm. Die etwa 10 km lange Strecke von **Es Mercadal** 🔳 bis zum

Tip

Museum für Steine

Marès, der menorquinische Kalkmergel, ist in ganz Spanien als Baustoff beliebt. Schon die Ureinwohner bauten damit Talayots und Navetas. Später entstanden daraus Kirchen, Leuchttürme und Häuser. Im Steinbruch Pedrera de s'Hostal etwa 1 km östlich von Ciutatella (C 721) hat die Steinbruchvereinigung „Líthica" vor einigen Jahren das erste Steinbruchmuseum Spaniens eröffnet. Symmetrische Muster an den hohen Kalksteinwänden, Steinfiguren und Gänge sind ebenso zu sehen wie Handwerksgeräte und Maschinen, mit denen früher Kalkstein abgebaut wurde. Im Sommer dient der alte Steinbruch als Kulisse für Kulturveranstaltungen. Kurz hinter dem Ortsausgang von Ciutatella ist das Museum ausgeschildert (geöffnet im Sommer tgl. 11–13 Uhr, 17–21 Uhr).

Cap de Cavalleria ist an windstillen Tagen eine der schönsten Fahrradtouren auf Menorca.

Ciutatella und der Westen

Südlich von Mercadal erhebt sich der höchste Hügel Menorcas, der 357 m hohe **Puig de Toro**. Eine Serpentinenstraße führt hinauf zu Wallfahrtskirche und Christuskreuz. An klaren Tagen blickt man von hier oben über die ganze Insel.

Auf dem Weg nach Ciutatella an der Westküste führt die Straße an den **Naveta d'es Túdons** vorbei, einem der berühmtesten megalithischen Monumente der Balearen. Schon vor etwa 3.500 Jahren soll die Naveta den Inselbewohnern als Gemeinschaftsgrab gedient haben. Bei Ausgrabungen haben die Archäologen Skelettreste von etwa 100 Menschen und Grabbeigaben gefunden.

Die Bischofsstadt **Ciutatella** (20.000 Einwohner) **18** liegt malerisch an der Westspitze der Insel. Im Hafen dümpeln die Segelboote dicht an dicht vor den Bars und Restaurants entlang der Uferpromenade. Von den Phöniziern schon vor mehr als 3.000 Jahren gegründet, machten die Mauren „Medina Minurka" zur Inselhauptstadt. Erst die Briten verlegten die Regierung nach Maó. Sehenswert ist die Kathedrale aus dem 14. Jahrhundert mitten im Altstadtviertel mit seinen verwinkelten Gassen, Palästen und Kirchen.

Südlich von Ciutatella liegen einige der schönsten Buchten der Insel. Ein Fußweg führt entlang der Küste von **Cala Santa Galdana**, einem beliebten Ferienort, zunächst zur nördlich gelegenen **Cala Macarella** und der noch kleineren **Cala Macarellata**. Inmitten von Pinien und Steineichen liegt kurz dahinter die **Cala en Turqueta**. Und über den winzigen Sandstrand der **Cala des Talaier** weiter nördlich wacht ein Turm aus dem 17. Jahrhundert.

Wer zurück zur Cala Santa Galdana wandert, sollte ein Stück talaufwärts dem **Barranc d'Algendar** folgen. Das etwa 12 km lange schluchtartige Erosionstal hat sich in das tertiäre Kalkgestein eingeschnitten und mündet bei Cala Santa Galdana in das Meer. Der längste Barranco Menorcas steht heute unter Naturschutz, ist aber leider nicht mehr in seiner ganzen Länge zu durchwandern, da Privatgrundstücke den Weg versperren.

Zwei Kontraste im Süden

Ibiza ist mit 568 km² die drittgrößte Balearen-Insel, hat jedoch rund 20.000 Einwohner mehr als Menorca. Nach Mallorca ist Ibiza das beliebteste Ferienziel der Balearen. Vor allem im Süden der Insel hat man hemmungslos gebaut. Das einstige Mekka für Hippies und Aussteiger hat aber nicht nur ein schrilles Nachtleben zu bieten, sondern auch eine außergewöhnliche Natur mit ausgedehnten Aleppo-

man nur mit dem Schiff von Ibiza hierher. Salinen und Sandstrände prägen die Landschaft.

Ibiza – Nachtleben und Natur

Noch immer ist Ibiza eher für sein Nachtleben bekannt als für seine Naturschönheiten. Nach den Hippies und Künstlern kam der internationale Jet-set, heute bevölkern Techno-Kids den Strand und die Discos. Trotz des Baubooms im Sü-

Nicht nur Nachtschwärmer und Sonnenanbeter kommen in Eivissa (Ibiza) auf ihre Kosten.

kiefernwäldern und Salzsümpfen. Große Teile der Nordküste stehen mittlerweile unter Naturschutz. Nur 77 km² klein hingegen ist die südlichste Balearen-Insel Formentera, deren 5.000 Einwohner den Touristenboom am besten überstanden haben. Bis heute gelangt

den der Insel hat die von Aleppokiefern bewaldete Hügellandschaft im Landesinneren nur wenig von ihrem Reiz verloren.

Ibiza galt als ein Bollwerk der Karthager im Mittelmeer. Schon 654 v. Chr. gründeten sie an der Südküste Ebusa, das spätere Ei-

Tip

Naturpark Es Amunts

Im Norden von Ibiza liegt der zweitgrößte Naturpark der Balearen, der Parc Natural Es Amunts (60 km²). Das zwischen 200 m und 375 m hohe Plateau endet in einer buchtenreichen Steilküste. Durch das Gebiet, das wie der Rest der Insel aus Kalksedimenten des Jura und der Kreide besteht, fließt der einzige ständig wasserführende Fluß der Balearen, der Río de Santa Eulalia. Die Kalkböden sind mit Aleppokiefern, Garrigue- und Macchievegetation wie Wildoliven, Mastixsträuchern, Zistrosen und Kermeseichen bedeckt. Vor allem die Vogelwelt profitiert von den vielfältigen Lebensräumen. Das Gebiet ist am besten zu Fuß zu erkunden. Zugänge bestehen von Sant Antoní, Santa Agnès oder Sant Mateo aus. Über Waldwege und klippenreiche Küstenpfade sind verschiedene Rundwanderungen möglich.

vissa. Byzantiner, Westgoten und Araber herrschten hier im Lauf der Jahrhunderte. Anfang des 13. Jahrhunderts wurde Ibiza endgültig christlich.

Eivissa oder Ibiza (25.000 Einwohner) **19** ist die Hauptstadt der Insel und vor allem für ihr Nachtleben in den Stadtvierteln Sa Penya und Sa Marina berühmt. Doch auch tagsüber bietet die am Hang gelegene denkmalgeschützte Altstadt Dalt Villa viel Sehenswertes. Auf dem höchsten Punkt wurde schon im 13. Jahrhundert die Kathedrale La Seo auf einer alten Kultstätte der Karthager errichtet. Nicht versäumen sollte man einen Besuch des weltweit bedeutendsten Museums für Punische Kunst in Puig d'es Molins westlich der Altstadt (geöffnet im Sommer Di–Sa 10–14 Uhr, 17–20 Uhr, So 10–14 Uhr).

Südlich von **Platja d'en Bossa**, dem bekanntesten Strand der Insel, liegt nahe dem Flughafen das Naturschutzgebiet von **Ses Salines**. Sanddünen, Salzsümpfe und Lagunen bieten einer Vielzahl von Vogelarten einen Lebensraum. Noch heute wird in Ses Salines Salz abgebaut. Aber bereits Karthager und Römer wußten aus dem Meer hier Salz zu gewinnen. Das flache Schwemmland wird von pinienbestandenen Kalkhügeln überragt, dem südlich gelegenen **Puig Falcó** (144 m) und dem **Puig des Corb Mari** (160 m), der südlich der sandigen Platja d'en Bossa eine Steilküste bildet. Über einen Küstenpfad geht es hinter dem Sandstrand von **Platja d'es Cavallet** zum Wachturm **Torre de Ses Portas** am südlichsten Punkt der Insel.

Wählt man die Nebenstrecke von Eivissa nach **Sant Antoní de Portmany** (12.000 Einwohner) **20**, so erreicht man nach rund 10 km **Sant Josep de la Talaia**. Das Dorf liegt am Fuß des **Puig Sa Talaia**, des höchsten Bergs der Insel (475 m). Von hier aus führen immer wieder kleine Straßen zur Küste mit schönen Buchten.

Im Osten der Insel ist **Santa Eulalia del Ríu** (14.000 Einwohner) **21** das dritte große Touristenzentrum von Ibiza. Typisch ibizenkische Architektur bieten im Landesinneren Weiler wie **Santa Gertrudis**, **Santa Agnès** und **Sant Mateo**.

Informationen: Oficina d'Informació Turística, Passeig Vara del Rei 13, 07800 Eivissa, Tel. (971) 30 19 00.

Formentera – Salinen und Strand

Die kleinste der bewohnten Balearen-Inseln (77 km²) hat nur wenig Kulturhistorisches zu bieten. Dafür jedoch endlose Sandstrände, karibischblaues Meer und unglaubliche Stille. Wegen seiner strategisch ungünstigen Lage war Formentera lange Zeit unbewohnt, erst Anfang des 18. Jahrhunderts begann man mit einer Wiederbesiedelung. Aber megalithische Monumente in **Ca Na Costa** an den Ufern des **Estany Pudent** belegen, daß hier schon im Altertum Menschen gelebt haben müssen. Und von den Römern stammt der Inselname, der sich vom lateinischen Wort für Weizen, „frumentum", ableitet.

Sa Savina (2.000 Einwohner) 🞕 ist der einzige Hafen der Insel und Ankunftsort aller Touristen. Hauptort aber ist **Sant Francesc Xavier** (1.000 Einwohner) 🞕 rund 5 km südlich von Sa Savina. Gut 12 km weiter im Süden erhebt sich unweit von **El Pilar de Mola** (2.000 Einwohner) der höchste Punkt der Insel, der **Puig de la Mola** (192 m).

Formentera ist eine Insel zum Wandern oder Radfahren. Empfehlenswert ist daher eine Fahrradtour von Sa Savina bis zum nördlichsten Punkt der Insel, nach **Es Pas**, und von dort entlang der **Salinas Maroig** zum weiter südlich gelegenen Hauptferienort **Es Pujols**. Oder man fährt von Sa Savina nach Westen entlang des **Estany d'es Peix** zur **Punta d'es Blanc**. Die unter Naturschutz stehenden Salinen haben mit den Salinen im Süden Ibizas ursprünglich eine Einheit gebildet. Die vorgelagerten Inseln **Espalmador** und **Espardell** sind Reste einer einstigen Landverbindung der heute 5 km voneinander entfernten Inseln. Die rund 900 ha großen Salinen mit den Lagunen Estany d'es Peix und der östlich von Sa Savina liegenden Estany Pudent haben ähnlich wie andere Feuchtgebiete eine besondere Bedeutung für die Vogelwelt. Im Herbst kann man rund um die Lagunen unzählige Flamingos beobachten.

Informationen: Oficina d'Informació Turística, Edificio Obres del Port, Sa Savina, Tel. (971) 32 20 57.

Die Salinen zählen zu den wertvollsten Biotopen der kleinen Insel Formentera.

Tiere und Pflanzen

1 Maulwurf Topo *Talpa europaea (Talpidae)*

KR 12–15 cm G 70–120 g

Merkmale Walzenförmiger Körper mit samtigem, bräunlich bis schwarz gefärbtem Fell; kleine Augen und Ohren; Vorderbeine zu Grabhänden umgewandelt; Tasthaare an Schnauze und Schwanz.

Vorkommen In Nord- und Ostspanien sowie auf den Balearen. Auf Äckern und Brachland; meidet steinige, flachgründige oder nasse Böden.

Wissenswertes Maulwürfe graben unterirdische Gangsysteme von bis zu 160 m Länge. Da sich der Maulwurf hauptsächlich von Würmern ernährt, gräbt er seine Nahrungsgänge in der Humusschicht des Bodens. Die Nester befinden sich bis zu einem halben Meter unter der Erde. Damit sich der Maulwurf in seinen Gängen gut bewegen kann, hat sein Fell keinen Strich. Im südlichen Spanien trifft man auf eine verwandte Maulwurfsart, den **Blindmaulwurf** *(Talpa caeca)*. Er besiedelt Lebensräume, in denen der Europäische Maulwurf nicht vorkommt, z.B. die feuchteren Gebiete der westspanischen Dehesas. Er hat einen längeren und schmaleren Rüssel und ist insgesamt kleiner.

2 Etruskerspitzmaus Musgano enano *Suncus etruscus (Soricidae)*

KR 3,5–5,5 cm G 1,5–2 g

Merkmale Kleinstes Säugetier der Welt; lang ausgezogene Schnauze; Schwanz relativ lang (bis zu 3 cm); hellbraun bis gräulich gefärbt; große Ohren; weiße Zähne.

Vorkommen In ganz Spanien außer den höchsten Gipfeln der Pyrenäen; fehlt auf den Balearen. In Niederungen und offenen Landschaften.

Wissenswertes Spitzmäuse sind Insektenfresser. Mit ihrer spitzen Schnauze durchwühlen sie den Boden z.B. nach kleinen Käferlarven, Würmern oder Asseln. Die lange Nase ist mit stark gefalteten Riechschleimhäuten ausgekleidet. Spitzmäuse nehmen auch die geringsten Erschütterungen wahr. Auf den Balearen lebt die endemische **Balearen-Spitzmaus** *(Crocidura balearica)*.

3 Pyrenäendesman Desmán pirenaico *Galemys pyrenaicus (Talpidae)*

KR 12–15 cm G 60–80 g

Merkmale Kleiner Kopf mit rüsselförmiger Schnauze und kleinen Augen; überkörperlanger Schwanz; Füße mit Schwimmhäuten und Schuppen; Körperoberseite dunkelbraun, Unterseite silbrigweiß.

Vorkommen In den Pyrenäen sowie in montanen Regionen der Sierra de Gredos und des Kantabrischen Küstengebirges; fehlt auf den Balearen. An Bergbächen und stehenden Gewässern.

Wissenswertes Der Pyrenäendesman erinnert an einen aquatisch lebenden Maulwurf mit Rüssel. Er schwimmt, indem er mit den Hinterfüßen paddelt, die Vorderfüße sind dabei angelegt. Wasserkäfer und deren Larven, Libellenlarven und andere Wasserinsekten sowie Amphibienlarven und kleine Wirbeltiere sind seine Nahrung. Tagsüber verbirgt sich der Maulwurfverwandte in einer Wohnröhre in der Uferböschung. Er lebt sehr zurückgezogen.

4 Kleine Hufeisennase Rinolofo pequeno *Rhinolophus hipposideros (Rhinolophidae)*

KR 3,5–4,5 cm G 3–9 g

Merkmale Hufeisenförmiger Hautlappen auf der Nase; kleine Ohren ohne Ohrendeckel; kurzer, vollständig in die Flughaut einbezogener Schwanz; Körperfarbe dunkelbraun bis schwarz.

Vorkommen In ganz Spanien und auf den Balearen. In lichten Wäldern, Landschaften mit Baumgruppen und Felsstollen.

Wissenswertes Im hektischen Flatterflug suchen Kleine Hufeisennasen spät am Abend nach Nachtschmetterlingen, Käfern Zweiflüglern und Spinnen. Sie jagen gemeinsam zwischen den Bäumen in einer Höhe von 1–5 m über dem Boden. Die verwandte **Mittelmeer-Hufeisennase** *(Rhinolophus euryale)* ist etwas größer als die Kleine Hufeisennase und hat ein hellbraunes Fell mit leicht violettem Farbschleier. Die **Mehely-Hufeisennase** *(R. mehely)*, eine weitere im Mittelmeerraum vorkommende Art, ist nur schwer von der anderen zu unterscheiden.

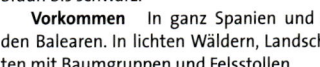

1 Große Hufeisennase Rinolofo grande *Rhinolophus ferrum-equinum (Rhinolophidae)*

KR 5–7 cm G 13–34 g

Merkmale Großer, hufeisenförmiger Hautlappen auf der Nase; große Ohren ohne Ohrendeckel; Körper hellbraun.

Vorkommen In ganz Spanien und auf den Balearen. In Wäldern, offenen Landschaften, in Felshöhlen und auf Dachböden.

Wissenswertes Schon bald nach Sonnenuntergang beginnen die Hufeisennasen mit ihrer Nahrungssuche. Ihr Flug wirkt wie der eines Schmetterlings. Die Form ihrer Nase ermöglicht es diesen Fledermäusen, die zur Ortung notwendigen Ultraschallaute auszustoßen.

2 Großes Mausohr Murciélago ratero *Myotis myotis (Vespertilionidae)*

KR 6,5–8,5 cm G 19–46 g

Merkmale Relativ groß; mit gräulich brauner Oberseite und silbrig schimmernder Unterseite; große Ohren mit Ohrendeckeln.

Vorkommen In ganz Spanien und auf den Balearen. In offenen, reich strukturierten Landschaften, Gebäuden und Höhlen.

Wissenswertes Das Große Mausohr ist in Europa eine noch häufige Fledermausart. Mausohren haben ihre Sommerquartiere hauptsächlich in Dachstühlen von Kirchen, in Glockentürmen oder anderen großen Gebäuden. Durch Dachsanierungen wurde eine Vielzahl ihrer Sommerquartiere vernichtet.

3 Magot Mona de Gibraltar *Macaca sylvana (Cercopithecidae)*

KR 70 cm G 5–11 kg

Merkmale Affe mit hell- bis mittelbraunem Fell; etwa von der Größe eines mittelgroßen Hundes.

Vorkommen In Europa nur auf den Felsen von Gibraltar.

Wissenswertes Der Bestand der Affen auf Gibraltar hängt eng mit dem britischen Aberglauben zusammen, daß ein Verschwinden der Affen die Rückgabe von Gibraltar zur Folge hätte. Deshalb wurden die Tiere unter Schutz gestellt. Sie ernähren sich von kleinen Wirbeltieren, Insekten, aber auch von Sämereien, Beeren oder jungen Trieben. Nach 6 Monaten wird ein Junges geboren, das ein Jahr lang von der Mutter versorgt wird.

4 Wildkaninchen Conejo de monte *Oryctolagus cuniculus (Leporidae)*

KR 34–44 cm G 1,2–2,2 kg

Merkmale Gelblichbraunes bis gräuliches Fell; rundlicher Kopf mit kurzen Ohren, Ohrspitzen braun; schwarze Schwanzoberseite.

Vorkommen In ganz Spanien und auf den Balearen. In felsigem Gelände der unteren Gebirgslagen, auf trockenen Weideflächen mit Gebüschen, in Dünenbereichen und auf anderen sandigen Böden.

Wissenswertes Kaninchen graben verzweigte unterirdische Gänge. Obwohl sie dämmerungsaktiv sind, kommen sie auch tagsüber aus ihren Bauen, wenn sie sich ungestört fühlen. Kaninchen sind Pflanzenfresser und ernähren sich überwiegend von Kräutern, Gräsern, Sämereien, Wurzeln oder jungen Trieben. Die Iberische Halbinsel gilt als die Urheimat der Wildkaninchen. In Spanien haben die Wildkaninchen eine wichtige ökologische Funktion inne. Für viele Beutegreifer sind Kaninchen die wichtigste Nahrungsbasis, z.B. für den Iberischen Luchs, für Kaiseradler und Steinadler.

5 Feldhase Liebre *Lepus europaeus (Leporidae)*

KR 49–68 cm G 2–6,5 kg

Merkmale Fell von ockergelb bis hell- oder dunkelbraun; Kopf schlanker als beim Kaninchen; lange Ohren, große Augen und lange Beine.

Vorkommen In ganz Spanien und auf den Balearen. In allen weitgehend offenen Landschaftstypen der Kulturlandschaft, Wäldern aller Art und Dünen.

Wissenswertes Hasen leben nur während der Fortpflanzungszeit in kleineren Gruppen. Ihre Feinde sind Kaiseradler, Habicht, Marder oder Fuchs, die meist jedoch nur kranke oder schwache Tiere erbeuten.

 Säugetiere

1 Siebenschläfer Lirón *Glis glis (Gliridae)*

KR 12–18 cm G 150–180 g

Merkmale Bräunlich bis silbergraues Fell, Unterseite hell weißlich; schwarze Knopfaugen und lange Schnurrhaare; buschiger, bis zu 15 cm langer Schwanz.

Vorkommen In Nordspanien und den Pyrenäen; auch auf den Balearen. In lichten Stein- und Korkeichenwäldern, Olivenhainen und Ställen.

Wissenswertes Siebenschläfer sind gute Kletterer. Ihre Nester legen sie in Baumhöhlen, in Schafställen oder ähnlichen Gebäuden an. Dort schlafen sie tagsüber. Im Herbst, wenn die ersten Nachtfröste kommen, rollen sie sich zusammen und schlafen bis ins nächste Frühjahr. Während sie in Mitteleuropa bis Mai oder Juni schlafen, erwachen sie in Nordspanien oder auf den Balearen früher aus ihrem Winterschlaf. Siebenschläfer sind Pflanzenfresser. Im Sommer bevorzugen sie Kräuter, Rinde oder Obst, im Herbst benötigen sie fettreiche Eicheln.

2 Gartenschläfer Lirón careto *Eliomys quercinus (Gliridae)*

KR 12–17,5 cm G 55–125 g

Merkmale Große Ohren; Körperoberseite mittelbraun, Unterseite weißlich; schwarzer Augenstreif bis unter die Ohren; Schwanz mit heller Endquaste.

Vorkommen In ganz Spanien und auf den Balearen. In Kork- und Steineichenwäldern, Olivenhainen, Macchien, lockeren Baumbeständen, Gärten und Parks.

Wissenswertes Gartenschläfer sind nachtaktive Tiere und frühestens mit einsetzender Dämmerung zu beobachten. Dann huschen sie durchs Astwerk von Kork- oder Steineichen auf der Suche nach Nahrung. Erbeutet werden Heuschrecken, Käfer und andere Insekten, aber auch Schnecken oder kleine Mäuse. Aus Blättern und kleinen Grashälmchen werden die Nester in hohlen Steinoder Korkeichen oder in Höhlungen anderer Bäume sowie in Felsspalten oder Schafställen angelegt. Tagsüber verbringen die Tiere darin meist schlafend die Zeit.

3 Feldmaus Ratilla campesina *Microtus arvalis (Microtidae)*

KR 9–12 cm G 20–40 g

Merkmale Hell- bis gräulichbraunes Fell; kleine Ohren; 2–4 cm langer Schwanz.

Vorkommen In Nordspanien und den Pyrenäen bis zum Iberischen Randgebirge; fehlt auf den Balearen. In offenen Landschaften, Feldern und Wiesen.

Wissenswertes Feldmäuse sind hauptsächlich nachtaktive Kleinsäuger. Ihre Gangsysteme legen sie meist dicht unter der Erdoberfläche an. Von dort knabbern sie an Wurzeln und Knollen. Auch Getreidekörner und andere Sämereien gehören zu ihrer Nahrung. Feldmäuse vermehren sich sehr rasch, da die Weibchen innerhalb eines Jahres bis zu siebenmal 5–10 Junge zur Welt bringen. In trockenen Jahren mit ausreichendem Nahrungsangebot können Massenvermehrungen vorkommen. In intakten Ökosystemen treten in solchen Fällen schnell die natürlichen Feinde wie Mauswiesel, Mäusebussard, Turmfalke oder Eulen verstärkt auf.

4 Eichhörnchen Ardilla *Sciurus vulgaris (Sciuridae)*

KR 20–32 cm G 200–550 g

Merkmale Hörnchen mit langem, buschigem Schwanz und Pinselohren; Fellfarbe variiert von rotbraun bis fast schwarz.

Vorkommen In montanen Regionen Spaniens; fehlt auf den Balearen. In Wäldern, Stadtparks und Gärten.

Wissenswertes Je nach vorherrschender Farbe des Lebensraums variiert die Fellfarbe der Eichhörnchen. Der buschige Schwanz hilft beim Balancieren im Geäst. Das Nest (Kobel) wird in Baumhöhlen oder in geeigneten Astgabeln aus Pflanzenmaterialien (Gras, Seggen, Moos) gebaut. Die Einschlupföffnung befindet sich seitlich und ist nach unten gerichtet. Oft werden mehrere Nester angelegt. Eichhörnchen ernähren sich von Nüssen, Bucheckern, Eicheln oder Kiefernsamen sowie von Obst, Pilzen oder Früchten. Früchte und Samen werden als Wintervorräte in Baumhöhlen getragen oder in der Erde vergraben.

1 Spanischer Wolf Lobo ibérico *Canis lupus signatus (Canidae)*

KR 1,10–1,40 m G 35–40 kg

Merkmale Kräftiger Körperbau, ähnlich einem großen Schäferhund; Kopf breiter als beim Schäferhund; Männchen größer als Weibchen; Fell graubraun bis silbrig schimmernd.

Vorkommen In Galizien, Asturien, Kantabrien, Kastilien-León und der Extremadura. In abgelegenen, großflächigen Steppen- und Waldgebieten sowie in Gebirgslandschaften.

Wissenswertes Die iberische Unterart des Wolfes zeichnet sich durch kontrastreicheres Fell sowie geringere Größe aus. In Nordspanien schätzt man die Wolfspopulation auf ca. 1.500–2.000 Tiere mit zunehmender Tendenz. Während die Wolfsgebiete in Nordspanien noch miteinander vernetzt sind, existieren in der Extremadura nur noch zwei isolierte Populationen in der südlichen Sierra Morena und der Sierra de San Pedro. Mit etwa 30 Tieren sind sie akut vom Aussterben bedroht. Wölfe leben und jagen im Rudel oder als Einzelgänger. Sie reißen nicht nur größere Beutetiere wie zum Beispiel Hirsche und Rehe, sondern auch Kaninchen. Außerdem fressen sie Kadaver. In den abgelegenen Gebirgsregionen entstehen Schäfern auch Schäden durch Wölfe.

2 Spanischer Rotfuchs Zorro *Vulpes vulpes (Canidae)*

KR 60–85 cm G 6–7 kg

Merkmale Unverkennbar mit seinem rötlichen Fell, der langausgezogenen Schnauze und dem buschigen Schwanz; Unterseite heller.

Vorkommen In ganz Spanien und auf den Balearen. In fast allen Lebensräumen mit Deckungsmöglichkeiten.

Wissenswertes Füchse sind Raubtiere, die bezüglich ihres Lebensraums als sehr anpassungsfähig gelten. Sie sind nachtaktiv und leben einzeln. Nur während der Paarungszeit schließen sie sich mit Artgenossen zusammen. Dann hört man ihr durchdringendes, klagendes Geschrei. Füchse jagen hauptsächlich Kaninchen und Mäuse, seltener auch Hasen, Rehkitze (kleine, geschwächte Tiere) oder Rothühner. An Gewässern suchen sie die Nester von Enten und anderen Wasservögeln nach deren Jungen oder Eiern ab. Füchse beziehen oft verlassene Dachsbaue oder graben eigene Baue.

3 Spanischer Braunbär Oso pardo *Ursus arctos (Ursidae)*

KR 1,5–2 m G 100–350 kg

Merkmale Unverkennbar mit hell- bis mittelbrauner Fellfärbung; Kopf mit langausgezogener Nase; Beine stämmig, mit kräftigen Krallen; Gebiß mit mächtigen Eckzähnen und breiten Backenzähnen.

Vorkommen In den Pyrenäen und im Kantabrischen Küstengebirge. In ausgedehnten Waldgebieten, offenem Land und dünn besiedelten Bereichen.

Wissenswertes Bären sind Allesfresser. Zur Nahrung gehören Beeren, Wurzeln, Knospen, Schößlinge und Sämereien, aber auch Wirbeltiere und Aas, teilweise Fische. Mittels telemetrischer Untersuchungen fand man heraus, daß die Braunbären in Nordspanien auf der Suche nach Nahrung große Strecken zurücklegen müssen. Das ist darauf zurückzuführen, daß die Lebensräume der Braunbären zerstückelt sind. Der kantabrische Braunbär ist hochgradig bedroht. Seit Beginn des 20. Jahrhunderts schrumpfte der Braunbärenbestand von mehr als 1.000 Tieren auf 80–110 Exemplare. Neben der fortschreitenden Zerstörung seines Lebensraums durch Eukalyptusanbau gehört die Wilderei zu den größten Gefahren für die Bären. Um wieder naturnahe Strukturen für die Bären zu schaffen, wurden in Asturien und Kantabrien Tausende Edelkastanien, Vogelbeeren und Wildapfelbäume gepflanzt. Nahrung in Form von Wildobst ist eine wichtige Voraussetzung dafür, daß die wenigen weiblichen Bären trächtig werden können. Daneben soll die Kampagne aber auch das Image des Braunbären verbessern. Sie beinhaltet Entschädigungszahlungen für Imker und Schafbesitzer oder aber die Mithilfe beim Bau von Schutzzäunen für Bienenstände und Weiden. Wo Bären überleben können, gibt es auch eine Heimat für Wildkatze, Luchs oder Steinadler und viele andere vom Aussterben bedrohte Tierarten. Die Chance, Bären zu Gesicht zu bekommen, ist relativ gering.

  Säugetiere

1 Dachs Tejón *Meles meles (Mustelidae)*

KR 60–80 cm G 7–16 kg

Merkmale Größe wie ein mittelgroßer Hund; schwarzweiße Streifen am Kopf von der Nase über die Augen und Ohren bis zum Nacken, Hals und Beine schwarz; Rücken gräulich bis silbern schimmernd, Bauch schwarz; lang vorgezogene Schnauze; kurze Beine mit starken Krallen.

Vorkommen In ganz Spanien und auf den Balearen. In Mischwäldern, Macchienlandschaften, auf Wiesen und Weiden.

Wissenswertes Dachse sind nachtaktiv und somit schwer zu beobachten. Auffällig sind jedoch die Dachsbaue mit ihren Rutschspuren vor den Eingangsröhren. Besonders in tonige und lehmige Böden bauen Dachse mitunter lange Röhren. Füchse und andere Marder siedeln in verlassenen Dachsbauen. Ihre unterirdischen Wohnkessel polstern die Dachse mit Grashalmen und Blättern aus. Dort verbringen sie auch den Winter. Von Früchten, Beeren, Wurzeln, über Eicheln und Getreide bis hin zu frischem Grün und Insektenlarven oder Kaninchen reicht ihr Speiseplan. Oft hört man fauchende und brummende Laute.

2 Mauswiesel Comadreja común *Mustela nivalis (Mustelidae)*

KR 18–24 cm G 40–200 g

Merkmale Ähnliche Gestalt wie das Hermelin, aber kleiner und schlanker; Oberseite rotbraun; Unterseite weiß, auch mit braunen Flecken; Schwanz kurz und einheitlich rotbraun.

Vorkommen In ganz Spanien mit Ausnahme des Südens und des Südwestens; auch auf den Balearen. In aufgelockerten Wäldern, auf Wiesen und Feldern mit Gehölzbeständen; auch in Siedlungsnähe.

Wissenswertes Mäuse sind ihre Hauptnahrung, vereinzelt auch Vögel. Mauswiesel sind sehr schlank und können ihrer Beute in die Gänge folgen. Männchen und Weibchen haben getrennte Jagdgebiete.

3 Hermelin Armiño *Mustela erminea (Mustelidae)*

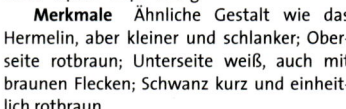

KR 24–30 cm G 150–420 g

Merkmale Langer, schlanker Körper, Weibchen deutlich kleiner als Männchen; im Sommerkleid Kopf und Oberseite braun, Kinn, Hals und Unterseite weiß, Schwanzspitze schwarz; im Winterkleid heller bzw. ganz weiß, Schwanzspitze schwarz.

Vorkommen In den Pyrenäen und im östlichen Kantabrischen Küstengebirge. In lichten Wäldern, Gärten, Parks, auf Wiesen und Weiden, auch in Siedlungen.

Wissenswertes Hermeline haben ihre westliche europäische Verbreitungsgrenze in Nordspanien. Man kann sie an ihren trillernden Lauten und hohen Pfiffen erkennen. Ihr Körper hat kaum Fettreserven, so daß sie ständig auf Nahrungssuche sind. Sie halten keine Winterruhe. Mäuse und junge, kranke Kaninchen sind die Hauptnahrungsquelle. Hermeline gebären im Frühjahr bis zu 7 Junge. Männchen und Weibchen beteiligen sich an der Aufzucht der Jungen.

4 Iltis Turón común *Mustela putoris (Mustelidae)*

KR 30–45 cm G 600–1.200 g

Merkmale Größe einer kleinen Hauskatze; dunkelbraunes Fell mit hell durchschimmernder dichter Wolle; dicker, buschiger Schwanz; braunes Gesicht mit weißer Fleckung.

Vorkommen In ganz Spanien; fehlt wohl auf den Balearen. In Landschaften mit Gebüschen und Einzelbäumen; auch in Siedlungsnähe.

Wissenswertes Iltisse sind dämmerungs- und nachtaktiv. Sie schwimmen und tauchen geschickt. Mäuse und Amphibien, aber auch Fische und Wasserschnecken gehören zur Beute. Es werden jedoch auch kleine Reptilien, Jungvögel und Kaninchen gejagt. Bei Gefahr stößt der Iltis aus Drüsen in der Aftergegend ein penetrant stinkendes Sekret aus. Vor allem in Bedrängnis geben Iltisse knurrende, fauchende und keifende Laute von sich. Das **Frettchen** *(Mustela putoris furo)* ist eine domestizierte Form des Iltisses. Verwildert vermischt es sich immer wieder mit dem Iltis.

Säugetiere

1 Fischotter Nutria *Lutra lutra (Mustelidae)*

KR 62–83 cm G 6–12 kg

Merkmale Breiter, flacher Kopf mit Schnurrhaaren; schlanker Körper; dicker, abgeplatteter, zum Ende hin spitz auslaufender Schwanz; dunkelbraunes, dichtes, glänzendes Fell mit hellerer Kehle; Füße mit 5 Zehen und Schwimmhäuten.

Vorkommen In ganz Spanien; fehlt auf den Balearen. In intakten, natürlichen bzw. naturnahen Fließgewässern.

Wissenswertes Mit ihren kurzen, aber kräftigen Beinen und dem stromlinienförmigen Körper sind Fischotter gute Schwimmer. Sie tauchen bis zu sieben Minuten lang, vornehmlich auf der Jagd nach Fischen und Krebsen. Sie sind überwiegend nachtaktiv. Hinweise auf das Vorhandensein von Fischottern sind die untrüglichen Fußspuren im feuchten Schlick und Sand am Ufer. Die Fußabdrücke sind etwa 35 cm auseinander, selbst die Schwimmhäute drücken sich bisweilen ab. Außerhalb der Paarungszeit sind Fischottermännchen Einzelgänger. Die Weibchen dagegen leben mit den Jungen im Familienverband. Der Aktionsradius ist beträchtlich, während die Männchen bis zu 7 km umherstreifen, sind Weibchen sogar bis zu 10 km pro Nacht unterwegs. Wie der Name schon andeutet, sind Fische ihre Hauptnahrung. Krebse, Frösche, kleine Enten oder andere Wasservögel werden ebenfalls erbeutet. Es hat sich herausgestellt, daß ca. 30 cm große Fische die beste Fanggröße für den Otter sind. Kleinere und auch größere Fische entwischen im leicht. In Spanien breitet sich der Amerikanische Flußkrebs immer stärker aus und macht bereits einen erheblichen Anteil der Fischotternahrung aus. Fischotter sind ganzjährig aktiv. Ihre Rückzugsbereiche sind Höhlen mit Unterwassereingang und Luftschacht nach oben, die selbst gegraben werden. Auch natürliche Uferhöhlungen oder Dachsbaue werden als Unterschlupf angenommen. Bis in die 60er Jahre des 20. Jahrhunderts waren die Bestände des Fischotters kaum dezimiert. Ab den 70er Jahren führten vor allem drei Faktoren dazu, daß er sich in Spanien aus den großen Flußtälern weitgehend zurückzog. Durch die landwirtschaftliche Intensivierung wurden viele Tallandschaften in bewässerte Monokulturen mit hohem Pestizideinsatz umgewandelt. Um Flächen zu gewinnen und ganzjährig Wasser zur Verfügung zu haben, wurden Flußabschnitte begradigt und aufgestaut. Schlechte Wasserqualität in den Stauseen, vegetationslose Uferböschungen und Staumauern verschlechterten die Lebensbedingungen.

2 Steinmarder Marta *Martes foina (Mustelidae)*

KR 42–48 cm G 1,3–2,3 kg

Merkmale Graubraun mit durchschimmernder weißlicher Unterwolle; gelblichweiße Kehle und Brust, Fleck gabelt sich am Unterrand bis zu den Vorderbeinen; weißliche Ohrenränder; fleischfarbene Nase.

Vorkommen In ganz Spanien. Im Siedlungsbereich, in offenen Landschaften.

Wissenswertes Steinmarder stehen Baummardern an Beweglichkeit und Geschicklichkeit in nichts nach. Sie jagen alle Kleintiere bis zur Größe von Kaninchen. Steinmarder sind auch Eierdiebe. Dabei holen sie die Eier so geschickt aus den Nestern, daß sie nicht zerbrechen. Die Tiere leben recht zurückgezogen und sind nachtaktiv.

3 Baummarder Marta *Martes martes (Mustelidae)*

KR 43–52 cm G 1–1,8 kg

Merkmale Dunkelbraunes, dichtes Fell; Brust und Kehle gelblich, Kehlzeichnung löst sich allenfalls fleckig auf; Ohrenränder gelblich; Nase schwarz; kurze Füße mit behaarten Fußsohlen.

Vorkommen In den Pyrenäen, in Nordspanien, auf Mallorca und Menorca. In Wäldern aller Art; im Gebirge bis zur Baumgrenze.

Wissenswertes Baummarder sind äußerst geschickte Kletterer, die auch kopfüber die Baumstämme hinuntersteigen. In den Baumwipfeln jagen sie die Eichhörnchen nach. Außerdem stehen Mäuse, andere Nagetiere, Vögel sowie Beeren und Sämereien auf ihrem Speiseplan. Zur Kennzeichnung ihres Reviers setzen die Baummarder an bestimmten Stellen ein Sekret aus den Analdrüsen als Duftmarken.

1 Manguste Meloncillo *Herpestes ichneumon (Viverridae)*

KR 51–55 cm G 7–8 kg

Merkmale Mardergroß; graubraunes Fell mit silbriggrauen Haarspitzen, bisweilen golden glänzend; langer, behaarter Schwanz; kleiner, schlanker Kopf mit großen Augen und kurzen, hervortretenden Ohren.

Vorkommen In Südspanien; fehlt auf den Balearen. In Macchien, felsigem Gelände und Niederungen mit Gestrüpp.

Wissenswertes Mangusten sind hauptsächlich am Tag aktiv, wo sie allein oder in Familienverbänden herumstreifen. Oft wird man wegen scharfer Pfiffe auf sie aufmerksam, die besonders zur Paarungszeit ausdauernd zu hören sind. Während die Jungtiere ab etwa drei Monaten Heuschrecken, Mäuse und Eidechsen erbeuten, jagen erwachsene Mangusten auch kleinere Wirbeltiere. Der Verbreitungsschwerpunkt der Manguste liegt in Nordafrika.

2 Ginsterkatze Gineta *Genetta genetta (Viverridae)*

KR 47–58 cm G 1–2,5 kg

Merkmale Gestalt ähnlich einer sehr schlanken Hauskatze mit spitzem Kopf; Körper hellbraun mit dunkelbraunen bis schwarzen Flecken; Schwanz mit hell- und dunkelbraunen Ringeln.

Vorkommen In ganz Spanien und auf den Balearen. In Macchien und mediterranen Hartlaubwäldern, buschreichen Landschaften, an steinigen und felsigen Hängen.

Wissenswertes Diese Schleichkatzen gehen nachts lautlos auf Pirsch, um die Beute nach Katzenart mit einem Sprung zu fassen. Mäuse, andere Kleinsäuger und Vögel sind ihre Hauptnahrungsquelle. Tagsüber verstecken sich die Ginsterkatzen in hohlen Bäumen, in Felsspalten oder dichtem Gestrüpp. Bei Gefahr geben die Tiere scharfe, zischende Laute von sich, begleitet von einem intensiven Moschusgeruch, den sie aus Analdrüsen absondern. Einzeln oder im Familienverband unternehmen sie manchmal weite Streifzüge. Die alten Ägypter und Römer hielten Ginsterkatzen als Mäusejäger im Haus.

3 Pardelluchs Lince ibérico *Felis pardina (Felidae)*

KR 85–105 cm G 15–25 kg

Merkmale Auffallend dunkelbraun bis schwarz geflecktes Fell auf rötlichbraunem Grund; abgerundet auslaufender Schwanz mit schwarzer Spitze; Ohren mit typischen Büschelhaaren.

Vorkommen In ganz Spanien; fehlt auf den Balearen. In Macchien und Hartlaubwäldern.

Wissenswertes Die einzelgängerischen Tiere beanspruchen mehrere Hektar große Reviere. Neben der Zerstückelung geeigneter Lebensräume durch Straßenbau und landwirtschaftliche Intensivierung hängt das Überleben des Pardelluchses stark von seiner Hauptnahrungsquelle, den Kaninchen, ab. Kaninchenseuchen führten bereits in den 50er Jahren fast zum Zusammenbruch der Luchspopulation. Die größten Luchsvorkommen befinden sich heute im Nationalpark Coto de Doñana, in den Mittelgebirgen der Extremadura und den Montes de Toledo.

4 Wildkatze Gato montés *Felis silvestris (Felidae)*

KR 50–78 cm G 4–5 kg

Merkmale Ähnlich einer großen Hauskatze; breiter Schädel; braunschwarz getigertes, dichtes Fell; vier dunkle Streifen zwischen den Ohren; vier dickere Querbänder an den Oberschenkeln; buschiger, dichter Schwanz mit schwarzen Ringen und dickem Schwanzende.

Vorkommen In ganz Spanien und auf den Balearen. In ausgedehnten Wäldern und Macchien.

Wissenswertes Wildkatzen markieren ihr Streifgebiet mit Harn und Kot, lauern in katzentypischer Weise vor Mauselöchern oder dösen an ungestörten Plätzen in der Sonne. Baumhöhlen, dichtes Gestrüpp oder Felsspalten sind wichtige Rückzugsräume. Besonders in Mitteleuropa war die Wildkatze fast ausgestorben. Seit man sie unter strengen Schutz gestellt und das Jagen verboten hat, nehmen die Bestände ganz langsam wieder zu.

 Säugetiere

1 Rothirsch Ciervo *Cervus elaphus (Cervidae)*

KR 1,65–2,50 m G 125–350 kg

Merkmale Paarhufer mit rotbraunem Sommerfell und gelblichem bis graubraunem Winterfell; Männchen (**1a**) mit dunkler Halsmähne und Geweih; Jungtiere zunächst mit hellen Flecken; helles Afterfeld mit dunkler Außenzone; langer Schwanz.

Vorkommen In ganz Spanien; fehlt auf den Balearen. In kollinen und montanen Regionen sowie in Dehesas.

Wissenswertes Rothirsche sind Pflanzenfresser und Wiederkäuer. Hirschkühe (**1b**) gebären pro Jahr ein Junges, das bis zur Geburt des nächsten Jungen bei der Mutter bleibt. Junge Weibchen schließen sich dem Rudel der Mutter an, junge Männchen gelangen zu Männchenrudeln. Pardelluchs und Wolf reißen mitunter junge Hirschkälber und wirken somit bestandsregulierend. Die Geweihentwicklung dauert etwa von März bis Juli. Im Februar wird das Geweih wieder abgeworfen. Es dient den Hirschen als Waffe beim Kampf um das Weibchen. Der Gegner kann schon vor Beginn des Kampfes an der Geweihausprägung feststellen, ob ihm der Rivale ebenbürtig ist. Die Verzweigungen verhindern ernsthafte Verletzungen. Jagd auf Rothirsche spielt nur eine untergeordnete Rolle. Oft ist sie aber die einzige Einnahmequelle für die Besitzer der großen Fincas im spanischen Südwesten. Übrigens gilt das Geweih in Spanien nicht als Jagdtrophäe.

2 Reh Corzo *Capreolus capreolus (Cervidae)*

KR 95–135 cm G 15–25 kg

Merkmale Kleine Hirschart mit schlankem Körper und langem Hals; lange, dünne Beine; Fell im Sommer mehr rotbraun, im Winter gräulichbraun; Jungtiere mit weißen und schwarzen Tupfen.

Vorkommen In ganz Spanien bis auf Südspanien und die Balearen. In Bergwäldern, mediterranen Hartlaubwäldern, Kork- und Steineichenwäldern.

Wissenswertes Wie der Rothirsch entwickelt auch der Rehbock (**2a**) ein Geweih, das jedoch viel kleiner ist. Im Gegensatz zu Mitteleuropa, wo die Rehbestände zu den größten Wildbeständen zählen, galt das Reh in Spanien fast als ausgerottet.

3 Iberischer Steinbock Cabra montés *Capra pyrenaica (Bovidae)*

KR 1–1,5 m G 50–120 kg

Merkmale Helles gräulichbraunes Fell und weißlicher Bauch; Hörner leierförmig nach oben geschwungen; Männchen viel größer, kräftiger und mit größeren Hörnern als Weibchen.

Vorkommen In der Sierra de Gredos, Sierra Nevada und Sierra de Cazorla. Auf Hochgebirgsweiden und in Felsregionen.

Wissenswertes Trittsicher bewegen sie sich über Geröllhalden und an steilen Hängen. Nährstoffreiche Kräuter und Gräser sowie junge Knospen und Rinde der hochalpinen Krüppelsträucher sind ihre Nahrung. Nur noch wenige Exemplare zählte man 1905 im zentralen Teil der Sierra de Gredos, als einige Gutsbesitzer ein Reservat zum Schutz und zur Erhaltung der letzten Tiere einrichten ließen. Heute schätzt man die Population allein in der Sierra de Gredos auf mehr als 6.000 Individuen. Inzwischen darf der Iberische Steinbock wieder bejagt werden.

4 Mufflon Muflón *Ovis ammon (Bovidae)*

KR 1,10–1,30 m G 25–50 kg

Merkmale Wildschaf mit dunkelbraunem Fell, Bauchseite weißlich, Männchen oft mit weißlichem Rückenfleck; Männchen (Widder) mit kräftig entwickelten, schneckenförmig gewundenen Hörnern.

Vorkommen In der Sierra de Cazorla, der Sierra Nevada und in den östlichsten Ausläufern des Iberischen Randgebirges. In felsigen Landschaften und an steilen Gebirgshängen.

Wissenswertes Mufflons leben in kleinen Rudeln, die von einem Mutterschaf angeführt werden. Außerhalb der Brunft kämpfen die Widder oft spielerisch miteinander, anders dagegen während der Brunft im Oktober/November. Mufflons suchen vorwiegend in der Dämmerung nach Nahrung.

  **Säugetiere**

1 Haubentaucher Somormujo lavanco *Podiceps cristatus (Podicipedidae)*

L 46–51 cm Sp 85–90 cm

Merkmale Rostbraune bis schwarze Kopfhaube mit seitlichen weißen Kopfpartien; weißer Fleck vom Auge bis zum Schnabel; langer weißlicher Hals; Körperseiten rostbraun; im Schlicht- und Jugendkleid ohne Büschel am Kopf; schneller Flügelschlag.

Vorkommen In fast ganz Spanien als Brutvogel auf Binnengewässern; als Wintergast in geschützten Meeresbuchten der Mittelmeerküsten.

Wissenswertes Haubentaucher haben wie alle Lappentaucher Schwimmlappen zwischen den Zehen. Sie zeigen im Frühjahr ein auffälliges Balzverhalten, bei dem sich Männchen und Weibchen mit langgestrecktem Hals aus dem Wasser emporheben und sich gegenseitig Pflanzenmaterialien überreichen. Begleitet werden diese Balzrituale von klappernden „keck-keck"-Rufen. Haubentaucher bauen schwimmende Nester, bevorzugt vor Röhrichtgürteln.

2 Schwarzhalstaucher Zampullin cuellinegro *Podiceps nigricollis (Podicipedidae)*

L 30–34 cm Sp 55–58 cm

Merkmale Im Prachtkleid Kopf und Halspartie dunkel mit gelben zottigen Federbüscheln an den Ohren; im Winter graue bis graubraune Halspartie; leicht aufgeworfen wirkender Schnabel.

Vorkommen In ganz Spanien und auf den Balearen. Brütet an Binnenseen und küstennahen Lagunen besonders im südlichen Spanien; als Wintergast nahezu überall entlang der Mittelmeerküste.

Wissenswertes Schwarzhalstaucher brüten oftmals in Gesellschaft von Lachmöwen. Als Lebensraum werden ruhige, dicht bewachsene Stillgewässer bevorzugt. Typisch sind Schwimmnester.

3 Zwergtaucher Zampullin chico *Tachybaptus ruficollis (Podicipedidae)*

L 27 cm Sp 40–45 cm

Merkmale Gesamtes Erscheinungsbild dunkelbraun, rostbraune Färbung an Hals und Kopf, leuchtend gelber Fleck im Schnabelwinkel; im Schlichtkleid Kopf, Hals und seitliche Partien hellbraun, Kehle weißlich.

Vorkommen In ganz Spanien und auf den Balearen. Bevorzugt vegetationsreiche Gewässer; im Winter auf offenen Wasserflächen und an den Mittelmeerküsten.

Wissenswertes Zwergtaucher sind die kleinsten Vertreter der Lappentaucher. Auffällig ist das ausgeprägte Tauchverhalten. So verschwinden sie blitzschnell von der Wasseroberfläche, um nach kleinen Fischen und Wasserinsekten zu jagen.

4 Kormoran Cormorán grande *Phalacrocorax carbo (Phalacrocoracidae)*

L 90–100 cm Sp 1,40–1,50 m

Merkmale Unverkennbar; Gefieder grauschwarz mit blaugrünlichem Schimmer; auffälliger weißer Fleck am Oberschenkel (Prachtkleid); Bauch bisweilen weißlich.

Vorkommen Als Zugvogel aus Nord- und Mitteleuropa im Winter an den spanischen Küsten und an größeren Binnengewässern.

Wissenswertes Kormorane ziehen meist in markanten Keil- oder Linienformationen in größerer Höhe. Fische, die tauchend erbeutet werden, sind ihre Hauptnahrung. Kormoranen fehlt die Möglichkeit, das Gefieder „einzufetten", so daß sie es nach jedem Tauchgang mit ausgebreiteten Flügeln trocknen müssen.

5 Zwergdommel Avetorillo común *Ixobrychus minutus (Ardeidae)*

L 34–38 cm Sp 54–58 cm

Merkmale Männchen mit schwarzbunt schillernden Flügeldecken und beiger Brust; Weibchen mit bräunlich gestreiften und in sich gemusterten Flügeln; spitzer Reiherschnabel.

Vorkommen In ganz Spanien und auf den Balearen. In dichten Schilfbeständen.

Wissenswertes Die Zwergdommel baut ein trichterförmiges Nest im Schilf und ernährt sich von kleinen Fischen, Amphibien, Wasserinsekten und deren Larven.

 Vögel

1 Kuhreiher Garcilla bueyera *Bubulcus ibis (Ardeidae)*

L 50–53 cm Sp 90–95 cm

Merkmale Leicht gedrungene Gestalt; überwiegend weiß; im Prachtkleid orangefarbene bis braune Flecken an Rücken, Brust und Scheitel (Schmuckfedern); schmutziggelber Schnabel; gelblich-rötliche Beine.

Vorkommen Vor allem entlang der Mittelmeerküste und in Südwest-Spanien. Auf Wiesen, Weiden, Feldern und in Feuchtgebieten.

Wissenswertes Kuhreiher sind gesellige Tiere, die man häufig zwischen Weidetieren (Name!) beobachten kann, wo sie aufgescheuchte Insekten (Libellen, Käfer und Heuschrecken) fangen. Sie sitzen aber auch auf Großtieren, um diese von Hautparasiten zu befreien. Kuhreiher sind Koloniebrüter und bauen ihre Nester auf Büschen und Bäumen. Der ursprünglich aus Afrika stammende Schreitvogel brütete 1950 erstmals in Portugal. Die vorherrschenden Umweltbedingungen waren offensichtlich günstig für diesen Neubürger, so daß er sich schnell ausbreitete. Heute schätzt man den Kuhreiherbestand auf der Iberischen Halbinsel auf rund 12.000 Brutpaare.

2 Seidenreiher Garcetta común *Egretta garzetta (Ardeidae)*

L 55–60 cm Sp 90–95 cm

Merkmale Weißer Reiher mit schwarzen Beinen und gelben Zehen; schwärzlicher Schnabel; zur Brutzeit lange Schmuckfedern an Hinterkopf, Brust und Rücken.

Vorkommen Im südlichen Spanien (Extremadura, Andalusien) ganzjährig; im östlichen Spanien nur während der Sommermonate. An flachen Seen, Lagunen, Salinen, Tümpeln oder Flußmündungen, auch in Brackwasserbereichen und Reisfeldern; oft in steppenartigem Gelände weitab von Feuchtgebieten nach Nahrung suchend.

Wissenswertes Der Seidenreiher ist die häufigste Reiherart im südlichen Europa. Seidenreiher bauen Reisignester auf Bäumen, wo sie mitunter in größeren Kolonien brüten. Hauptsächlich bilden Insekten und deren Larven, Krebstiere, Amphibien, kleine Reptilien und kleine Fische die Nahrung. In Südspanien kann der Seidenreiher mit der weißen Form des **Küstenreihers** *(Egretta gularis)* verwechselt werden, der allerdings nur selten hier erscheint. Küstenreiher leben an den Küsten Afrikas. Im Gegensatz zum Seidenreiher sind dessen Schmuckfedern viel kürzer, sein Schnabel kräftiger und ebenfalls kürzer.

3 Graureiher Garza real *Ardea cinerea (Ardeidae)*

L 90–110 cm Sp 1,70–1,95 m

Merkmale Großer, grauer Reiher mit schwarzen Schmuckfedern am Scheitel, gelblicher Schnabel; schwarzer Überaugenstreif; Brust mit schwarzweißem Muster; Männchen und Weibchen gleich; Jungvögel mehr verwischt grau.

Vorkommen In ganz Spanien und auf den Balearen als Wintergast; im spanischen Südwesten ganzjährig. In Feuchtgebieten aller Art, in Küstenbereichen; auch auf Wiesen und Feldern.

Wissenswertes Der Graureiher ist die häufigste und am weitesten verbreitete Reiherart in ganz Europa. Im Flug unterscheidet er sich von Storch und Kranich durch den eingezogenen Hals. Im Gegensatz zu Störchen sind Reiher nie im Segelflug zu beobachten. Langsame, weitausholende Flügelschläge kennzeichnen den Flug des Graureihers. Auf der Suche nach Beute steht er bewegungslos im seichten Wasser, um blitzschnell nach Fischen oder Amphibien zu schnappen. Auch Insekten, Würmer und Kleinsäuger werden erbeutet. Bei diesem abwechslungsreichen Nahrungsplan ist es eigentlich unvorstellbar, daß Graureiher für die zurückgehenden Fischbestände verantwortlich gemacht wurden. Verteufelt als Fischreiher, wurden sie erbarmungslos gejagt und so in ihren Beständen stark dezimiert. In der Coto de Doñana, wo Graureiher ganzjährig anzutreffen sind, bauen sie zur Brutzeit riesige Reisighorste auf hohen Bäumen. Graureiherkolonien, zu denen sich auch Seiden- und Kuhreiher gesellen, sind so schon von weitem erkennbar. Das Gelege besteht aus 3-5 Eiern. Die Jungen schlüpfen nach ca. 4 Wochen. Beim Brüten und Füttern wechseln sich Männchen und Weibchen ab.

 Vögel

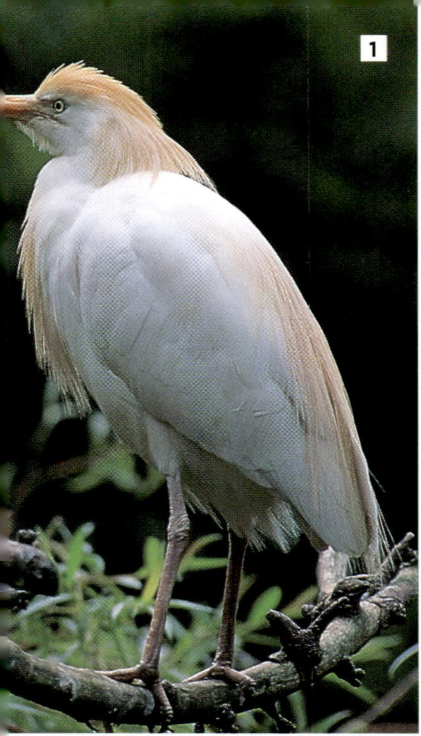
1

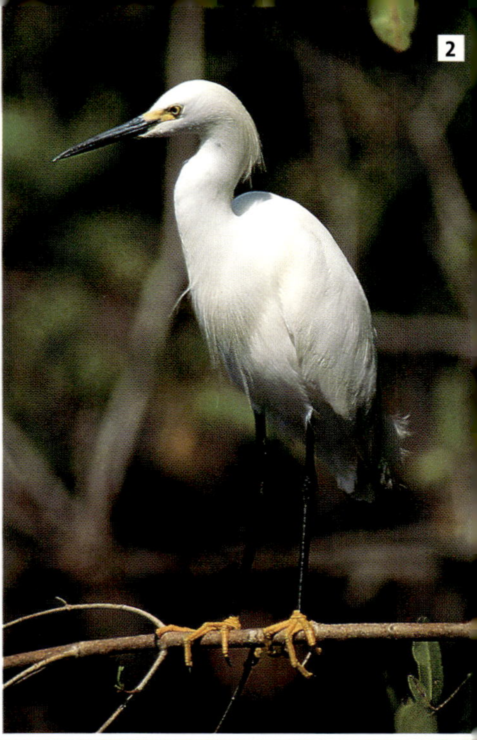
2

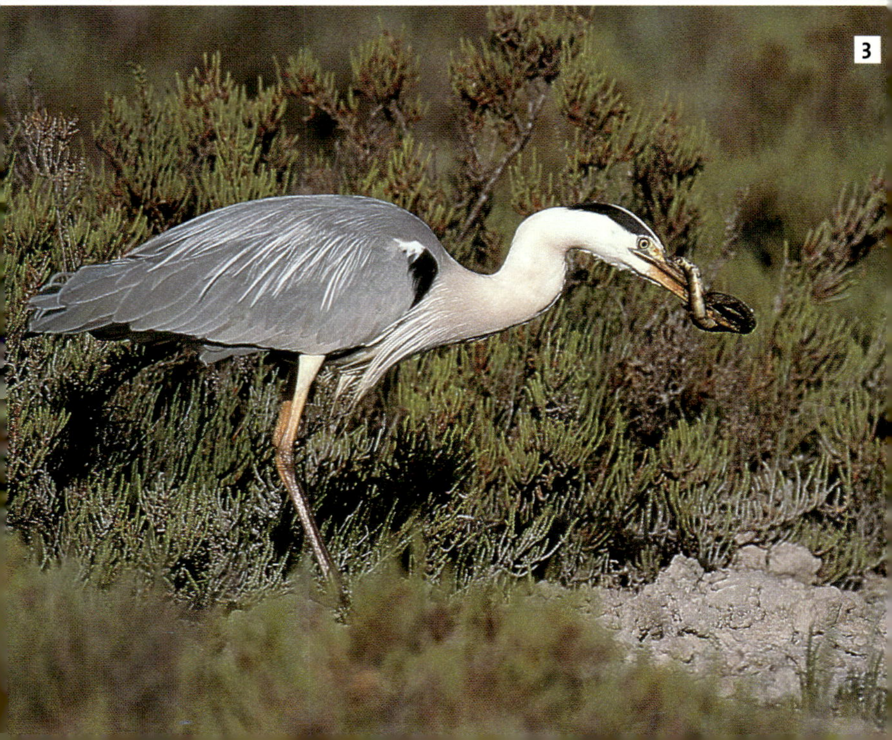
3

1 Weißstorch Cigüeña blanca *Ciconia ciconia (Ciconiidae)*

L 1–1,10 m Sp 1,70–2,10 m

Merkmale Weißer Stelzvogel mit schwarzen Flügeln, rotem Schnabel und roten Beinen; am Boden majestätisch schreitend.

Vorkommen Im äußersten Südwesten Spaniens teilweise ganzjährig; ansonsten im westlichen Spanien und vereinzelt auf den Balearen während der Sommermonate. Brütet in großen Reisignestern auf Kirchtürmen und Dächern, auch in Kronen großer Bäume; sucht Nahrung in feuchten Niederungen.

Wissenswertes Im Gegensatz zu Mitteleuropa nehmen in ganz Spanien die Weißstorchbestände seit etwa 1985 zu. Der Weißstorch ist ein Kulturfolger, und seine großen Reisignester dominieren Zinnen, Kamine und Dächer. Das Kloster San Benito bei Alcantara ist für die Rekordzahl von 22 Horsten berühmt. Allein in der Altstadt von Cáceres nisten rund 100 Storchenpaare. „Knoblauch hacken" sagen die Einheimischen zu Adebars Schnabelgeklapper. Unter den Störchen dient es der Verständigung.

2 Schwarzstorch Cigüeña negra *Ciconia nigra (Ciconiidae)*

L 100 cm Sp 1,70–2 m

Merkmale Kopf, Hals und Rücken mit schwärzlichem, grünviolettem Gefieder; Beine und Schnabel rot, bei Jungvögeln gräulich bis grünlich; weißer Bauch.

Vorkommen Im Naturpark Monfragüe, in der westlichen Sierra Morena sowie in Monte el Pardo. In Wäldern mit altem Baumbestand und Felsgebieten; sucht seine Nahrung in Feuchtgebieten.

Wissenswertes Schwarzstörche sind Waldstörche. Als Nest bauen sie große Reisighorste auf hohen Bäumen, worin sie 4 Eier ausbrüten. In Spanien sind Schwarzstörche mitunter sogar Felsbrüter. Zur Hauptnahrung gehören Wasserinsekten und deren Larven, kleine Fische und Amphibien. Somit sind sie stärker an Wasser und Feuchtigkeit gebunden als Weißstörche. Schwarzstörche kreisen mitunter in der aufsteigenden, warmen Luft.

3 Rosaflamingo Flamenco *Phoenicopterus ruber (Phoenicopteridae)*

L 1,25–1,40 m Sp 1,45–1,62 m

Merkmale Große, schlanke Vögel mit langem Hals und langen, rosaroten Beinen; Gefieder weißlich bis lachsfarben; rötlicher, nach unten gebogener Schnabel mit schwarzer Spitze; Jungvögel gräulich braun mit dunklem Schnabel und dunklen Beinen; Männchen größer als Weibchen.

Vorkommen In ganz Spanien und auf den Balearen. An Lagunen entlang der Mittelmeerküste, an brackigen Seen im Landesinnern; in Feuchtgebieten und Salinen.

Wissenswertes Flamingos sind gesellige Tiere. Sie halten sich meist in größeren Trupps im seichten Wasser auf. Mit ihrem gebogenen Schnabel filtrieren sie kleine Krebse, Wasserinsekten und deren Larven, kleine Muscheln oder Algen aus dem Wasser. Hierzu pressen die Vögel das nahrungsreiche Wasser mit der Zunge gegen ein feines Lamellensystem im Schnabel. Regelmäßig bauen bis zu 12.000 Flamingos ihre Schlammnester in der Laguna de Fuente Piedra. Vereinzelt brüten sie auch in der Coto de Doñana.

4 Graugans Ansar común *Anser anser (Anatidae)*

L 70–90 cm Sp 1,45–1,75 m

Merkmale Große Gans mit bräunlichem bis gräulichem Gefieder; großer, markanter orangefarbener Schnabel und rosarote Beine; bei auffliegenden Vögeln grauer Fleck am Bürzel erkennbar.

Vorkommen Als Wintergast in Spanien nahezu an allen küstennahen Gewässern, vor allem im Delta del Llobregat, im Ebrodelta, in der Albufera von València und in der Coto de Doñana; auch an flachen Binnengewässern im Landesinneren.

Wissenswertes Von den Graugänsen stammen unsere Hausgänse ab. Graugänse nehmen rein pflanzliche Nahrung auf. Sie richten mitunter in der spanischen Landwirtschaft große Schäden an, z.B. beim Wintergetreide. Graugänse gelten als äußerst intelligent und wurden von dem Verhaltensforscher Konrad Lorenz untersucht.

1 Spießente Ánade rabudo *Anas acuta (Anatidae)*

L 50–70 cm Sp 80–90 cm

Merkmale Relativ groß und schlank; Männchen im Prachtkleid mit weißem Hals und lang aufragenden Schwanzfedern („Spieß"); Weibchen und Jungtiere deutlich kleiner, beigebraun gemustert; runder Kopf; langer Schnabel.

Vorkommen Vor allem in den küstennahen Feuchtgebieten wie z.B. der Albufera von València als Wintergäste.

Wissenswertes Mehrere hunderttausend Spießenten überwintern jedes Jahr in Spanien. Teilweise fliegen die Tiere auch weiter bis nach Afrika.

2 Löffelente Pato cuchara *Anas clypeata (Anatidae)*

L 48–50 cm Sp 70–80 cm

Merkmale Langer, löffelartig verbreiterter Schnabel; Männchen im Prachtkleid mit grünlich schimmerndem Kopf, weißem Hals und rostbraunen Flanken; Weibchen sowie Ruhe- und Jugendkleid braunbeige gemustert; orangerote Füße.

Vorkommen In ganz Spanien und auf den Balearen. An flachen Seen, in Sümpfen und Lagunen als Wintergast.

Wissenswertes Der Schnabel wird als Sieb benutzt, um Plankton, Kleinkrebse, Wasserinsekten und deren Larven, aber auch Samen aus dem Wasser zu seihen.

3 Krickente Cerceta común *Anas crecca (Anatidae)*

L 35–38 cm Sp 60–64 cm

Merkmale Männchen mit rostbraunem Kopf, seitlichen grünen Flanken, Brust und Rücken mit braunbeigem Perlmuster, gelblicher Streifen an den Schwanzlängsseiten; Weibchen gleichmäßig beigebraun.

Vorkommen Als Wintergäste auf der gesamten Iberischen Halbinsel und den Balearen. Vor allem an Flußmündungen, auf überfluteten Wiesen, an Seen, Brackwasserlagunen, Salinen und in Küstenbereichen.

Wissenswertes Krickenten sind die kleinsten Gründelenten. Im seichten Wasser bis etwa 20 cm Tiefe oder auf Schlick- und Schlammflächen suchen sie nach kleinen wirbellosen Tieren. Auf trockenem Boden lesen sie auch Sämereien auf. Meist sind Krickenten in kleineren Trupps unterwegs.

4 Schnatterente Ánade friso *Anas strepera (Anatidae)*

L 45–55 Sp 84–92 cm

Merkmale Beige-grau-braunes Männchen im Prachtkleid mit schwärzlichem Schwanzteil; im Schlichtkleid orangegelblicher Strich am Schnabel; weißlicher Bauch.

Vorkommen In Feuchtgebieten entlang der spanischen Mittelmeerküste, an großen Binnenseen und in der Coto de Doñana. An Süß- und Brackwasserseen mit dichter Ufervegetation; an Teichen und überfluteten Sumpfwiesen ganzjährig und als Wintergast.

Wissenswertes Hauptnahrungsquelle sind Wasserpflanzen und Samen von Laichkräutern, an die sie „gründelnd" gelangen. Aus Nord- und Mitteleuropa überwintern Tausende von Schnatterenten in den spanischen Feuchtgebieten.

5 Kolbenente Pato colorado *Netta rufina (Anatidae)*

L 56 cm Sp 84–88 cm

Merkmale Männchen (5b) mit rotem Schnabel, steil aufragendem rostroten Kopf mit hochgestellten Stirnfedern, schwarzer Brust und weißbraunen Flanken, Schnabel auch im Schlichtkleid leuchtend rot; Weibchen (5a) einheitlich hellbraun, mit braunem Schnabel.

Vorkommen An der Mittelmeerküste und an flachen Binnenseen im östlichen und südöstlichen Spanien; ganzjährig in flachen, vom Meer abgeschnürten Buchten, Salinen und den Deltabereichen von Ebro und Llobregat; in flachen Binnengewässern des Landesinnern.

Wissenswertes Kolbenenten sind Tauchenten. Sie finden ihre Nahrung durch Abtauchen ins mehrere Meter tiefe Wasser.

Vögel

1 Gleitaar Elanio azul *Elanus caeruleus (Accipitridae)*

L 32–34 cm Sp 74–80 cm

Merkmale Größe eines Turmfalken mit großem, eulenartigem Kopf; kurzer Schwanz und lange, spitze Flügel; hellgraues bis weißes Gefieder; Jungvögel an Kopf, Hals, Brust und Rücken bräunlich gefärbt.

Vorkommen Brutvogel in den weiten Steppengebieten und Steineichenwäldern von Kastilien-León und der Extremadura; nicht häufig.

Wissenswertes Gleitaare sind erst in jüngerer Zeit nach Spanien und Portugal eingewandert. 1975 entdeckten Ornithologen eine erste Brut, heute sind über 500 Brutpaare bekannt. Gleitaare jagen bevorzugt in der Morgen- und Abenddämmerung nach Kleinsäugern, Vögeln und großen Insekten. Der Flug weist lange Segelpassagen auf, in denen die Flügel V-förmig gehalten werden. Beim Balzflug schraubt sich der Vogel spiralförmig nach oben, um dann im Segelflug mit hängenden Beinen hinabzugleiten.

2 Schwarzmilan Milano negro *Milvus migrans (Accipitridae)*

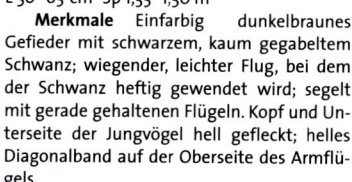

L 50–65 cm Sp 1,35–1,50 m

Merkmale Einfarbig dunkelbraunes Gefieder mit schwarzem, kaum gegabeltem Schwanz; wiegender, leichter Flug, bei dem der Schwanz heftig gewendet wird; segelt mit gerade gehaltenen Flügeln. Kopf und Unterseite der Jungvögel mehr gefleckt; helles Diagonalband auf der Oberseite des Armflügels.

Vorkommen Sommergast in ganz Spanien; fehlt wohl auf den Balearen. Bevorzugt halboffene Landschaften wie Steineichenwälder, mediterranen Hartlaubwald und Macchien; oft in Gewässernähe.

Wissenswertes Schwarzmilane sind in Südeuropa häufig anzutreffen. Als Kulturfolger und Aasfresser bevölkern sie die oft offenen Müllkippen. Darüber hinaus jagen sie jedoch auch Fische, Kleinsäuger und Insekten, wobei die Fische direkt von der Wasseroberfläche aufgelesen werden. Auf Nahrungssuche fliegt der Schwarzmilan in dreißig bis vierzig Metern Höhe über Wasser oder offenem Gelände. Schwarzmilane sind gute Segelflieger. Hierbei werden die Flügel horizontal nach außen gestreckt. Auffällig ist auch der wendige Flug zwischen den Bäumen. Das Nest wird hauptsächlich auf Bäumen mit freiem Anflug errichtet. Bisweilen werden auch alte Greifvogelnester übernommen. In der Regel werden zwei bis vier Eier bebrütet. Im Herbst ziehen etwa 60.000 Schwarzmilane über Gibraltar ins südafrikanische Winterquartier. Diese Art meidet ähnlich wie der Weißstorch das Überqueren größerer Wasserflächen, über denen Aufwinde fehlen. Die Milane umfliegen das Mittelmeer westlich bei Gibraltar oder östlich über den Bosporus. Spanien selbst ist Winterquartier für zahlreiche Schwarzmilane aus Mitteleuropa.

3 Rotmilan Milano real *Milvus milvus (Accipitridae)*

L 60–65 cm Sp 1,40–1,60 m

Merkmale Rostbraunes Gefieder mit hellgrauem Kopf; tief gegabelter rostbrauner Schwanz, Gabelung auch bei Spreizung noch erkennbar; charakteristische weiße Flecken auf der Flügelunterseite; helles Band im Bereich der Oberflügeldecken stärker ausgeprägt als beim Schwarzmilan.

Vorkommen Von den Steppenlandschaften der Extremadura, den Buschwäldern der Coto de Doñana und den Steineichenhainen der Dehesas bis hin zu den Vorpyrenäen und den Felsen von Montserrat, auch auf Müllkippen; häufig anzutreffen.

Wissenswertes Auch die mitteleuropäische Rotmilanpopulation scheint sich wieder zu stabilisieren oder sogar in ihrer Individuenzahl anzusteigen. Während in früheren Jahren Rotmilane, die in Mitteleuropa brüten, fast ohne Ausnahme auf der Iberischen Halbinsel ihr Winterquartier aufsuchten, ist seit einigen Jahren immer öfter zu beobachten, daß diese Vögel auch im Winter bei uns bleiben. Traditionell ernähren sich Rotmilane vorwiegend von kleinen Nagetieren, kleinen Vögeln und Insekten. Ihre Vorliebe für Aas und Abfall machte sie teilweise zu Kulturfolgern. Ihr Nest bauen sie auf Bäumen. Neben dem Nestneubau benutzen sie auch alte Nester, die sie mit Lumpen, Papier und anderen Materialien ausstatten. Viele Paare haben auch Ausweichhorste.

1 Bartgeier Quebrantahuesos *Gypaetus barbatus (Accipitridae)*

L 1,05–1,20 m Sp 2,40–3 m

Merkmale Kopf und Brust gelblich bis orangebraun; schwarzer Schnabelbart; Schwanz und Flügel dunkelgrau bis schwarz; im Flug langer, keilförmiger Schwanz erkennbar; Jungtiere fast einheitlich dunkel gefärbt mit heller Unterseite.

Vorkommen In den Vorpyrenäen; selten. Brütet in steilen Felswänden wild zerklüfteter Hochgebirgsregionen.

Wissenswertes Bartgeier sind Einzelgänger, die fast pausenlos auf der Suche nach verendeten Säugetieren sind. Neben dem Fleisch der Tiere fressen sie auch deren Knochenmark. Um es zu bekommen, lassen sie die Knochen aus großer Höhe herabfallen, so daß diese zerschellen. Der spanische Name „Quebrantahuesos" heißt deshalb „Knochenbrecher". Durch vorsätzliche Vergiftung und Bejagung wurden ihre Bestände stark reduziert. Forstliche Arbeiten und ungezügelter Straßenbau, aber auch Kletterer und Gleitschirmflieger beeinträchtigen Lebensraum und Bruterfolg dieser Geierart.

2 Schmutzgeier Alimoche común *Neophron percnopterus (Accipitridae)*

L 50–70 cm Sp 1,50–1,65 m

Merkmale Langer, spitzer Kopf mit langem, dünnem Schnabel; gräuliches bis weißliches Gefieder; schwarze Handschwingen; Jungvögel dunkelbraun.

Vorkommen In ganz Spanien und auf den Balearen. Im Bergland und auf Müllkippen; häufig.

Wissenswertes In Spanien leben schätzungsweise noch 1.400 Schmutzgeierpaare. Sie sind Allesfresser und ernähren sich hauptsächlich von Aas. Seine Suchflüge nach Beute beginnen der Schmutzgeier erst am Vormittag oder um die Mittagszeit. Schmutzgeier ziehen als einzige spanische Geierart im Winter nach Afrika.

3 Gänsegeier Buitre leonado *Gyps fulvus (Accipitridae)*

L 90–110 cm Sp 2,35–2,80 m

Merkmale Beige bis sandfarbener Körper; langer, kahler Hals mit charakteristischer weißer Halskrause; Flugbild mit breiten, brettartigen Flügeln; kurzer Schwanz, in gespreiztem Zustand leicht keilförmig.

Vorkommen In ganz Spanien und auf den Balearen. In Bergregionen und über steppenartigen Ebenen.

Wissenswertes Etwa 80 % des europäischen Gänsegeierbestandes leben in Spanien. Die Vögel sind gesellig. Sie ernähren sich ausschließlich von toten Tieren, insbesondere größeren Säugetieren. Die Kadaver müssen bereits von anderen Geierarten aufgebrochen sein, damit die Gänsegeier an die von ihnen bevorzugten Eingeweide oder das Muskelfleisch gelangen können. Täglich erkunden sie mehrere hundert Quadratkilometer und erkennen noch aus über 3.000 m Höhe Objekte, die kleiner als ein Meter im Durchmesser sind.

4 Mönchsgeier Buitre negro *Aegypius monachus (Accipitridae)*

L 1–1,10 m Sp 2,45–3 m

Merkmale Größte europäische Geierart; einheitlich dunkelbraunes bis schwarzes Gefieder; hell- bis dunkelbrauner typischer Federkragen; dunkler Fleck um die Augen; wirkt im Flug wie ein segelndes Brett.

Vorkommen In Zentralspanien (z.B. Sierra de Gredos, Sierra Morena); vereinzelt auf den Balearen. In abgelegenen bergigen Waldgebieten und Steineichenwäldern.

Wissenswertes Mönchsgeier bauen massiv wirkende Baumhorste auf Steineichen, Kiefern oder anderen Bäumen. Sie leben in kleineren Kolonien oder in Einzelhorsten. Sie sind Aasfresser, schlagen mitunter aber auch lebende Tiere. Mönchsgeier waren noch vor 30 Jahren die am meisten bedrohte Geierart in Spanien. Nach dem Verbot von Giftködern haben sich die Bestände etwa bei 700 Paaren stabilisiert. Allein im Naturpark Monfragüe (Extremadura) und dessen Umgebung siedeln wieder mehr als 200 Mönchsgeierpaare. Von hier aus erfolgte auch eine Wiederbesiedlungswelle anderer geeigneter Lebensräume in Spanien. Auf Mallorca wurde ein Wiederansiedlungsprojekt gestartet.

1 Kornweihe Aguilucho pálido *Circus cyaneus (Accipitridae)*

L 42–50 cm Sp 95–115 cm

Merkmale Männchen **(1a)** bläulichgrau mit weißen Oberschwanzdecken; schwarze Flügelspitzen; Weibchen **(1b)** mit dunkelbrauner Oberseite und beigebraun gestreifter Unterseite; Jungtiere unterseits rostbraun.

Vorkommen Brutvogel in Nordspanien; Wintergast in weiten Teilen Spaniens; Wintergast und Durchzügler auf den Balearen.

Brütet in Heidelandschaften und Moorgebieten; im Winterquartier in offenen Steppenlandschaften.

Wissenswertes Besonders im Winter bevölkern Kornweihen im Verbund mit Rotmilanen und Schwarzmilanen die weiten Steppengebiete im spanischen Südwesten. Beutetiere sind fast hauptsächlich Vögel und Kleinsäuger.

2 Rohrweihe Aguilucho lagunero *Circus aeruginosus (Accipitridae)*

L 48–55 cm Sp 1,10–1,30 m

Merkmale Männchen braun mit hellem bis silbergrauem Schwanz und silbergrauen Flügeln; Weibchen und Jungvögel dunkelbraun mit cremefarbenem Kopf.

Vorkommen In ganz Spanien und auf den Balearen. In Feuchtgebieten mit großen

Schilfflächen, Sümpfen, Wiesen und Seggengebieten.

Wissenswertes Im Frühjahr fällt der akrobatische Balzflug der Rohrweihenmännchen auf. Ihr gaukelnder Suchflug mit V-förmig gehaltenen Flügeln und gemächlichen Flügelschlägen ist unverkennbar.

3 Habicht Azor *Accipiter gentilis (Accipitridae)*

L 48–60 cm Sp 90–120 cm

Merkmale Männchen oberseits graubraun, Weibchen tiefer grau; Altvögel unterseits eng weißbraun quergebändert („gesperbert"); Männchen kleiner als Weibchen.

Vorkommen In ganz Spanien und auf den Balearen. In Nadel- und Laubwäldern.

Wissenswertes Der Habicht ist ein typischer Ansitzjäger. Er erbeutet Drosseln Hühnervögel, Krähen oder Tauben und Kleinsäuger. Ähnlich wie der Sperber kreist auch der Habicht bei guter Thermik ohne Flügelschlag, wobei er an seinen nach vorn geschobenen Flügeln gut erkennbar ist.

4 Sperber Gavilán *Accipiter nisus (Accipitridae)*

L 28–36 cm Sp 65–80 cm

Merkmale Männchen oberseits graublau, unterseits rostfarben und beige quergebändert; Weibchen oberseits graubraun, unterseits dünne grauweißliche Querbänderung; Schwanzspitze gerade abgeschnitten; Weibchen auffallend größer als Männchen.

Vorkommen In ganz Spanien und auf den Balearen. In Wäldern und offenem Gelände mit Feldgehölzen.

Wissenswertes Sperber haben einen charakteristischen Flug: Sie fliegen abwechselnd hastig schlagend und gleitend um Büsche und Bäume. In diesem niedrigen Suchflug erbeuten sie Vögel bis zur Größe von Rothuhn oder Taube. Oft beobachtet man sie auch auf einer Ansitzwarte, von der sie unter Ausnutzung der Deckung die Beute schnell angreifen. Sperber bauen ihre Nester bevorzugt auf Fichten und Kiefern.

5 Wespenbussard Halcón abejero *Pernis apivorus (Accipitridae)*

L 50–60 cm Sp 1,20–1,45 m

Merkmale Oberseite dunkelbraun bis matt grau, Unterseite beigebraun gefleckt; langer Hals; Kopf ist beim Männchen grau, beim Weibchen beigebraun; Schwanz mit doppelter dunkler Binde.

Vorkommen Ganz Spanien ist das Durchzugsgebiet in die afrikanischen Winter-

quartiere; in der Extremadura ganzjährig. In lichten Laubwäldern.

Wissenswertes Seinen Namen erhielt der Wespenbussard durch seine Vorliebe für Wildbienen und Wespen sowie deren Larven. Sie werden erbeutet, indem die Waben durch Fußscharren ausgegraben werden. Wespenbussarde sind Langstreckenzieher.

 Vögel

1 Habichtsadler Águila perdicera *Hieraaetus fasciatus (Accipitridae)*

L 65–75 Sp 1,45–1,65 m

Merkmale Oberseite dunkelbraun; Altvögel mit weißlichem Bauch und dunklen Unterflügeln; Jungvögel oberseits hellbeige, Brust- und Bauchgefieder rostfarben bis gelblich; auffallend schwarze Spitzen der Handschwingen; Schnabel dunkelblau bis grau mit fast schwarzer Spitze; Wachshaut und Füße gelb.

Vorkommen In ganz Spanien und auf den Balearen. In offenen Berglandschaften, an steilen Berghängen und Schluchten.

Wissenswertes Habichtsadler sind selten geworden. Sie kreisen oft paarweise entlang von Felshängen, mitunter in großen Höhen. Sowohl im Suchflug, als auch durch Ansitzjagd erbeuten sie junge Kaninchen, kleinere Vögel und Reptilien.

2 Zwergadler Águila calzada *Hieraaetus pennatus (Accipitridae)*

L 42–48 cm Sp 1,15–1,30 m

Merkmale Kleinster europäischer Adler; oberseits braungrau; unterseits weißlich bis ockerfarben (helle Variante); einheitlich dunkelbraun mit hellem Schwanz (dunkle Variante); drei innere Handschwingen hell und durchscheinend; Schwanz gräulich.

Vorkommen In ganz Spanien und auf den Balearen. In Laubwäldern und Bergländern, auch in Ebenen.

Wissenswertes Zwergadler brüten auf Bäumen oder im Felshorst. Sie fressen Kleinsäuger wie junge Kaninchen, Ratten oder Wühlmäuse, Vögel und Eidechsen.

3 Schlangenadler Águila culebrera *Circaetus gallicus (Accipitridae)*

L 62–72 cm Sp 1,65–1,85 m

Merkmale Äußerst hell und langflügelig; großer eulenartiger Kopf; braungraue Oberseite; helle Flügeldecken; Kopf und Brust meist dunkel; Bauch leicht quergebändert; Schwanz mit drei bis vier deutlich erkennbaren Enden.

Vorkommen In ganz Spanien; fehlt auf den Balearen. In hügeliger Landschaft mit einzelnen höheren Bäumen, in Steineichenwäldern und Ebenen.

Wissenswertes Schlangenadler errichten ihre Horste überwiegend in den Baumkronen von Kork- und Steineichen. Gemäß seinem Namen ernährt sich dieser Vogel hauptsächlich von Schlangen, zum Teil auch von Blindschleichen und Echsen.

4 Steinadler Águila real *Aquila chrysaetos (Accipitridae)*

L 76–90 cm Sp 1,95–2,30 m

Merkmale Dunkelbraun bis goldbraun gefärbt; Oberkopf und Nacken ockerfarben; langer, gleichmäßig gerundeter Schwanz (keine Keilform) fast weiß mit schwarzer Endbinde; grauer Schnabel mit schwarzer Spitze.

Vorkommen In Berg- und Felsregionen ganz Spaniens und der Balearen.

Wissenswertes Steinadler ernähren sich von Säugern wie Kaninchen oder Füchsen sowie auch von größeren Säugern, wenn diese krank oder schwach sind. Mitunter gehen Steinadler auch an Aas. Die Beute wird meist im Überraschungsangriff geschlagen. Steinadler brüten an Felsvorsprüngen oder in großen Bäumen.

5 Spanischer Kaiseradler Águila imperial ibérica *Aquila adalberti (Accipitridae)*

L 70–84 cm Sp 1,80–2,10 m

Merkmale Dunkelbraun; gedrungen; auffallend weißes Schulterfeld und weißer Flügelvorderrand; innere Schwanzfedern grau; Beine bis zu den Füßen befiedert.

Vorkommen In der Extremadura, der Coto de Doñana und den Montes de Toledo. In Dehesas, Hartlaubwäldern, Steppen und offenen Landschaften.

Wissenswertes Der massig wirkende Horst wird auf Bäumen erbaut. Die Gelege bestehen in der Regel aus zwei weißlichen Eiern. Da Kaninchen die wichtigste Nahrungsgrundlage für die Spanischen Kaiseradler darstellen, führten verschiedene Kaninchenepidemien einhergehend mit Lebensraumwandel durch großflächige Eukalyptusanpflanzungen zu akutem Nahrungsmangel.

  Vögel

1 Turmfalke Cernícalo vulgar *Falco tinnunculus (Falconidae)*

L 33–38 cm Sp 66–80 cm

Merkmale Männchen (**1a**) mit grauem Kopf, rotem Rücken mit graubraunen Flecken und grauem Schwanz, Unterseite cremefarben; Weibchen (**1b**) und Jungvögel mit graubraun gebändertem Kopf und graubraunen Flecken auf Rücken und Flanken, Unterseite dunkler und stärker gefleckt oder quergebändert; Schnabelbasis gelblich, zur Schnabelspitze hin gräulich bis blau.

Vorkommen In ganz Spanien und auf den Balearen. Auf freien Flächen mit geringer Vegetationsdichte; besiedelt die unterschiedlichsten Lebensräume von der Küste bis ins Hochgebirge.

Wissenswertes Als häufigste Falkenart Europas brütet der Turmfalke in alten Nestern von Rabenvögeln, Tauben oder Greifvögeln auf Bäumen oder aber an Kirchtürmen (Name!) und anderen Gebäuden.

2 Baumfalke Alcotán *Falco subbuteo (Falconidae)*

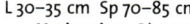

L 30–35 cm Sp 70–85 cm

Merkmale Oberseite dunkelgrau bis braun, Unterseite beige mit brauner Tropfenfleckung; Altvögel mit rotbraunen Hosen; Wangen und Kehle weißlich mit dunklem Bartstreif; im Flug sichelförmige Flügel.

Vorkommen In ganz Spanien und auf den Balearen. In parkartigen Landschaften und offenem Gelände mit Gehölzgruppen.

Wissenswertes Baumfalken sind tagaktive Tiere. Sie ernähren sich hauptsächlich von Libellen und anderen Großinsekten, aber auch von Kleinvögeln. Während der Balz werden im Frühling Flugspiele durchgeführt, die von intensivem Rufen begleitet werden. Baumfalken bauen keine eigenen Nester sondern benutzen Nestunterlagen von Elstern, Milanen oder Sperbern.

3 Rötelfalke Cernícalo primilla *Falco naumanni (Falconidae)*

L 28–32 cm Sp 60–70 cm

Merkmale Männchen einheitlich rostfarben, graublaue große Armdecken, weißliche Krallen; Weibchen kaum von Turmfalken zu unterscheiden, jedoch mit gräulichen Oberschwanzdecken, gelbe Füße mit hornfarbenen Krallen; Schnabelbasis gelblich, zur Spitze hin dunkler werdend.

Vorkommen In ganz Spanien mit Ausnahme von Nordspanien, der Pyrenäen und der Mittelmeerküste; fehlt auf den Balearen. In offenen Landschaften mit Steppen- und Wüstencharakter; auch in Siedlungen.

Wissenswertes Rötelfalken sind in Spanien häufig zu beobachten. Sie brüten an Ruinen, Kirchtürmen oder anderen Gebäuden unter den für Spanien typischen Mönch- und Nonnenziegeln. In Cáceres und Trujillo brüten zahlreiche Rötelfalken unter den Dächern der Konquistadorenpaläste. Ein richtiges Nest wird nicht gebaut. Die Gelege mit 3–6 Eiern werden in ein paar Dunen abgelegt und bebrütet. Rötelfalken sind tagaktive Tiere, die oft in Trupps jagen. Sie ernähren sich überwiegend von Insekten wie Käfern, Heuschrecken oder Ameisen.

4 Wanderfalke Halcón común *Falco peregrinus (Falconidae)*

L 40–52 cm Sp 90–112 cm

Merkmale Oberseite einheitlich schiefergrau mit etwas dunklerer Kopffärbung; Bürzel und Oberschwanzdecken heller bläulichgrau; Kehle und Halsstreifen bis auf einen dunklen Balkenstreif weißlich gefärbt; Unterseite weiß mit dunkelgrauer, feiner Bänderung; gelbe Wachshaut; Jungvögel braungrau bis schwarzbraun, Unterseite gelblich bis weißlich mit brauner Längstropfung, undeutlichem Bartstreif und bläulichgrauer Wachshaut.

Vorkommen In ganz Spanien und auf den Balearen. An Felswänden, Steilküsten und im offenen Gelände.

Wissenswertes Wanderfalken erbeuten ihre Nahrung, fast ausschließlich Vögel, in der Luft. Bei ihren Sturzflügen erreichen sie kurzfristig Geschwindigkeiten bis zu 300 km/h. Wanderfalken richten ihre Nestmulde in Felsnischen ein. Die Eier werden bis heute von Horstplünderern weltweit an Sammler oder Falkner verkauft. Erst intensive Horstbewachung konnte diese Praxis eindämmen.

1 Kranich Grulla común *Grus grus (Gruidae)*

L 1,12–1,30 m Sp 1,80–2,30 m

Merkmale Groß; schiefergrau; lange Beine; roter Fleck am Hinterkopf; lange silberne Schirmfedern, länger als der Schwanz.

Vorkommen Ab Oktober/November als Durchzügler im Norden und Osten Spaniens; von Mitte November bis Mitte März in der Extremadura. In den Steineichenwäldern der Dehesas und an feuchten Flachgewässern.

Wissenswertes Fast 70.000 Kraniche überwintern im spanischen Südwesten. Tagsüber streifen die majestätisch wirkenden Vögel in kleinen Trupps umher, um gemeinsam nach Steineicheln zu suchen. Abends fliegen sie zu ihrem gemeinsamen Schlafplatz am Ufer flacher Seen. Unter lautem Rufen versammeln sich oft zwischen 1.000 und 5.000 Vögel. Kraniche ziehen in großen Trupps und Linien- oder Wellenform oder V-Formation. Nach der Trockenlegung vieler Feuchtgebiete kommen etwa 65.000 Kraniche für eine Zwischenrast an den flachen See Laguna de Gallocanta im Hochland von Aragón. Nach 2-3 Wochen fliegen sie in die Dehesas der Extremadura, um dort den Winter zu verbringen.

2 Rothuhn Perdiz común *Alectoris rufa (Phasianidae)*

L 32–35 cm Sp 46–50 cm

Merkmale Kontrastreich gezeichneter Kopf mit weißer Kehle; schwarzes Brustband; grauer Rücken; Schnabel und Beine rot.

Vorkommen In ganz Spanien und auf den Balearen. Häufig in offenen, trockenen Landschaften und auf landwirtschaftlich genutzten Flächen; meist in Gegenden mit steinigem und Gestrüpp durchsetztem Gelände.

Wissenswertes Rothühner nehmen in Spanien südlich der Pyrenäen die Stelle unserer mitteleuropäischen Rebhühner ein. Während der Brutzeit leben die Vögel paarweise. Eine vom Weibchen gescharrte, mit Halmen ausgelegte Mulde dient als Nistplatz. Die Nahrung besteht überwiegend aus Sämereien, kleinen Blättchen, Grasspitzen, Knospen, Beeren aber auch Insekten und Spinnen. In Südspanien lebt außerdem das ähnliche **Steinhuhn** *(Alectoris graeca)*. Dieses ist jedoch oberseits grauer, die helle Kehle ist nur durch ein schwarzes Band begrenzt.

3 Wasserralle Rascón *Rallus aquaticus (Rallidae)*

L 24–28 cm Sp 38–44 cm

Merkmale Oberseite dunkelbraun mit schwarzen Flecken; Kopfseiten und Unterseite grau; Flanken schwarzweiß gestreift; Unterschwanzdecken weiß; langer roter Schnabel und lange rötliche Beine.

Vorkommen In ganz Spanien und auf den Balearen. Im Bereich von Binnengewässern mit dichter Ufervegetation wie Schilf- oder Seggenbeständen und anderen Sumpfgebieten.

Wissenswertes Wasserrallen sind scheue und zurückgezogen lebende Vögel. Sie ernähren sich von Insekten, Kleinkrebsern, Würmern, Amphibien, deren Laich und Larven, mitunter auch von kleinen Fischen. Das Nest wird aus Blättern von Schilf und anderem Röhricht auf umgeknicktem Rohr oder auf Seggenbülten und auf festem Boden stets gut versteckt – erbaut. Die schwärzlich gefärbten Dunenjungen folgen schon bald nach dem Schlüpfen den Eltern aufs Wasser.

4 Teichhuhn Polla de agua *Gallinula chloropus (Rallidae)*

L 32–34 cm Sp 50–54 cm

Merkmale Kopf und Körper schwarz; Schnabel rot mit gelber Spitze; rotes Stirnschild; weiße Unterschwanzdecken; grüne Beine.

Vorkommen In ganz Spanien und auf den Balearen. In Schilfzonen von Flüssen, kleineren Seen, Tümpeln, Gräben, Teichen oder Brackwassersümpfen.

Wissenswertes Teichhühner sind auch an ihrem rhythmischen Nicken beim Schwimmen und Gehen zu erkennen. Das Nest wird meist aus Schilfbestandteilen im Röhricht oder im Gestrüpp in Ufernähe gebaut. Die schwärzlich gefärbten Dunenjungen weisen eine rote Stirn und gelbe Schnabelspitze auf. Sie folgen den Eltern nach dem Trocknen ins Wasser.

 Vögel

1 Zwergtrappe Sisón *Tetrax tetrax (Otididae)*

L 40–46 cm Sp 95–110 cm

Merkmale Männchen (**1a**) mit schwarz-weißem Hals, Wangen und Kehle grau, weißer Kragen am Kropf, Rücken mittelbraun, Bauch beige; Weibchen (**1b**) oberseits beige und braun gebändert, Kopf einheitlich beigebraun, unterseits hellbraun.

Vorkommen In Steppengebieten Südwest-Spaniens und im Ebrobecken.

Wissenswertes Während der Balz, die man morgens und abends beobachten kann, ruft das Männchen am Boden mit erhobenem Kopf, schlägt mit den Flügeln und verfolgt dann das Weibchen mit nach vorn gestrecktem Hals und aufgeplusterter Halskrause. Ihr Nest errichten Zwergtrappen in einer flachen Erdmulde. In der Regel legen sie 3–5 Eier. Sie ernähren sich von Insekten,

Pflanzen und deren Früchten. Während zur Beobachtung der scheuen Großtrappen schon etwas Glück gehört, können Zwergtrappen im April und Mai während der Balz auf den baumärmeren, steppenartigen Weidegebieten beobachtet werden. Zusammen mit Sand- und Spießflughuhn, Triel, Mittelmeersteinschmätzer, Grauammer und anderen ist die Zwergtrappe eine typische Vogelart weiter, extensiv beweideter Gebiete. Viele dieser Tierarten weisen in Spanien die größten Populationen des gesamten Mittelmeergebietes auf, die Zwergtrappe hat gar das weltweit größte Vorkommen ihrer Art in Spanien. So wurden beispielsweise bei Probezählungen auf einer Fläche von 1.000 km² in den Steppengebieten zwischen Trujillo und Cáceres 20.000 Zwergtrappen gezählt.

2 Großtrappe Avutarda *Otis tarda (Otididae)*

L 75–100 cm Sp 1,80–2,50 m

Merkmale Großer Laufvogel; Oberseite rostbraun und schwarz gebändert; Kopf und Hals weißlich bis grau; Männchen mit rostrotem Brustband und weißen Barthaaren; Männchen deutlich größer als Weibchen.

Vorkommen In Steppengebieten der Extremadura, Kastiliens und anderer Bereiche; auch auf großen landwirtschaftlich genutzten Flächen (Weidegebiete).

Wissenswertes Die Männchen wiegen bis zu 20 kg und sind somit die schwersten flugfähigen Landvögel der Welt. Die kleineren Großtrappentrupps lösen sich im Frühjahr zur Brutzeit auf, und die Männchen besetzen ihre Reviere. Zu einer dauerhaften Paarbildung kommt es nicht. Im März/April ist das imposante Balzverhalten der Männchen zu beobachten. Hierbei werden die weißen Unterflügel- und Unterschwanzdecken teilweise nach oben gedreht, der Kopf ins Gefieder gesteckt und kräftig aufgeplustert. Wie ein Schneeball dreht sich das Männchen vor den Weibchen im Kreis. Großtrappen ernähren sich von grünen Pflanzenteilen, Sämereien, Insekten, Würmern und kleinen Wirbeltieren wie Fröschen und Mäusen. Das in den 8oer Jahren verhängte Jagdverbot trug wesentlich zur Stabilisierung der Trappenbestände bei.

3 Triel Alcaraván *Burhinus oedicnemus (Burhinidae)*

L 40–45 cm Sp 75–85 cm

Merkmale Großer, gedrungener Watvogel; etwa so groß wie ein Brachvogel; kräftiger Schnabel mit gelber Schnabelbasis; gelbe große Augen; Gefieder oberseits beige bis braun; helle waagerechte Flügelbinde.

Vorkommen In ganz Spanien und auf den Balearen. Auf Brachflächen, sandigen und steinigen Flächen, in Heiden, Halbwüsten und Steppen.

Wissenswertes Der Triel ist ein nachtaktiver Vogel. Tagsüber schläft er gut getarnt. Er lebt von Insekten, Würmern und Schnecken, frißt aber auch Amphibien, kleine

Nager und mitunter junge Kleinvögel. Die zwei gräulich, dunkelgefleckten Eier werden in einer flachen, mit kleinen Kieseln und manchmal auch mit Kaninchenkot oder Halmen ausgestatteten Nestmulde gelegt. Sowohl Männchen als auch Weibchen brüten. Die Jungen sind nach etwa 6 Wochen selbständig. Es erfolgen 1–2 Bruten im Jahr. Die iberische Halbinsel ist für den Triel auch ein wichtiges Überwinterungsgebiet, vor allem für Vögel von den britischen Inseln sowie aus Nordeuropa. Früher war der Triel auch in Mitteleuropa heimisch, heute ist er dort nahezu ausgestorben.

  Vögel

1 Stelzenläufer Cigüenuela *Himantopus himantopus (Recurvirostridae)*

L 36–40 cm Sp 78–82 cm

Merkmale Watvogel mit langen, dünnen, rosaroten Beinen; weißes Gefieder mit schwarzen Flügeln; langer, dünner Schnabel.

Vorkommen In spanischen Küstenbereichen. An Küstenlagunen, flachen Seen, Flußmündungen, Salinen, Brackwasserseen, in Sumpfwiesen und Reisfeldern.

Wissenswertes Der Stelzenläufer ist im Mittelmeerbereich Brutvogel, wo er von April bis August beobachtet werden kann. Im Winter zieht er in die afrikanischen Winterquartiere südlich der Sahara. Die Nahrung besteht aus Insekten und deren Larven, aber auch aus Muscheln, Schnecken, Würmern, Amphibienlarven und kleineren Krebstieren. Die Nahrung wird im Laufen mit dem langen Schnabel aus dem seichten Wasser oder vom Boden aufgepickt. Die Eier werden in eine Nestmulde, die mit wenigen Halmen ausgepolstert ist und sich im offenen Gelände befindet, abgelegt. Weibchen und Männchen brüten abwechselnd die 3–4 Eier während einer Dauer von ca. 24 Tagen aus. Oft können kolonieartige Brutansammlungen beobachtet werden.

2 Goldregenpfeifer Chorlito dorado *Pluvialis apricaria (Charadriidae)*

L 26–28 cm Sp 65–75 cm

Merkmale Oberseite gelblich bis grün; weiße Achselfedern; Unterseite schwarz; Weibchen eher einheitlich gelb-grün-braun gefärbt.

Vorkommen Wintergast in den Küstensumpflandschaften der Mittelmeerküste und der Balearen sowie in Steppenlandschaften der Extremadura und Kastiliens.

Wissenswertes Mehr als 45.000 überwinternde Goldregenpfeifer wurden auf einer Probefläche von 1.000 Hektar in der Extremadura ermittelt. Das Beispiel des Goldregenpfeifers macht deutlich, wie unterschiedlichste Lebensräume vernetzt sind. Betrachtet man die steppenartigen Bereiche sowie die Küstensumpflandschaften, die als Überwinterungsgebiete gewählt werden, und die Brutgebiete, die sich in den Mooren mit niedriger Vegetation und arktischen Heiden befinden, so wird deutlich, daß für das Überleben dieser Art die unterschiedlichsten Biotoptypen erforderlich sind. Die Nahrung besteht aus Insekten und deren Larven, Mollusken, Würmern, Spinnen, mitunter auch aus grünen Pflanzenteilen, Beeren und Samen.

3 Kiebitz Avefría *Vanellus vanellus (Charadriidae)*

L 28–30 cm Sp 72–75 cm

Merkmale Großer, schwarzweißer Watvogel mit langem Schopf und grünlich schillerndem Rücken; Gesicht, Kinn, Kehle und Brustschild dunkelbraun bis schwarz; Bauch weiß; Weibchen mit weißer Kehle und kürzerem Federschopf; Jungvögel ebenfalls mit kürzerem Schopf, Kehle blaß, Oberseite gelbbräunlich geschuppt.

Vorkommen Ganzjährig in der Extremadura und in Andalusien; im Winterhalbjahr in ganz Spanien und auf den Balearen. Auf Äckern, Weiden, Wiesen und in Feuchtgebieten.

Wissenswertes Kiebitzmännchen haben ein auffälliges Balzverhalten mit steilen Aufstieg- und fast senkrecht nach unten gerichteten Absturzphasen. Imposant sind die riesigen Schwärme auf den baumärmeren, steppenartigen Weidegründen der Extremadura zwischen Trujillo und Cáceres, wo regelmäßig 250.000 Kiebitze als Wintergäste gezählt werden. Ab Oktober kommen große Schwärme von Kiebitzen, Regenpfeifern, Lerchen und Kranichen in die Steppengebiete Südwestspaniens und suchen auf den Wiesen und Äckern nach Sämereien. Überhaupt ist die Ernährung des Kiebitzes recht vielseitig. Vor allem während der Brutzeit sind es Insekten bzw. deren Larven, wie z.B. Käfer, Schmetterlingslarven, Fliegenlarven, Heuschrecken, oder auch Würmer. Um an diese Tiere zu gelangen, stochert er mit seinem spitzen Schnabel in der obersten Bodenschicht. Durch spezielles Klopfen am Boden lockt er die Bodenlebewesen heraus. Sämereien und Früchte ergänzen den Speisezettel. Kiebitze bauen Bodennester, oft in wenig erhöhter Position. Bis zu 4 birnenförmige Eier von olivgrün bis bräunlicher Färbung mit schwarzen Sprenkeln werden bebrütet. Dabei wechseln sich Männchen und Weibchen ab.

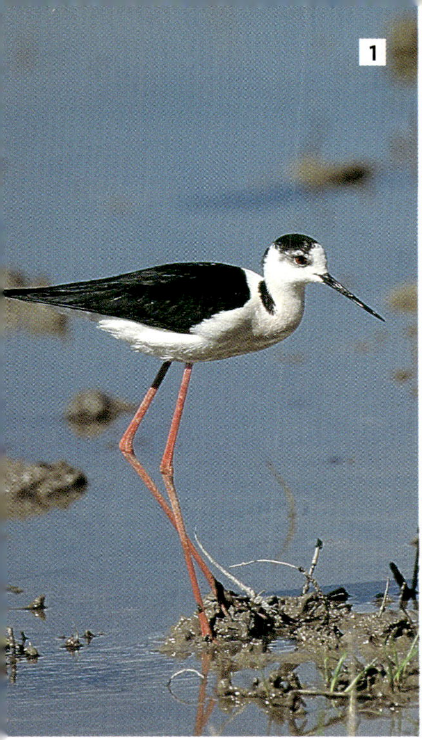

1

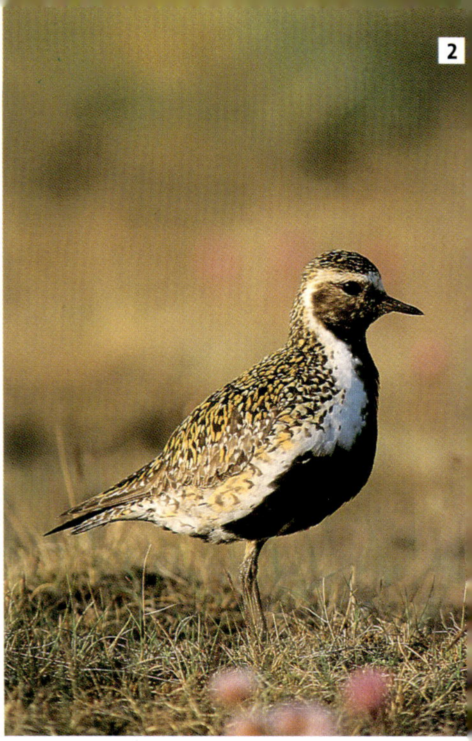

2

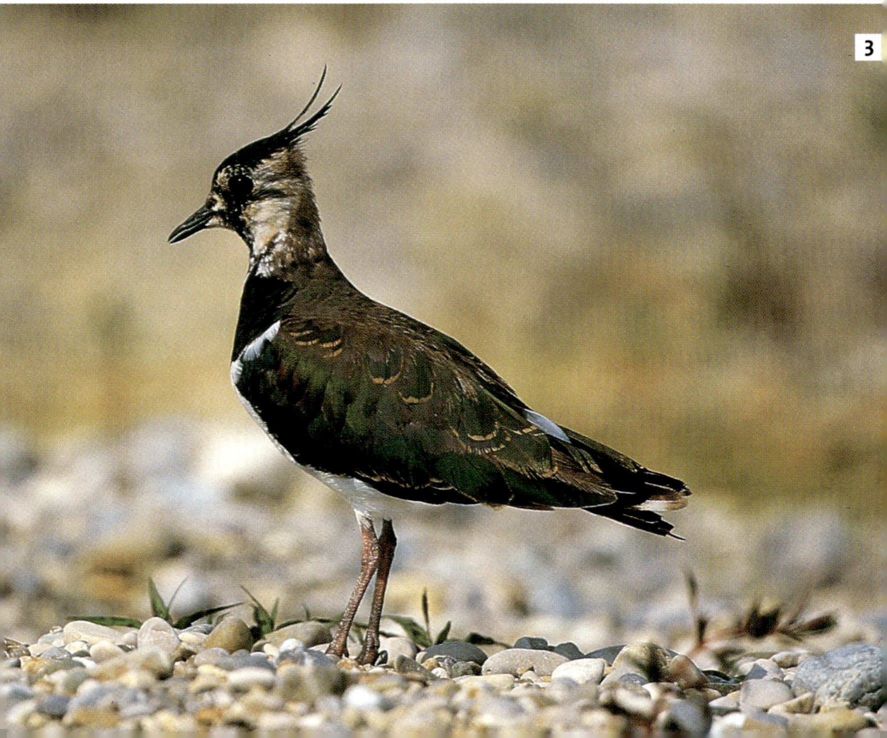

3

1 Korallenmöwe Gaviota de Audouin *Larus audouinii (Laridae)*

L 48–50 cm Sp 1,20–1,32 m

Merkmale Altvögel an dunkelrotem Schnabel mit schwarzer Spitze und dunkelgrauen Beinen eindeutig erkennbar; bei Jungvögeln Kopf, Hals und Brust grau, Unterseite grau meliert, braunschwarzer „Mantel" mit beigebraunen Federrändern, dunklen Schwungfedern und dunkelbraunen großen Decken, Schnabel zunächst grün.

Vorkommen Lokal im Ebrodelta, dem Delta del Llobregat und auf den Balearen. An

Felsküsten, in Dünengebieten, gelegentlich auch auf dem offenem Meer.

Wissenswertes Korallenmöwen sind selten. Die meisten leben hier ganzjährig in kleineren Kolonien. Manche Individuen ziehen jedoch zur westafrikanischen Küste (Kurzstreckenzieher!). Im Vorbeifliegen werden Fische ergriffen, die nahe an der Wasseroberfläche schwimmen. Außerdem werden Tintenfische, Schnecken, Muscheln oder verschiedene Krebstiere erbeutet.

2 Weißkopfmöwe Gaviota patiamarilla *Larus cachinnans michahellis (Laridae)*

L 55–66 cm Sp 1,32–1,55 m

Merkmale Der Silbermöwe ähnlich, aber mit längerem Hals und längeren Beinen; Flügel überragen den Schwanz sehr weit; Altvögel mit dunklerem Mantel, gelben Beinen und orangefarbenem Lidring.

Vorkommen In ganz Spanien und auf den Balearen. An der Küste und an Binnengewässern.

Wissenswertes Im gesamten Mittelmeerraum ist die Unterart „*michahellis*" der

Weißkopfmöwen verbreitet. Weißkopfmöwen brüten an Fels- oder Sandküsten, im Mündungsbereich von Flüssen, und auf Flußbänken. Ihre Nester bauen sie meist am Boden. Eine einfache Bodenmulde wird mit Materialien aus der Umgebung ausgelegt, in die 2–3 Eier gelegt werden. Brutzeit ist in Spanien schon Mitte März bis Ende April. Neben Abfällen, die sie auf Müllkippen finden, leben sie hauptsächlich von Fischen, Kleinsäugern, Amphibien, Insekten oder Schnecken.

3 Zwergseeschwalbe Charrancito *Sterna albifrons (Sternidae)*

L 22–23 cm Sp 48–53 cm

Merkmale Kleinste europäische Seeschwalbenart, zierlich, mit schlanken Flügeln; gelber Schnabel mit schwarzer Spitze; weiße Stirn; schwarzer Hinterkopf; dunkelbraune Iris; orangefarbene bis gelbliche Beine.

Vorkommen In ganz Spanien und auf den Balearen. Nistplätze an vegetationsarmen sandigen und kiesigen Küstenabschnitten sowie auf Sand- oder Kiesbänken von Flüssen.

Wissenswertes Der Flug der Zwergseeschwalben erfolgt – untypisch für Seeschwalben – mit schnellen Flügelschlägen. Um kleine Fische oder Krebse zu erbeuten, taucht die Zwergseeschwalbe oft in schneller Abfolge. Hierzu stößt sie aus mehr als 6 m Höhe blitzschnell herab. Im Binnenland werden auch Insekten gejagt. In lockeren Kolonien brüten Zwergseeschwalben zusammen mit Flußseeschwalben, Sand- oder Seeregenpfeifern.

4 Flußseeschwalbe Charrán común *Sterna hirundo (Sternidae)*

L 33–35 cm Sp 86–95 cm

Merkmale Unverkennbar; Oberseite hellgrau, Unterseite weiß; schlanker orangefarbener bis roter Schnabel mit schwarzer Spitze; flache schwarze Stirn und schwarze Kopfhaube; langer, tief gegabelter Schwanz.

Vorkommen Ursprünglich in ganz Spanien; wohl auch auf den Balearen. Auf Sand- und Kiesbänken von Binnengewässern sowie in Dünenbereichen flacher Meeresküsten.

Wissenswertes Flußseeschwalben sind

Koloniebrüter. Die Koloniegründung erfolgt einige Tage nach der Ankunft aus den Winterquartieren nördlich des Äquators. Hierbei gibt es eine genaue Rangordnung. Zunächst besetzen ältere reviertreue Individuen das Territorium. Erst- und Zweitbrüter besiedeln in der Regel die Randgebiete der Kolonie. Flußseeschwalben fangen kleine Fische, Krebse oder Insektenlarven aus dem Wasser. Insekten, die knapp über dem Wasser oder dem Boden schwärmen, werden im Flug erbeutet.

1 Spießflughuhn Ganga *Pterocles alchata (Pteroclididae)*

L 31–38 cm Sp 54–64 cm

Merkmale Kein schwarzer Bauch; lange, spießförmige Schwanzfedern (Steuerfedern); typischer schwarzer Augenstreif.

Vorkommen In Steppengebieten Spaniens, vor allem der Extremadura und des Ebrotales.

Wissenswertes Spießflughühner sind die kleinsten Flughühner. Mit ihren kurzen Beinen können sie am Boden nur trippeln. Dafür sind sie äußerst fluggewandt. Ein naher Verwandter des Spießflughuhns ist das in Europa nur in Spanien vorkommende **Sandflughuhn** (*Pterocles orientalis*). Sie sind an der unterschiedlichen Zeichnung und am fehlenden „Spieß" beim Sandflughuhn zu unterscheiden. Sandflughühner haben im Gegensatz zu den Spießflughühnern einen schwarzen Bauch. Die Brust der Weibchen ist gefleckt, ihr Kopf gestrichelt. Die Kehle der Männchen ist schwarz, die der Weibchen hell. Das Sandflughuhn ist die seltenere Art in Spanien. Spieß- und Sandflughuhnmännchen waten an den oft weit entfernten Wasserstellen bis zum Bauch ins Wasser, tränken ihr Brustgefieder mit Wasser und kehren zum Nistplatz zurück. Dort nehmen die Jungen dann die Wassertröpfchen aus dem Gefieder auf.

2 Häherkuckuck Críalo *Clamator glandarius (Cuculidae)*

L 38–41 cm Sp 58–65 cm

Merkmale Großer, markanter Vogel mit sehr langem Schwanz; Kopf dunkelgrau bis schwarz mit schwarzer Haube; Hals weiß mit seitlichem gelbem Fleck; Flügeldecken dunkel mit weißlichen Federrändern.

Vorkommen In ganz Spanien als Brutvogel; auf den Balearen als Durchzügler. In halboffenen Landschaften wie z.B. Mandel- oder Olivenhainen und Dehesas.

Wissenswertes Der Häherkuckuck legt seine Eier bevorzugt in Elster-, Blauelster- oder Krähennester. Mitunter legt er gleich mehrere Kuckuckseier in ein Nest! Während das Weibchen die Eier ablegt, lenkt das Männchen die Wirtsvögel ab. Die Brutpflege wird von den Wirtsvögeln übernommen. Da die Brutzeit der Kuckuckseier ungefähr 5–7 Tage kürzer ist als bei Elstern, findet ein regelrechter Verdrängungswettbewerb im Nest statt. Der Häherkuckuck ist ein Insektenfresser und ernährt sich hauptsächlich von Raupen. Er hält sich in Spanien nur von März/April bis spätestens Anfang August auf.

3 Felsentaube Paloma bravía *Columba livia (Columbidae)*

L 31–33 cm Sp 64–70 cm

Merkmale Kopf und Hals dunkelgrau; Augen rotbraun; seitliche Halspartie violett bis grünlich schillernd; Flügel hellgrau mit zwei dunkelgrauen Querbinden; weißer Rücken.

Vorkommen In ganz Spanien und auf den Balearen. In felsigen Berg- und Wüstengebieten und an Felsküsten.

Wissenswertes Das Nest der Felsentaube ist eine Ansammlung von wenigen Halmen und Blättern, in die sie zwei Eier legen. Die Jungen sind Nesthocker und werden mit der sogenannten Taubenmilch gefüttert. Diese entsteht in besonderen Zellen im großen Kropf der Vögel. Die Felsentaube ist die Stammform unserer Haustaube oder Straßentaube.

4 Hohltaube Paloma zurita *Columba oenas (Columbidae)*

L 32–35 cm Sp 64–68 cm

Merkmale Einheitlich mittel- bis dunkelgrau; Bürzel und Flügelfeld silbrig bis grau; keine weißen Flecken im Gefieder; Halsseiten grünlich schimmernd.

Vorkommen Im gesamten Spanien ganzjährig; zusätzlich viele Wintergäste aus Mitteleuropa. In lichten Wäldern, Parkanlagen, Dünengebieten und an Felsküsten.

Wissenswertes Hohltauben suchen ihr Brutgebiet vornehmlich nach dem Vorhandensein geeigneter Bruthöhlen aus. So nisten sie in Schwarzspechthöhlen oder anderen Baumhöhlen, Felsnischen, -höhlen oder Kaninchenbauen oder unter Dächern. Sie ernähren sich hauptsächlich von Samen und Früchten krautiger Pflanzen, aber auch von Eicheln, Bucheckern und Koniferensamen.

1 Steinkauz Mochuelo común *Athene noctua* *(Strigidae)*

L 22 cm Sp 52–55 cm

Merkmale Gedrungener Körper mit flachem, breitem Kopf, in den Körper übergehend; braunbeige mit hellen Flecken; knickst bei Beunruhigung; tag- und nachtaktiv.

Vorkommen In ganz Spanien und auf den Balearen. In extensiv genutzten Kulturlandschaften, aber auch in Gärten und Gebäuden mit Höhlen zum Brüten.

Wissenswertes Der Steinkauz sitzt gern auf Pfählen von Weidezäunen und auf Dachfirsten. Bei Störung fliegt er in einem langgezogenen Bogen zu einem naheliegenden Platz. In den alten Baumbeständen der Dehesalandschaften von Kastilien sowie in der Extremadura oder anderen Bereichen findet der Steinkauz viele Bruthöhlen. Er baut sein Nest ohne Unterlage in Mauerhöhlen oder auf Dachböden. Kleine Nagetiere und Insekten sind seine Hauptnahrungsquelle.

2 Uhu Buho real *Bubo bubo* *(Strigidae)*

L 62–72 cm Sp 1,60–1,80 m

Merkmale Kräftige, gedrungene Gestalt mit langen, waagerecht abstehenden Federohren; beigebraunes Gefieder, Oberseite gefleckt, Unterseite gefleckt und gestrichelt; orangefarbene Augen; Schnabel und Krallen schwarz; Weibchen meist größer als Männchen; flacher, schneller Flügelschlag; dämmerungs- und nachtaktiv.

Vorkommen In ganz Spanien und auf den Balearen. An Felswänden oder gering bewachsenen Steilhängen, in Steinbrüchen und ausgedehnten Waldgebieten.

Wissenswertes Der Uhu ist die größte europäische Eule. Er jagt Ratten, Igel, Vögel und sogar Hasen. Nur reich gegliederte Landschaften bieten dieses Nahrungsangebot. Auf dem Flug dicht am Boden oder entlang der Baumwipfel werden die Beutetiere im Schlaf oder auf der Flucht überwältigt. Danach werden sie durch einen kräftigen Biss oder mit den Krallen getötet. Sein Nest baut der Uhu meist in einer Bodenvertiefung an Felshängen, in Felsspalten, seltener in alten Greifvogelkästen. Im Gegensatz zu Mitteleuropa sind Uhus in Spanien weniger selten.

3 Zwergohreule Autillo *Otus scops* *(Strigidae)*

L 20 cm Sp 51–54 cm

Merkmale Einheitlich graubraunes Gefieder; dicke kurze Federohren; nachtaktiv.

Vorkommen Im südlichen Spanien und auf den Balearen ganzjährig; Brutvogel in ganz Spanien. In Dehesas, Olivenhainen, Gärten, Siedlungen und auf Felsen.

Wissenswertes Zwergohreulen sind überwiegend Baumhöhlenbrüter und ernähren sich vor allem von Großinsekten, aber auch von Spinnen, Kleinsäugern und Kleinvögeln. Da Zwergohreulen nachtaktiv sind, kann man sie am ehesten an ihrem monotonen Reviergesang erkennen.

4 Ziegenmelker Chotacabras gris *Caprimulgus europaeus* *(Caprimulgidae)*

L 26 cm Sp 55–58 cm

Merkmale Braunmeliertes, rindenfarbiges Gefieder; Männchen mit weißen Flecken auf den Handschwingen und den zwei äußeren Steuerfederpaaren; nachtaktiv; Flug lautlos.

Vorkommen Von Mai bis August/September in ganz Spanien und auf den Balearen. In lockeren Kiefern- und Laubwäldern, Dünenbereichen, Gebüschen, Heiden und an Waldrändern.

Wissenswertes Tagsüber sitzen Ziegenmelker am Boden oder auf Ästen, wo sie mit ihrem Tarnkleid kaum zu erkennen sind. Nachts fangen sie im Flug Insekten, v.a. Nachtschmetterlinge, indem sie ihren großen Schnabel und weiten Rachen als Kescher benutzen. Eine verwandte Art ist der **Rothalsziegenmelker** *(Caprimulgus ruficollis)*. Der bis zu 35 cm große Vogel unterscheidet sich vom Ziegenmelker durch seine rostrote Halsbinde mit einem weißen Kehlfleck. Er kommt in ganz Spanien mit Ausnahme der Pyrenäen vor. Von April bis Oktober hält er sich in immergrünen Wäldern, Stein- und Korkeichenlandschaften sowie in Macchien auf. Kurz nach Einbruch der Dämmerung wird der Rothalsziegenmelker aktiv.

 Vögel

1 Mauersegler Vencejo común *Apus apus (Apodidae)*

L 16–18 cm Sp 45–48 cm

Merkmale Lange, sichelförmige Flügel; kurzer, gegabelter Schwanz; Gefieder dunkel mit hellem Kehlfleck; gewandter Flieger, die Flügel nie am Körper angelegt.

Vorkommen In ganz Spanien und auf den Balearen. In Felsregionen, Dörfern und Städten.

Wissenswertes Mauersegler sind besonders in Siedlungsbereichen anzutreffen, wo sie in Gemäuern in kleineren Kolonien unter Dachziegeln und in Mauernischen Brutmöglichkeiten finden. Mit lautem Geschrei fliegen sie über diesen Brutplätzen und erjagen mit weit aufgesperrtem Schnabel Fluginsekten. Bei Nahrungsknappheit fliegen sie oft über größere Entfernungen in andere Gebiete. Jungtiere überstehen den Futtermangel in einem energiesparenden Halbschlaf, in dem sie bis zu 15 Tagen ausharren können. Mauersegler schlafen und paaren sich sogar in der Luft.

2 Alpensegler Vencejo real *Apus melba (Apodidae)*

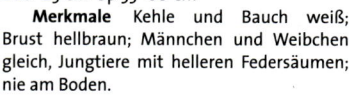

L 20–23 cm Sp 55–60 cm

Merkmale Kehle und Bauch weiß; Brust hellbraun; Männchen und Weibchen gleich, Jungtiere mit helleren Federsäumen; nie am Boden.

Vorkommen In ganz Spanien und auf den Balearen. An steilen Felswänden, im Gebirge und an der Küste; oft in Mauernischen hoher Gebäude.

Wissenswertes Besonders morgens und abends sind Alpensegler bei ihrem Flug vergesellschaftet mit Mauerseglern und Fahlseglern auf ihrer Jagd nach Fluginsekten zu beobachten. Dabei erlangen sie Spitzengeschwindigkeiten bis zu 250 km/h. Alpensegler sind Koloniebrüter. Das Nest ist als runde, verklebte Schale mit etwa 12 cm Durchmesser angelegt.

3 Eisvogel Martín pescador *Alcedo atthis (Alcedinidae)*

L 16–18 cm Sp 25–27 cm

Merkmale Farbenprächtiges Gefieder, im Kopf- und Rückenbereich türkisfarben schillernd, Brust und Bauchbereich orange bis rostrot; großer, dunkler Schnabel, bei den Weibchen mit rostroter Unterschnabelwurzel; schneller geradliniger Flug mit kolibriartig schwirrenden Flügelschlägen.

Vorkommen In ganz Spanien; wohl auch auf den Balearen. An klaren Bächen, Flüssen mit abgebrochenen Steilufern, Schilfseen und Meeresküsten.

Wissenswertes Eisvögel sitzen oft auf Zweigen, die über das Wasser hängen (Ansitzwarte) und tauchen von dort aus nach Fischen, Wasserinsekten, kleinen Amphibien und Kaulquappen, kleinen Krebstieren, Muscheln und Schnecken. Sie brüten an klaren Fließgewässern mit steil abfallenden vegetationslosen Uferwänden, in die sie ihre Brutröhren bauen. Mitunter werden diese bis ein Meter tief in die Uferböschung gegraben. Diese Bruthöhlen können jedoch mehrere hundert Meter vom Wasser entfernt sein.

4 Bienenfresser Abejaruco *Merops apiaster (Meropidae)*

L 27–29 cm Sp 28–30 cm

Merkmale Ungefähr drosselgroß, aber schlanker; Oberseite rostbraun, Unterseite blaugrün; Kinn und Kehle gelb; Jungvögel grünlichgrau mit nur wenig Braun; langer, nach unten gebogener Schnabel.

Vorkommen In ganz Spanien und auf den Balearen. In offenen und halboffenen Landschaften.

Wissenswertes Sie graben sich in Erdwänden, in Sandgruben oder direkt im Boden Bruthöhlen. Die Brutröhre hat einen Durchmesser von etwa 8 cm, ist ca. eineinhalb Meter tief und weitet sich am Ende zu einer Nestkammer. Ungefähr 6 Eier werden dort auf den nackten Untergrund gelegt und bebrütet. Bienenfresser ernähren sich hauptsächlich von Hautflüglern (Name!) wie Wildbienen, Wespen oder Hornissen, die sie im Flug erbeuten. Den Winter verbringen die Bienenfresser in Afrika. Der Höhepunkt des Durchzuges in Gibraltar ist in der ersten Septemberhälfte. Die Rückkehr kann an dieser Meerenge im April/Mai beobachtet werden.

1 Blauracke Carraca *Coracius garrulus (Coraciidae)*

L 29–32 cm Sp 65–72 cm

Merkmale Kopf, Brust- und Bauchpartie sowie Ober- und Unterflügeldecken türkisfarben; Rücken rostbraun; Schwanz dunkelbraun bis schwarz; im Jugendkleid blasser.

Vorkommen In Südost-Spanien, an der Mittelmeerküste und auf den Balearen. In lichten Wäldern, Feldgehölzen mit altem Baumbestand, Alleen und Dehesas.

Wissenswertes Blauracken beobachten oft von einer erhöhten Sitzwarte den Boden, um von dort aus Käfer, Heuschrecken, Frösche oder Eidechsen zu erbeuten. Blaurackenmännchen führen einen imponierenden Balzflug mit Sturzflügen und Drehungen um die eigene Achse auf, begleitet von krächzenden Lauten. Blauracken brüten in Einzelpaaren und wechseln sich beim Brüten ab. Der fast krähengroße Vogel ist heute in Spanien bedroht. Blauracken sind ausgesprochene Zugvögel, die bereits ab Mitte September die Iberische Halbinsel Richtung Afrika verlassen.

2 Wiedehopf Abubilla *Upupa epops (Upupidae)*

L 25–28 cm Sp 43–46 cm

Merkmale Rostrote, fächerartig aufgerichtete Haube mit schwarzen Federspitzen; Brust und Rücken orangefarben bis rostbraun; auffällige schwarzweiße Querbinden auf Flügeln und Schwanz; dunkler, dünner, nach unten gebogener Schnabel.

Vorkommen In ganz Spanien und auf den Balearen. In abwechslungsreichen Kulturlandschaften wie Parks, Gärten, Olivenhainen, Dehesas, Hecken und Gebüsch; oft auch in Dörfern.

Wissenswertes Schon ab Ende Januar hört man das melancholische „up-up-up" des Wiedehopfs. Mit angelegter Kopfhaube und unregelmäßigem Flügelschlag flattert de Wiedehopf auffällig. Auf Nahrungssuche stochert er mit seinem langen Schnabel im Boden nach Grillen, Laufkäfern, Würmern Schnecken oder kleinen Eidechsen.

3 Kalanderlerche Calandra *Melanocorypha calandra (Alaudidae)*

L 18–20 cm

Merkmale Einfarbig beigebraun; hellbraune Brust; dunkelbraun bis schwärzliche Halsseitenflecken; im Flug schwarze Flügelunterseiten mit weißen hinteren Rändern sichtbar; kräftiger, kurzer Schnabel.

Vorkommen In Südost-Spanien, Zentralspanien, Südwest-Spanien und an der Mittelmeerküste; fehlt wohl auf den Balearen. In offenen reich strukturierten Kulturlandschaften und Steppengebieten.

Wissenswertes Kalanderlerchen fliegen meist dicht am Boden, haben ein wellenförmiges Flugbild und recht langsame Flügelschläge. Während im Sommer Heuschrecken und Käfer die Nahrungsgrundlage bilden ernähren sie sich im Winter von Getreidekörnern und anderen Sämereien, im Frühjahr stehen auch junge, grüne Triebe auf dem Speisezettel. Ihr Nest bauen sie in einer Bodenvertiefung, wobei der Rand des Neste meist auf Bodenniveau liegt.

4 Haubenlerche Cogujada común *Galerida cristata (Alaudidae)*

L 18 cm

Merkmale Einheitlich beigebraun, wobei die Grundfarbe je nach örtlichen Bodenfarben variieren kann; spitze Haube; kurzer, kräftiger Schnabel; Jungvögel mit kürzerer Haube und heller Oberseite.

Vorkommen In ganz Spanien; fehlt auf den Balearen. In offenen, landwirtschaftlich genutzten Gebieten, Brachland, Steppen, an Straßenrändern und Bahndämmen.

Wissenswertes Haubenlerchen haben einen klaren, hellen Gesang, der sich aus einer Kombination von Einzellauten, unterbrochen durch längere Pausen, zusammensetzt Sie singen in großer Höhe oder von einem exponierten Platz aus ihr Lied. Haubenlerchen sind Bodenbrüter und suchen auf sandig steinigen Böden nach Nahrung. Zur Aufzucht der Jungen bevorzugen sie eiweißreiche Insektennahrung wie zum Beispiel Käfer, Fliegen, kleine Schmetterlinge, Schnecken und Spinnen. Die restliche Zeit ernähren sie sich von Getreide- und Wildgrassamen sowie von Wildkräutersamen.

1 Felsenschwalbe Avión roquero *Ptyonoprogne rupestris (Hirundinidae)*

L 15 cm

Merkmale Oberseite dunkelbraun, Unterseite beige bis hellbraun; Schwanz kaum gegabelt mit weißgetupftem Querband; Flügel breiter als bei Uferschwalbe.

Vorkommen In ganz Spanien und auf den Balearen. In Bergregionen und Schluchten sowie an Felsküsten.

Wissenswertes Felsenschwalben sind gesellige Tiere und brüten in lockeren Kolonien an Felsüberhängen oder Gebäuden in Gebirgsregionen. Als Nest dient eine lehmige Halbkugel, die aus unzähligen kleinen Lehmkügelchen zusammengesetzt wurde. Sie wird innen mit Federn, Hälmchen und Blättchen ausgepolstert.

2 Uferschwalbe Avión zapador *Riparia riparia (Hirundinidae)*

L 12–13 cm

Merkmale Klein; Oberseite braun; Unterseite weiß mit bräunlichem Brustband; gering gegabelter Schwanz.

Vorkommen In ganz Spanien und auf den Balearen. In offenem Gelände mit Steilufern, in Sandgruben, an Flüssen und Seen.

Wissenswertes Uferschwalben brüten in selbstgegrabenen Röhren in Sandgruben oder an Flußsteilufern (**2b**). Kleine Insekten und Spinnentiere als Nahrungsquelle suchen sie an flachen Binnengewässern und Teichen oder entlang von Flüssen. Hierzu fliegen sie in schnellem Zickzackflug der Beute hinterher. Fluggeschwindigkeiten von bis zu 50 km/h wurden schon gemessen. Uferschwalben sind Langstreckenzieher und ziehen nach West- und Zentralafrika.

3 Rötelschwalbe Golondrina dáurica *Hirundo daurica (Hirundinidae)*

L 16–18 cm

Merkmale Erinnert an eine Rauchschwalbe, jedoch mit rostrotem Nacken und orangerotem Bürzel; heller Kehlbereich; schwärzliche Unterschwanzdecken; verlängerte Steuerfedern.

Vorkommen In ganz Spanien bis auf den Norden; auch auf den Balearen. An Felsen, Ruinen, Gebäuden und Brücken.

Wissenswertes Bereits im Februar kehren die Vögel aus den afrikanischen Winterquartieren südlich der Sahara zurück und bauen Lehmnester mit einem schmalen, langgezogenen Eingang, die sie regelrecht an überhängende Felsen, in Höhlen, in Mauernischen alter Gebäude oder unter Brücken „kleben". Ausgekleidet werden sie mit Federn und kleinen Hälmchen.

4 Rauchschwalbe Golondrina común *Hirundo rustica (Hirundinidae)*

L 18–22 cm

Merkmale Lange Schwanzspieße; Stirn und Kinn rostbraun; Kehle sowie Oberseite schwarzbläulich schillernd; Brust, Bauch und Unterschwanzdecken weiß bis cremefarben.

Vorkommen In ganz Spanien und auf den Balearen. Im Siedlungsbereich.

Wissenswertes Rauchschwalben bauen offene Nester (Halbschalen) aus Lehm und Stroh bzw. trockenem Gras, meist innerhalb von Gebäuden. Sie brüten in lockeren Kolonien und ernähren sich ausschließlich von Fluginsekten. Zur Zugzeit sieht man sie auch über Sümpfen und Schilfgebieten.

5 Mehlschwalbe Avión común *Delichon urbica (Hirundinidae)*

L 12–14 cm

Merkmale Nur leicht gegabelter Schwanz ohne Schwanzspieße; Oberseite schwarzbläulich schillernd; Kinn, Kehle und Unterseite weiß; weißer Bürzel.

Vorkommen In ganz Spanien und auf den Balearen. In Felsgebieten und im Siedlungsbereich.

Wissenswertes Mehlschwalben sind Koloniebrüter, die ihre kugelförmigen Lehmnester oft unter Dachvorsprüngen anbringen. Nur ein kleines Einschlupfloch bleibt frei. Sie sind typische Kulturfolger. Auch Mehlschwalben ernähren sich von Fluginsekten, die sie aber, im Gegensatz zu Rauchschwalben, auch in großer Höhe erbeuten.

  Vögel

1 Schafstelze Lavandera boyera *Motacilla flava (Motacillidae)*

L 16–17 cm

Merkmale Männchen mit blaugrauem Kopf, schmaler weißer Streifen über den Augen, Kehle und Unterseite gelb, Oberseite olivgrün; Weibchen einheitlich beigebraun.

Vorkommen In ganz Spanien und auf den Balearen. Auf feuchten Wiesen, Viehweiden, in Mooren und Sümpfen.

Wissenswertes Bei der in Spanien, auf den Balearen und in Südfrankreich vorkommenden Unterart *„iberiae"* besitzen die Männchen eine weißgefärbte Kehle. Insgesamt sind die Unterarten schwer voneinander zu unterscheiden. Wie der Name schon sagt, halten sich diese Vögel bevorzugt auf Weideflächen zwischen den Schafen auf, um die dort herumfliegenden Insekten zu erbeuten. Schafstelzen gehören bei den Zugvögeln zu den sog. Langstreckenziehern. Man hat festgestellt, daß sich Schafstelzen, wie viele andere Zugvögel auch, für die Zugstrecke ein Fettdepot anlegen. Von den Fettreserven der einzelnen Tiere ist es nun abhängig, wo und wann sie einen Zwischenstopp einlegen. Vögel mit zu wenig Fettreserven müssen sich – etwa in Oasen – während des Tages wieder „Treibstoff" anfressen, um dann nachts wieder weiterzufliegen.

2 Gebirgsstelze Lavandera cascadena *Motacilla cinerea (Motacillidae)*

L 18–19 cm

Merkmale Deutlich längerer Schwanz als Schafstelze; Unterseite gelb, Oberseite grau; Männchen im Prachtkleid mit schwarzer Kehle; Weibchen mit weißgelblichem Kinn und ebenso gefärbter Kehle; beim Auffliegen gelblicher Bürzel und seitlicher, weißlicher Flügelstreif gut erkennbar; Jungvögel nur an Steiß und Bürzel gelblich, Brust cremefarben.

Vorkommen In ganz Spanien und auf den Balearen. An Flüssen und Bächen, in Gebirgen und im Flachland.

Wissenswertes Gebirgsstelzen sind an fließendes Wasser gebunden. Sie hüpfen auf Steinen in den schnellfließenden Gewässern umher, jagen Wasserinsekten und fangen auch „rüttelnd" Insekten im Flug. Hauptsächlich werden Stein-, Köcher- und Eintagsfliegen gejagt, vereinzelt auch Käfer, Hautflügler, Flohkrebse und Spinnen. Der lange Schwanz mit seinen wippenden Bewegungen und der wellenförmige Flug sind charakteristisch. Ihre Nester bauen sie oft in Mauernischen oder Mauervorsprüngen unter Brücken. Der napfförmige Unterbau des Nestes besteht meist aus Reisig, Moos und Blättern, ausgekleidet wird das Nest meist mit feinen Grundbaustoffen und Tierhaaren. Gebirgsstelzen sind weitgehend Standvögel, ziehen jedoch in strengen Wintern aus den Gebirgsregionen in niedriger liegende Bereiche. Eine Verwandte der Gebirgsstelze ist die **Bachstelze** *(Motacilla alba)*. Die Männchen besitzen einen charakteristischen schwarzgefärbten Scheitel und Nacken, ein weißes Gesicht sowie einen scharf abgesetzten, mittelgrauen Rücken. Die Weibchen haben ebenfalls diese weiß-grau-schwarze Färbung, jedoch sind die Übergänge fließender.

3 Wasseramsel Mirlo acuatico *Cinclus cinclus (Cinclidae)*

L 18 cm

Merkmale Gedrungen; dunkelbraun bis schwärzlich; Brust weiß; Männchen und Weibchen gleich; Jungvögel fleckig grau bis schwarz mit weißlicher Brust.

Vorkommen In ganz Spanien; fehlt wohl auf den Balearen. An schnellfließenden, klaren Gewässern bis in 2.000 m Höhe.

Wissenswertes Wasseramseln fliegen in niedrigem Schwirrflug dicht über Gewässern, sitzen auf Felsen im tosenden Wasserstrudel, wippen mit dem Schwanz und knicksen. Beim Tauchen benutzen sie die Flügel als Schwimmflossen. Am Grund des Gewässers suchen sie nach Wasserinsekten, deren Larven, kleinen Krebstieren, Würmern, Asseln, kleinen Schnecken oder Jungfischen. Für die Nestlinge werden zunächst weichhäutige Beutetiere gejagt. Wasseramseln bauen kunstvolle kugelförmige Moosnester in Felsnischen, in alten Baumstümpfen oder unter Brücken, wo sie in zwei bis zweieinhalb Wochen 4–6 Eier bebrüten. Wasseramseln bleiben auch im Winter an ihren Fließgewässern, bis diese fast zugefroren sind und kein Beutefang mehr möglich ist.

Vögel

1 Schwarzkehlchen Tarabilla común *Saxicola torquata (Turdidae)*

L 11,5–12,5 cm

Merkmale Männchen mit schwarzem Kopf und schwarzer Kehle (Name!), seitliche Halspartien weiß, Rücken schwarzbraun mit weißem Flügelfleck, Unterseite rostrot; Weibchen braun bis braunbeige.

Vorkommen In ganz Spanien und auf den Balearen. Auf offenen, steinigen Brachflächen, Weideflächen, extensiv bewirtschaftetem Kulturland und in Steppengebieten.

Wissenswertes Der Vogel gilt im Mittelmeergebiet als Charakterart. Schwarzkehlchen sind Bodenbrüter. Nur das Weibchen baut in einer Mulde das napfförmige Nest aus Moosen, Grashalmen und Wurzelwerk und polstert dies mit feinen Hälmchen, Federn und Haaren aus. Meist werden 5–6 blaugrünliche Eier gelegt. Es sind bis zu vier Bruten im Jahr nachgewiesen. Für jede Brut wird ein neues Nest gebaut.

2 Mittelmeer-Steinschmätzer Collalba rubia *Oenanthe hispanica (Turdidae)*

L 14,5 cm

Merkmale Männchen mit schwarzer oder beigefarbener Kehle, hellbrauner bis ockerfarbener Hinterkopf und Rücken, Unterseite beige; Weibchen kontrastärmer, mit angedeutetem Überaugenstreif.

Vorkommen Brutvogel in ganz Spanien und auf den Balearen. In offenen, Landschaften, Macchien und Weingärten.

Wissenswertes Mittelmeer-Steinschmätzer sind in ihrem Gefieder sehr farbvariabel. Die Unterart *Oenanthe h. hispanica* unterscheidet sich von der östlichen Unterart *Oenanthe h. melanoleuca* durch eine intensivere Färbung an Kopf und Rücken. Sie halten sich hauptsächlich am Boden auf, wo sie Insekten jagen. Ihre Nester bauen sie in Erdhöhlen am Boden oder zwischen Steinen.

3 Trauersteinschmätzer Collalba negra *Oenanthe leucura (Turdidae)*

L 18 cm

Merkmale Männchen und Weibchen dunkelbraun bis schwarz; Bürzel und äußere Schwanzbasis weiß.

Vorkommen In mediterran geprägten

Gebieten Spaniens; fehlt wohl auf den Balearen. In trockenen, felsigen Berglandschaften.

Wissenswertes Trauersteinschmätzer sitzen oft in einzelnen Bäumen und Büschen, die sie als Sitzwarten benutzen.

4 Blaumerle Roquero solitario *Monticola solitarius (Turdidae)*

L 20–21 cm

Merkmale Männchen dunkelgrau bis blau; Weibchen mit braunem Kopf und Rücken, beigebraun gebänderter Brust und graubraunem Schwanz; Schnabel sehr lang.

Vorkommen In ganz Spanien und auf den Balearen. An sonnenexponierten Berghängen, Felsküsten, in Schluchten und Steinbrüchen und auch mitten in der Stadt.

Wissenswertes Blaumerlen sind scheue und zurückgezogen lebende Vögel. Bei Störungen verschwinden sie schnell zwischen den Felsen, wo sie aufgrund ihrer guten Tarnung nicht mehr auszumachen sind. Sie bauen ihre Nester in Felsspalten, wo sie 3–5 Eier bebrüten. Ihre Nahrung besteht aus Insekten, Spinnen, Würmern, aber auch Beerenfrüchten.

5 Steinrötel Roquero rojo *Monticola saxatilis (Turdidae)*

L 19 cm

Merkmale Männchen mit blaugrauem Kopf, Hals und Rücken, Unterseite und Schwanz rot; Weibchen mit braungeschuppter Oberseite und beigebrauner Unterseite.

Vorkommen In ganz Spanien und auf den Balearen. An trockenen, sonnigen Berghängen und in Felsheiden.

Wissenswertes Steinrötel brüten in felsigem Gelände meist in größeren Höhen, wo sie ihre Nester in Felsspalten bauen. Steinrötel sitzen oder hüpfen oft auf dem Boden herum, wo sie bevorzugt Insekten wie zum Beispiel Käfer oder Springschrecken jagen. Ihre Nahrung besteht aber auch aus Eidechsen, Spinnen und Würmern.

  Vögel

1 **Seidensänger** Ruisenor bastardo *Cettia cetti (Sylviidae)*

L 14 cm

Merkmale Zierlicher, unauffälliger Vogel mit rotbrauner Oberseite und grauer bis hellbrauner Unterseite; weißlicher Überaugenstreif; schmaler, spitzer Schnabel; rundlicher, oft nach unten gerichteter Schwanz; Männchen und Weibchen gleich.

Vorkommen In ganz Spanien und auf den Balearen. In Sumpfgebieten und Gräben mit dichtem Bewuchs, aber auch trockene Brutgebiete.

Wissenswertes Seidensänger ernähren sich fast ausschließlich von Insekten, Spinnen, Würmern und Schnecken. Ihr charakteristischer Ruf, der abrupt beginnt und ebenso wieder endet, erinnert an den des Zaun-

königs. Wegen seines Gesangs und seiner verborgenen Lebensweise heißt die Art im Spanischen auch „falsche Nachtigall". In Feuchtgebieten kommt auch der verwandte **Cistensänger** *(Cisticola juncidis)* vor. Sein fortwährendes „tsip-tsip-tsip" ist oft zu vernehmen. Beim Auffliegen fallen die schwarzweißen Spitzen des rundlichen Schwanzes auf. Das Vorkommen des **Mariskensängers** *(Acrocephalus melanopogon)* beschränkt sich auf feuchte Standorte an der Mittelmeerküste Spaniens und der Balearen. Gute Erkennungsmerkmale sind der schwarze Scheitel, der weiße Überaugenstreif sowie die weißliche Kehle und Brust. Seine Oberseite ist kastanienbraun bis rostrot.

2 **Drosselrohrsänger** Carricero tordal *Acrocephalus arundinaceus (Sylviidae)*

L 19 cm

Merkmale Dem Teichrohrsänger sehr ähnlich, jedoch größer; flacher Kopf mit langgestreckter Stirn und kräftigem, dunklem Schnabel; Gesicht gräulich mit weißlichem Überaugenstreif; Kopf und Oberseite mittelbraun; Brust und Unterseite cremefarben bis beige.

Vorkommen In ganz Spanien und auf den Balearen. In ausgedehnten Schilfgebieten oder bandförmigen Röhrichtzonen von Gewässern.

Wissenswertes Weniger versteckt als andere Rohrsängerarten, sitzen Drosselrohrsänger bevorzugt ganz oben auf den Halmen von Schilf oder Spanischem Rohr, wenn sie in der Dämmerung ihr Lied singen. Der Gesang ist weithin hörbar, klingt knarrend und setzt sich aus kurzen Strophen zusammen: „karre-karre-krietkriet-trr-trr". Aus trockenen Grashalmen bauen sie kunstvolle Hängenester, indem sie mehrere Schilfhalme miteinander verweben. Mit Insekten, Spinnen und kleinen Amphibien ziehen sie ihre Brut auf.

3 **Teichrohrsänger** Carricero común *Acrocephalus scirpaceus (Sylviidae)*

L 12,5–13 cm

Merkmale Einheitlich mittelbraun gefärbte Oberseite, Unterseite cremefarben; deutlicher heller Überaugenstreif; Flanken ocker bis braun; rostbrauner Bürzel.

Vorkommen In ganz Spanien und auf den Balearen. In Schilfgebieten.

Wissenswertes Teichrohrsänger sehen ihren Verwandten, den **Sumpfrohrsängern** *(Acrocephalus palustris)*, zum Verwechseln ähnlich. Sie haben jedoch dunklere Beine als die Sumpfrohrsänger. Teichrohrsänger sind Charaktervögel von Schilfgebieten und während der Brutzeit kaum außerhalb anzutreffen. Sie bauen körbchenförmige Hängenester **(3b)** zwischen die Schilfhalme, in die auch der Kuckuck bevorzugt seine Eier legt. Vergesellschaftet mit Drosselrohrsängern sowie so seltenen Arten wie Mariskensängern

und Bartmeisen kommen die Teichrohrsänger allerdings nur in den Feuchtgebieten entlang der spanischen Mittelmeerküste vor, die für Millionen von Zugvögeln auf dem Zug überlebensnotwendige Bereiche darstellen. Sowohl Teichrohrsänger als auch Drosselrohrsänger sind nur Sommergäste in Spanien. Mit der Trockenlegung vieler Feuchtgebiete und der Aufstauung natürlicher Flußläufe zu riesigen Stauseen wurden in Spanien viele Lebensräume zerstört. Die Bestände von Drosselrohrsängern, Teichrohrsängern und anderen an diesen Lebensraum angepaßten Arten gingen in manchen Gebieten bereits stark zurück. Intensive Bemühungen zum Feuchtgebietsschutz und die Renaturierung ehemaliger Feuchtgebiete und Binnenseen in Spanien geben Hoffnung, diese Entwicklung zu stoppen.

1 Mönchsgrasmücke Curruca capirotada Sylvia atricapilla (Sylviidae)

L 14 cm

Merkmale Männchen mit gräulicher bis bräunlicher Oberseite, hellgrauer Unterseite und schwarzer Kopfplatte (Mönchshaube!); Weibchen und Jungvögel dagegen mit rostbrauner Kopfplatte.

Vorkommen In ganz Spanien und auf den Balearen. In Wäldern mit dichtem Unterwuchs.

Wissenswertes Spanien und Portugal sind die Hauptgastländer für zahlreiche westeuropäische Mönchsgrasmücken-Populationen. Es ist genetisch festgelegt, ob und wie weit sie ziehen. Neben den Mönchsgrasmücken, sind auch für Zilpzalp, Mistel- und Singdrossel, Heckenbraunelle, Blaukehlchen und Sommergoldhähnchen die spanischen Wälder, Macchien und Dehesas überlebensnotwendig. Doch auch in Spanien gingen viele Waldflächen stark zurück. Nur noch ca. 12 % der Landesfläche sind mit natürlichem oder naturnahem Wald bedeckt.

2 Samtkopfgrasmücke Curruca cabecinegra Sylvia melanocephala (Sylviidae)

L 13 cm

Merkmale Männchen mit grauem Körper und tiefschwarzem Oberkopf, Kopfseiten ebenfalls tiefschwarz, Kehle weißlichgrau, Lidring rot; Weibchen mit bräunlicher Oberseite, brauner Unterseite, grauem Kopf und weißlicher Kehle, Augenring rostbraun.

Vorkommen Ganzjährig in mediterranen Bereichen Spaniens (Mittelmeerküste und deren Hinterland, Südost- und Südwest-Spanien). In Macchien und Gebüschen.

Wissenswertes Die Samtkopfgrasmücke ist ein typischer Vertreter der Macchienlandschaft Spaniens und wohl die häufigste mediterrane Grasmückenart. Ihre Lebensweise ist recht heimlich. Bisweilen fliegt sie von Busch zu Busch, um kurz darauf wieder zwischen dem Blattwerk zu verschwinden. Nach Nahrung sucht sie bevorzugt in den bodennahen Schichten. Neben Insekten stehen auch Früchte auf dem Speiseplan. Vereinzelt konnte die Samtkopfgrasmücke auch beim Nektarsaugen an blühenden Bäumen beobachtet werden. Meist baut sie ihr Nest in der Nähe des Bodens aus feinen Zweigen der Macchiensträucher.

3 Orpheusgrasmücke Curruca mirlona Sylvia hortensis (Sylviidae)

L 15 cm

Merkmale Unterscheidet sich von der Samtkopfgrasmücke durch ihre Größe und einen gelben Lidring; bei Jungvögeln und Weibchen Iris dunkel bis braun.

Vorkommen In ganz Spanien während des Sommerhalbjahres; Nordspanien, Pyrenäen und Balearen als Durchzugsgebiet. In mediterranem Hartlaubwald, Gehölz- und Gebüschformationen, lichten Wäldern, Dehesas, Olivenhainen und Obstgärten.

Wissenswertes Orpheusgrasmücken sind charakteristisch für die Dehesa-Landschaften in Südwest-Spanien. Im dichten Laubwerk der Stein- oder Korkeichen werden auch Insekten gejagt und Äste nach deren Larven abgesucht. Neben der Orpheusgrasmücke kommt noch die **Weißbartgrasmücke** *(Sylvia cantillans)* vor. Die Männchen sind an Kehle und Brust rostbraun. Sie haben einen weißlichen Bartstreif sowie eine rote Iris. Die Weibchen sind beigebraun gefärbt.

4 Zilpzalp Mosquitero común Phylloscopus collybita (Sylviidae)

L 11 cm

Merkmale Grau bis grünlichbraun; mit gelbbräunlicher Brust und dunklen Beinen; leicht angedeuteter Überaugenstreif.

Vorkommen Ganzjährig im Nordwesten Spaniens; im Süden, Südosten und auf den Balearen als Wintergast. In Laub- und Mischwäldern, Macchien, baum- und buschbestandenen Brachländern.

Wissenswertes Der auffällige Gesang besteht aus unregelmäßig zusammengesetzten Silben wie „zilp-zalp-zalp-zilp-zilp". Der Zilpzalp baut sein Nest in dichtem Gestrüpp, meist nur einen halben Meter über dem Boden. Es ist ein kugelförmiger Bau mit seitlicher Eingangsöffnung. Nahezu die gesamte Zilpzalp-Population Mitteleuropas verbringt die Wintermonate im Mittelmeergebiet.

  Vögel

1 Schwanzmeise Mito *Aegithalos caudatus (Aegithalidae)*

L 12–16 cm

Merkmale Kleiner, kugeliger Körper und langer Schwanz; Kopf und Oberseite dunkelbraun bis schwarz, Wangen grauschwarz gestreift, Unterseite bräunlich.

Vorkommen In ganz Spanien; fehlt auf den Balearen. In Wäldern und Gebüschen.

Wissenswertes Schwanzmeisen sind mit den echten Meisen nahe verwandt, unterscheiden sich aber durch den auffallend langen Schwanz und ihre kunstvoll gebauten Kugelnester. Sie werden mit Moosen und Flechten getarnt und haben eine seitliche Einschlupföffnung.

2 Kleiber Trepador azul *Sitta europaea (Sittidae)*

L 14 cm

Merkmale Gedrungener Körper mit kurzem Schwanz und spitzem, spechtartigem Schnabel; Oberseite graublau, Unterseite orange bis rostrot; schwarzer Augenstreif.

Vorkommen In ganz Spanien; fehlt wohl auf den Balearen. In Wäldern, Gebüschen, Parkanlagen und auf Felsen.

Wissenswertes Kleiber klettern sehr gewandt und picken mit ihrem spitzen Schnabel Insekten aus den Ritzen. Auch Samen und Nüsse werden aufgepickt. Sie brüten in verlassenen Baumhöhlen und verengen den Höhleneingang mit Lehm, Steinchen oder Kirschkernen, bis er für sie passend ist (der Name Kleiber kommt von „zukleben").

3 Raubwürger Alcaudón real *Lanius excubitor meridionalis (Laniidae)*

L 24 cm

Merkmale Drosselgroß; mit braungrauem Kopf und Rücken, schwarzem Augenstreif, weißer Kehle und graurosa Unterseite; kräftiger, schwarzer, hakenförmiger Schnabel.

Vorkommen Ganzjährig in Spanien; mitunter auf den Balearen. In offenen und halboffenen Landschaften und Steppen.

Wissenswertes Oft sitzen Raubwürger an exponierten Stellen, um dann plötzlich ihre Beutetiere – Großinsekten, Mäuse, Singvögel – zu jagen. Raubwürger bauen Baumnester, in die sie 5–6 Eier legen. Während in Spanien die Raubwürger-Populationen stabil sind, gehen die Bestandszahlen in Mitteleuropa stark zurück.

4 Rotkopfwürger Alcaudón común *Lanius senator (Laniidae)*

L 19 cm

Merkmale Männchen an Oberkopf und Nacken rot, Stirn, Rücken und Flügel schwarz, große weißliche Schultern, weißer Bürzel; Weibchen insgesamt blasser; im Jugendkleid angedeutete weiße Schulterpartie, weißes Handschwingenfeld.

Vorkommen In ganz Spanien und auf den Balearen. In Macchien und Gebüschen.

Wissenswertes Auf den Balearen brütet die als *„badius"* beschriebene Unterart, die kaum Weiß an den Handschwingen und Schulterpartien aufweist. Der Rotkopfwürger ist im westlichen Mittelmeergebiet der häufigste Würger. Hauptnahrung sind am Boden lebende Insekten wie Laufkäfer oder Schmetterlingsraupen, ferner Spinnen und manchmal auch kleine Wirbeltiere.

5 Neuntöter Alcaudón dorsirrojo *Lanius collurio (Laniidae)*

L 17–18 cm

Merkmale Männchen mit hellgrauem Kopf und schwarzem Augenstreif, Rücken rostbraun, Unterseite altrose bis rötlichweiß; Weibchen mit bräunlicher Oberseite und ohne Augenstreif.

Vorkommen In Nordspanien; fehlt auf den Balearen. In offenen Landschaften sowie an Waldrändern.

Wissenswertes Der Neuntöter ernährt sich vor allem von Insekten, frisst aber auch Nagetiere und kleinere Vögel. Bei Nahrungsüberschuß wird die Beute auf Dornen gespießt. Spanische Neuntöter fliegen über Südfrankreich und die Ägäis in die afrikanischen Winterquartiere. Wahrscheinlich folgen sie noch immer den ursprünglichen Einwanderungsstrecken der Nacheiszeit.

1 Blauelster Rabilargo *Cyanopica cyanus (Corvidae)*

L 34–35 cm

Merkmale Unverkennbar; schwarzer Kopf; weiße Kehle; hellbrauner Rücken, beigefarbene Brust und blaue Schwanzfedern.

Vorkommen In Zentral-, Süd- und Südwest-Spanien; fehlt auf den Balearen. In Dehesas, vereinzelt in Pinienwäldern.

Wissenswertes Blauelstern sind meist in kleineren Trupps zwischen Bäumen und Baumgruppen unterwegs, wo sie stetig von Ast zu Ast hüpfen und schon bei kleiner Störungen auffliegen. Ihr Ruf ähnelt dem des Eichelhähers. Nahrung für die Jungen sind Insekten und andere Kleintiere. Außerdem sind Eicheln und Beeren, etwa vom Erdbeerbaum, eine weitere wichtige Nahrungsquelle. Blauelstern sind eng mit dem Landschaftstyp der Dehesas verbunden. Es sind die einzigen Landschaften Europas, in denen diese Vögel anzutreffen sind.

2 Kolkrabe Cuervo *Corvus corax (Corvidae)*

L 64–66 cm Sp 1,24 m

Merkmale Tiefschwarzes Gefieder, bläulich schillernd; sehr kräftiger Schnabel, langer keilförmiger Schwanz; fliegt mit kräftigen Flügelschlägen, kreist hoch oben und ist ein guter Segelflieger; imposante Flugspiele zur Balzzeit.

Vorkommen Ganzjährig in Spanien und auf den Balearen. In Bergwäldern, im Gebirge und an Felsküsten.

Wissenswertes Kolkraben sind die größten europäischen Singvögel und etwa 1 kg schwer. Während ihrer Segeltouren in großer Höhe sind sie leicht mit Greifvögeln zu verwechseln. Männchen und Weibchen leben in lebenslanger Partnerschaft und können deshalb oft zusammen beobachtet werden. Innerhalb eines bestehenden Sozialverbands gibt es reviertreue Paare, die viele Jahre am gleichen Ort zubringen. Flugspiele oder gegenseitige Körperpflege gehören zu den sozialen Handlungen. Bereits im Februar beginnen Kolkraben mit dem Brutgeschäft. Hierzu bauen sie auf Felsvorsprüngen oder in alten Bäumen relativ mächtige Reisighorste, in denen sie 5–6 Eier bebrüten. Die Nahrung ist recht vielseitig. Von Insekten, Würmern, Schnecken und kleineren Wirbeltieren über Abfall und Aas bis hin zu Samen und Früchten reicht ihr Speisezettel.

3 Dohle Grajilla *Corvus monedula (Corvidae)*

L 33 cm

Merkmale Kleiner als andere Krähenvögel; Oberseite schwarz mit metallischem Glanz, Unterseite gräulichschwarz; silbergrauer Nacken; helle Iris; kräftiger Schnabel.

Vorkommen Ganzjährig in Spanien; mitunter auf den Balearen. In alten Laubwäldern, Burgen, Ruinen, Türmen und auf Felsen.

Wissenswertes Dohlen sind gute Segelflieger. Besonders am Abend nutzen sie die Thermik zu akrobatischen Flugspielen. Man sieht sie häufig auf offenen Müllplätzen, wo sie nach Abfällen oder Mäusen suchen. Während die nordeuropäischen Brutgebiete im Winter geräumt werden, verbleiben die Dohlen in Spanien in ihren Lebensräumen. In vielen historischen Städten Spaniens (etwa Trujillo, Cáceres oder Plasencia in der Extremadura) gehören Dohlen zum typischen Stadtbild.

4 Steinsperling Gorrión chillón *Petronia petronia (Passeridae)*

L 14–15 cm

Merkmale Unscheinbar; gedrungen; mit beigebraun gemusterter Oberseite und beige gestreifter Brust; heller Überaugenstreif, dunkelbrauner Scheitel mit heller Scheitelmitte; im Flug gelber Kehlfleck sichtbar, Jungvögel ohne gelben Kehlfleck; weißliche Steuerfedern; Flug wellenförmig.

Vorkommen Ganzjährig in Spanien und auf den Balearen. An sonnigen Felswänden im Gebirge, in Siedlungen und Ruinen.

Wissenswertes Steinsperlinge brüten in Felsspalten, Mauerlöchern, Baumhöhlen oder Ruinen, manchmal auch in Hausmauern. Je nach Nistplatzangebot brüten Steinsperlinge als Einzelpaare oder in Kolonien. Als Nahrungsquelle dienen verschiedene Insekten und deren Larven, aber auch Sämereien.

1 **Zippammer** Escribano montesino *Emberiza cia (Emberizidae)*

L 16 cm

Merkmale Männchen mit grauem Kopf und charakteristischen schwarzen Streifen, Kehle einheitlich grau und ungestreift; Bauch rostbraun; Oberseite mittelbraun bis dunkelbraun; schmale weiße Flügelbinde durch weiße Spitzen der mittleren Armdecken; Bürzel rostbraun; grauer Schnabel. Weibchen und Jungtiere weniger auffällig gezeichnet; Kopf bräunlich; Brust dunkel gestrichelt.

Vorkommen Ganzjährig in Spanien; fehlt wohl auf den Balearen. An sonnigen, felsigen, baumbestandenen oder kahlen Berghängen und in Macchien.

Wissenswertes Zippammern singen von erhöhter Warte in kurzen, schnellen Strophen ähnlich einem Zaunkönig oder einer Heckenbraunelle „zitt-zitteritt-zitt-zitt-zitteritt-zitt". Oft kann man Zippammern am Boden beobachten, wo sie napfförmige Nester für die Aufzucht ihrer Jungen bauen. In günstigen Jahren können bis zu drei Bruten stattfinden. Im Winter kommen Tiere aus nördlicheren Gebieten nach Spanien.

2 **Zaunammer** Escribano soteño *Emberiza cirlus (Emberizidae)*

L 16,5 cm

Merkmale Männchen mit charakteristischer gelbschwarz gestreifter Kopffärbung und schwarzer Kehle; Weibchen schwächer gezeichnet und ähnlich einer Goldammer, jedoch mit graubraunem bis grünlichem Bürzel.

Vorkommen Ganzjährig in Spanien und auf den Balearen. In traditionellen offenen Kulturlandschaften mit Einzelbäumen, Dehesas und Macchien.

Wissenswertes Zaunammern nehmen in Spanien und den anderen Mittelmeerländern die Lebensräume der Goldammern ein, mit denen sie etwa im Winter gemeinsam auftreten, da viele mitteleuropäische Goldammern in Spanien überwintern. Ähnlich den Grauammern bevorzugen die Zaunammern eine erhöhte Warte für ihren Gesang, der kurz, abgehackt und etwas blechern tönt. Das kurze „zitetetet" oder „zitt-itt-itt" erinnert an das Klappern der Klappergrasmücke. Vom **Ortolan** *(Emberiza hortulana)*, der denselben Landschaftstyp bewohnt, unterscheidet sie sich durch den gräulichen und nicht fleischfarbenen Schnabel. Der Ortolan hat außerdem einen graugrünlichen Kopf mit gelblichem Augenring und gelbem Bartstreif. Im Gegensatz zu den Zaunammern ist der Ortolan nur Sommergast in Spanien. Zaunammern brüten in bodennahen Nestern, in die sie bis zu fünf gräuliche bis weißliche Eier mit dunkelbraunen Sprenkeln legen. Während die Nestlinge hauptsächlich mit proteinreicher Insektennahrung gefüttert werden, nehmen die erwachsenen Zaunammern nahezu ausschließlich Sämereien zu sich.

3 **Grauammer** Triguero *Emberiza calandra (Emberizidae)*

L 17,5–18 cm

Merkmale Plumpe Gestalt; Männchen und Weibchen unscheinbar beige bis hellbraun gefärbt, dabei Oberseite dunkler als Unterseite; kräftiger heller Schnabel.

Vorkommen Ganzjährig in Spanien und auf den Balearen. In offenen, trockenen Kulturlandschaften, Steppengebieten, auf Weideflächen sowie Brachflächen mit einzelnen Büschen und Bäumen.

Wissenswertes Grauammern können bei oberflächlicher Betrachtung leicht mit Feldlerchen verwechselt werden. Im Gegensatz zu den Lerchen fehlt ihnen in den Armschwingen die weiße Färbung. Der Flug erscheint oft schwirrend mit schnellen, flachen Flügelschlägen, wobei diese Vögel bisweilen die Beine herunterhängen lassen. Vielfach auf Zweigen oder Stromleitungen sitzend, verkünden die Männchen ein monotones, etwas scheppernd klingendes Lied. Grauammern sind Bodenbrüter. Das napfartige Nest wird in einer Bodenmulde so angelegt, daß es nur wenige Zentimeter über die Bodenoberfläche hinausragt. Während sich die Altvögel hauptsächlich von Sämereien und grünen Pflanzenteilen ernähren, füttern sie 4–5 Jungen mit Kleininsekten, wie Schmetterlingen, Heuschrecken oder Käfern. Außerhalb der Brutzeit sind Grauammern oft in kleinen Trupps zu beobachten, bisweilen vergesellschaftet mit Goldammern.

Vögel

1 Griechische Landschildkröte Tortuga mediterránea *Testudo hermanni (Testudinidae)*

L 10–20 cm

Merkmale Landschildkröte mit kräftig gewölbtem Rückenpanzer von braungrünlicher bis braungelblicher Färbung, stark dunkel pigmentiert; große Schuppe auf der Schwanzspitze, meist zwei obere Schwanzschilder; kaum beschuppte Vorderbeine.

Vorkommen Punktuell an den spanischen Mittelmeerküste und auf den Balearen. In buschreichem Hügelland, lichten Wäldern und Dünenbereichen.

Wissenswertes Die Individuen der Griechischen Landschildkröte variieren sehr stark in ihrer Färbung, mitunter auch in ihrer Gestalt. Ältere Tiere haben oft Schrammen am Panzer. Diese Art ist in Spanien nicht allzu häufig. Oft bemerkt man sie erst durch ein fortwährendes Rascheln im dichten Gestrüpp. Landschildkröten sind morgens und abends aktiv. Sie ernähren sich überwiegend vegetarisch, verzehren aber auch Würmer und Larven sowie Aas. Während der Paarungszeit läuft das Männchen dem Weibchen hinterher, jagt es, stößt an dessen Panzer oder beißt es ins Bein, um auf sich aufmerksam zu machen.

2 Maurische Landschildkröte Tortuga mora *Testudo graeca (Testudinidae)*

L 20–30 cm

Merkmale Im Habitus der Griechischen Landschildkröte sehr ähnlich, jedoch oft größer und nur mit einem oberen Schwanzschild; Farbe variabel; Sporne an den Oberschenkeln, derb beschuppte Vorderbeine.

Vorkommen In Südspanien und auf den Balearen. In buschreichem Gelände.

Wissenswertes Vor allem in der indischen, chinesischen und japanischen Mythologie werden Schildkröten als Glücksbringer und Symbole der Unsterblichkeit verehrt. Im Gegensatz dazu zerstören Flurbereinigungsmaßnahmen in Südspanien die letzten Lebensräume der Griechischen und der Maurischen Landschildkröte.

3 Europäische Sumpfschildkröte Galápago europeo *Emys orbicularis (Emydidae)*

L 20–30 cm

Merkmale Flacher, an das teilaquatische Leben angepaßter Rückenpanzer, bis zu 30 cm lang, schwärzlich bis dunkelbräunlich gefärbt mit weißgelblichen Punkten und Streifen; Bauchpanzer oft ganz dunkel; relativ langer Schwanz, beim Männchen länger als beim Weibchen; Kopf auf gräulich-dunklem Grund gelb gefleckt; Männchen mit orangefarbenen, Weibchen mit gelben Augen.

Vorkommen In ganz Spanien und auf den Balearen. In stehenden oder träge fließenden, vegetationsreichen Gewässern, in Küstenlagunen und Tümpeln; auch in langsam fließenden Gebirgsbächen.

Wissenswertes Sumpfschildkröten sind tagaktive Tiere. Sie sonnen sich gerne am Ufer oder auf Steinen. Schon bei den geringsten Störungen ergreifen diese Tiere die Flucht. Durch einen entsprechenden Luftvorrat in den Lungen können sie längere Zeit unter Wasser bleiben. Im Gegensatz zu Landschildkröten sind Sumpfschildkröten überwiegend Fleischfresser. 4–6 Wochen nach der Paarungszeit im Mai legt das Weibchen bis zu 15 länglichovale, weißliche Eier in den warmen, sandigen Boden. Je nach Besonnung des Areals schlüpfen die Jungen nach 60–80 Tagen. Die Geschlechtsreife erlangen Sumpfschildkröten erst nach sechs Jahren.

4 Mauergecko Salamanquesa común *Tarentola mauritanica (Geckonidae)*

L 15 cm

Merkmale Gedrungen wirkendes Reptil mit relativ großem Kopf und großen Augen; abgeflachter Körper, Rumpf und Schwanz mit Höckern; Zehen mit gut sichtbaren Haftscheiben; Krallen nur an der dritten und vierten der insgesamt fünf Zehen; gräuliche bis bräunliche, schuppige Haut.

Vorkommen In mediterranen Bereichen der spanischen Halbinsel und auf den Balearen. In trockenen Küstenbereichen, mitunter auch im Binnenland.

Wissenswertes Von anderen Echsen unterscheiden sich Geckos durch die senkrechten Pupillen. Man trifft sie an Steinmauern und Außenmauern von Gebäuden.

1 Spanischer Sandläufer Lagartija cenicienta *Psammodromus hispanicus (Lacertidae)*

L 10–15 cm

Merkmale Kleine Echse mit großen, gekielten Schuppen; schwach ausgeprägtes Halsband; Färbung von braun über grünlichbraun bis ockerfarben mit streifigem oder fleckigem Muster; Bauchseite weißlich oder rötlich.

Vorkommen In ganz Spanien mit Ausnahme von Nordspanien und den Pyrenäen; fehlt wohl auf den Balearen. In trockenem Gelände sowie auf Sand- und Kiesflächen.

Wissenswertes Eine ähnliche Art ist der **Algerische Sandläufer** *(Psammodromus algirus)*, der im gleichen Lebensraum vorkommt. Während beim Spanischen Sandläufer die Schuppen der Halsseite körnig sind, sind sie beim Algerischen Sandläufer gekielt.

2 Spanische Kieleidechse Lagartija de Valverde *Algyroides marchi (Lacertidae)*

L 8–10 cm

Merkmale Kleine Echse mit schwach gekielten Rückenschuppen und körnigen Seitenschuppen; deutliches Halsband; Rücken und Seiten dunkelbraun; Weibchen unterseits weißlich, Männchen während der Paarungszeit mit gelblichem Bauch.

Vorkommen In Südost-Spanien; fehlt wohl auf den Balearen. In Kiefernbeständen, an Baumstümpfen und auf Schutthalden.

Wissenswertes Die Spanische Kieleidechse ist eine endemische Art in Spanien, mit Verbreitungsschwerpunkt im südöstlichen Spanien. Auf der Suche nach kleinen Insekten kriecht die Kieleidechse unter lockere Borke oder in Spalten und Ritzen.

3 Perleidechse Lagarto ocelado *Lacerta lepida (Lacertidae)*

L 60–80 cm

Merkmale Grünliche Grundfärbung, manchmal auch gräulich bis bräunlich mit hellen, oft dunkel umrandeten Flecken; Körperseiten oft mit auffälligen blauen Flecken; Bauch und Kehle gelblich bis grün.

Vorkommen In ganz Spanien; fehlt wohl auf den Balearen. In trockenen, gebüschreichen Landschaften, alten Olivenhainen und Weinbergen.

Wissenswertes Diese größte europäische Eidechsenart wird in ganz Spanien in den unterschiedlichsten Lebensräumen von Meereshöhe bis über 2.000 m angetroffen. Die Nahrung dieser Eidechse besteht neben Wirbellosen auch aus Mäusen und kleinen Reptilien. Früher war es in einigen Gegenden Spaniens üblich, Perleidechsen für den Verzehr zu fangen. In manchen Restaurants gibt es heute noch „lagartos" im Angebot.

4 Iberische Smaragdeidechse Lagarto verdinegro *Lacerta schreiberi (Lacertidae)*

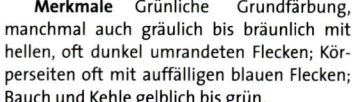

L 30–35 cm

Merkmale Männchen größtenteils grünlich; auf dem Rücken helle, dunkel umrandete Flecken; an den Seiten kleinere Flecken; Bauchseite schwarz gefleckt; Kehle blau. Weibchen größtenteils bräunlich; auf dem Rücken meist unregelmäßige schwarze Flecken.

Vorkommen In Nordwest-, West- und Zentralspanien; fehlt auf den Balearen. An stark verwachsenen Böschungen und Mauern entlang der Straßen; bis 1.600 m Höhe.

Wissenswertes Besonders in den nördlichen Verbreitungsgebieten lebt auch die **Smaragdeidechse** *(Lacerta viridis)*, die auch in Mitteleuropa vorkommt.

5 Iberische Mauereidechse Lagartija ibérica *Podarcis hispanica (Lacertidae)*

L 15–18 cm

Merkmale Kleinere Eidechsenart; Grundfärbung bräunlich bis gräulich; Bauch weißlich, gelblich oder leicht rötlich; helle Kehle mit wenigen dunklen Punkten; Weibchen **(5b)** oft mit Streifung auf dem Rücken, Männchen **(5a)** mehr gefleckt.

Vorkommen In ganz Spanien; fehlt auf den Balearen. An Mauern und Felsen.

Wissenswertes In Nordspanien kommt auch die **Mauereidechse** *(Podarcis muralis)* vor. Anders als die Iberische Mauereidechse hat sie größere dunkle Flecken im Kehlbereich sowie einen orangefarbenen Bauch.

 Reptilien / Amphibien

1 Blindschleiche Lución *Anguis fragilis (Anguidae)*

L max. 50 cm

Merkmale Körper walzenförmig; Schuppen glänzend und glatt; kupferbräunlich, manchmal auch gräulich gefärbt; Strichlinie auf der Rückenmitte; Jungtiere mehr silbrig bis goldbraun gefärbt; Männchen an Bauch und Flanken meist einfarbig hell, Weibchen und Jungtiere dunkel gefärbt, vor allem ältere Männchen können blau getüpfelt sein; Bauchschuppen im Gegensatz zu Schlangen wie auf dem Rücken.

Vorkommen In Nord- und Westspanien; fehlt auf den Balearen. In Laubwäldern, Weinbergen, an Böschungen, Waldrainen, Wegrändern und in ländlich geprägten Siedlungen.

Wissenswertes Vor allem bei warmer Witterung sind Blindschleichen tagsüber aktiv, wenn sich ihre Körpertemperatur auf mindestens 14 °C erwärmt hat. Sie verstecken sich zwischen Moospolstern, unter Wurzeltellern oder Steinen, zwischen Steinhaufen oder unter morschen Baumstümpfen. Bei der Paarung beißt das Männchen in den Nacken des Weibchens und legt sich unter dessen Körper. Nach einer Tragzeit von 11–13 Wochen werden bis zu 20 vollentwickelte Jungtiere geboren. Sie befinden sich noch in dünnen, transparenten Eihäuten, aus denen sie sich selbst befreien. Blindschleichen haben zahlreiche Freßfeinde, etwa Turmfalken, Marder, Iltisse oder Füchse.

2 Spanischer Walzenskink Eslizón ibérico *Chalcides bedriagai (Scincidae)*

L max. 15 cm

Merkmale Gedrungen wirkende Echse mit kleinem Kopf, dickem Hals und kurzen, fünfzehigen Beinen; Körperfärbung gelblichbraun bis gräulichbraun, schwarz umrandete Augenflecken am gesamten Körper.

Vorkommen Spanien außer Nordspanien; fehlt auf den Balearen. In sandigen Bereichen mit schütterer Vegetation.

Wissenswertes Skinke sind überwiegend tagaktiv, halten sich jedoch oft unter Steinen und Holzbrettern, im Sand oder unter Grasbüscheln verborgen. In bergigen Bereichen leben die Walzenskinke nicht so verborgen, verschwinden jedoch schnell in der Laubstreu, wenn man ihnen zu nahe kommt. Dort suchen sie auch nach Würmern, kleinen Schnecken, Asseln und anderen Wirbellosen.

3 Erzschleiche Eslizón tridactilo *Chalcides chalcides (Scincidae)*

L max. 40 cm

Merkmale Schlangenähnlicher Skink mit sehr kleinen, dreizehigen Beinen; Färbung stark variabel von graubraun über graugrün bis zu hellbraun und goldfarben; 10–12 dunkle Längsstreifen auf dem Rücken.

Vorkommen In ganz Spanien; fehlt auf den Balearen. In feuchten Wiesen, an Grashängen und Bachufern.

Wissenswertes Erzschleichen können auf den ersten Blick mit Blindschleichen verwechselt werden. Je nach Verbreitungsgebiet sind ihre kleinen, funktionslosen Füße unterschiedlich ausgebildet. Während im östlichen Spanien die Tiere eine wesentlich größere zweite Zehe haben, sind im westlichen Verbreitungsgebiet alle drei Zehen gleich groß.

4 Maurische Netzwühle Culebrilla ciega *Blanus cinereus (Amphisbaenidae)*

L max. 30 cm

Merkmale Ähnelt einem großen, gedrungenen Regenwurm; kleiner Kopf mit sehr kleinen Augen; Körper durch Querringe untergliedert; stumpfer, kurzer Schwanz; Körperfärbung von bräunlichgelb bis rosaviolett.

Vorkommen In ganz Spanien; fehlt auf den Balearen. In humusreichen oder sandigen Böden, in Pinienwäldern und auf landwirtschaftlichen Nutzflächen.

Wissenswertes Die Maurische Netzwühle ist der einzige europäische Vertreter dieser früher auch als „Doppelschleichen" bezeichneten Tiere. Ihr Körper hat sich an das Leben unter der Erdoberfläche bestens angepaßt. Sie machen Jagd auf im Boden lebende wirbellose Tiere, insbesondere Ameisen. Die meisten Netzwühlen, so wahrscheinlich auch die Maurische Netzwühle, legen Eier, aus denen die Jungtiere schlüpfen.

 Reptilien / Amphibien

1 Vipernnatter Culebra viperina *Natrix maura (Colubridae)*

L 70–90 cm

Merkmale Ovaler, kurzer Kopf deutlich abgesetzt vom gedrungenen Körper; Männchen wesentlich kleiner als Weibchen; Augen leicht nach oben gerichtet mit runder Pupille; gekielte Schuppen; kontrastreich gefärbt, Grundfärbung von rötlichbraun, über gelblich bis olivfarben; unregelmäßig dunkle Fleckenzeichnung, die oft ein Zickzackband bildet; an den Flanken dunkle Flecken mit hellem Kern; Unterseite grünlich bis rötlich mit dunkel verwaschener Zeichnung.

Vorkommen In ganz Spanien und auf den Balearen. An stehenden oder träge fließenden Gewässern sowie in Brackwasserbereichen; bis in 1.400 m Höhe.

Wissenswertes Vipernnattern sind sehr wasserliebend. Sie schwimmen und tauchen ausgezeichnet. Auch wenn Gefahr droht, fliehen sie ins Wasser. Ihre Nahrung besteht aus Fröschen und anderen Amphibien und deren Larven, kleineren Fischen, mitunter auch Kleinsäugern. Jungtiere der Vipernnatter werden Beute von Storch und Graureiher.

2 Ringelnatter Culebra de collar *Natrix natrix (Colubridae)*

L 80–110 cm, max. 1,80 m

Merkmale Große Schlange mit ovalem Kopf, runden Augen und runden Pupillen; Weibchen größer als Männchen; gekielte Schuppen; verschieden grau getönt; weißliche, gelbliche oder orangefarbene Flecken an beiden Seiten des Hinterkopfes, diese bei spanischen Ringelnattern kaum ausgeprägt; Bauch weißlich bis gelblich mit schwarzer Fleckung; keine Barren.

Vorkommen In ganz Spanien; fehlt auf den Balearen. An Binnengewässern.

Wissenswertes Ringelnattern sind zwar sehr wasserliebend, sie sind jedoch nicht unbedingt ans Wasser gebunden. Bei Gefahr versucht die Schlange eine Abschreckung durch auffälliges Imponiergehabe. Dabei wird der Körper abgeplattet, es erfolgt ein lautes Zischen und das Entleeren der Stinkdrüsen.

3 Europäische Eidechsennatter Culebra bastarda *Malpolon monspessulans (Colubridae)*

L max. 2 m

Merkmale Große Schlange mit schlankem Körper und schmalem Kopf; von der Schnauze über die Augen zum Hinterkopf verlaufende Kante; große Augen; gefurchte oder glatte Rückenschuppen; große Variabilität in der Färbung von gräulichbraun über grünlichbraun bis fast schwarz; adulte Tiere meist einfarbig, Seiten stärker gefärbt als der Rücken, Bauch gelblich bis beigefarben.

Vorkommen In fast ganz Spanien; fehlt an der spanischen Atlantikküste und auf den Balearen. In offenem steinigen oder sandigen Gelände, lichten Wäldern und bewachsenen Sanddünen; bis etwa 2.000 m Höhe.

Wissenswertes Alle europäischen Nattern haben große Kopfschilder und runde Pupillen (im Gegensatz zu den Vipern). Die Eidechsennatter ernährt sich hauptsächlich von Eidechsen, kleinen Schlangen und Kleinsäugern. Beim Menschen kann der Biß in die Hand ein Anschwellen des Armes sowie Empfindungslosigkeit und erhöhte Temperatur zur Folge haben.

4 Treppennatter Culebra de escalera *Elaphe scalaris (Colubridae)*

L 1–1,20 m, max. bis 1,60 m

Merkmale Große Natter mit spitz zulaufender Schnauze; Schnauzenschild nach hinten zugespitzt; braune Augen mit runder Pupille; glatte Schuppen; ausgewachsene Tiere meist grau mit gelblichem Schimmer und zwei dunklen Längsstreifen auf dem Rücken, Bauch weißlich oder gelblich; Jungtiere mit leiterartigem Muster auf dem Rücken (Name!), seitlich mit schwarzen Flecken.

Vorkommen In nahezu ganz Spanien außer der nördlichen Atlantikküste; auf Menorca, fehlt auf den übrigen Baleareninseln. In Gebüschen, Weingärten, an Waldrändern, Steinhaufen und Trockenmauern.

Wissenswertes In Nordost-Spanien überschneidet sich das Verbreitungsareal der Treppennatter mit dem der **Äskulapnatter** *(Elaphe longissima)*. Sie ist jedoch schlanker und hat eine runde Schnauze.

1 Girondische Schlingnatter Coronela meridional *Coronella girondica (Colubridae)*

L 50–70 cm

Merkmale Mittelgroße, schlanke Natter mit schwach ausgebildetem Hals, kleinem Kopf und rundlicher Schnauze; kleine Augen mit runder Pupille; glatte Schuppen; Grundfärbung oberseits gräulich (**1a**), bräunlich (**1b**) oder rötlich mit dunklen Flecken, die zu fast querstreifenähnlichem Muster verschmelzen können; Bauchseite meist gelblich, orangefarben oder leicht rötlich mit prägnantem Würfelmuster; vom Hals zum Auge verlaufender Streif, manchmal bis zum Nasenloch fortgeführt.

Vorkommen In ganz Spanien; fehlt auf den Balearen. In trockenen Biotopen wie Hecken, lichten Wäldern, Steinhaufen und Trockenmauern; bis 1.500 m Höhe.

Wissenswertes Die Girondische Schlingnatter ist dämmerungs- bis nachtaktiv. Sie jagt nach Eidechsen und Geckos. Die Beute wird durch schnelles Umschlingen erwürgt (Name!). Im Gegensatz zur Girondischen Schlingnatter ist die ähnliche **Glatt-** oder **Schlingnatter** *(Coronella austriaca)* sehr aggressiv. Die Bisse der nicht giftigen Schlingnatter können sehr schmerzhaft sein. Sichere Unterscheidungsmerkmale zwischen diesen beiden Natternarten sind der deutlich ausgeprägte Überaugenstreif der Schlingnatter und das typische Würfelmuster am Bauch der Girondischen Schlingnatter, das der Schlingnatter fehlt. Ihre Verbreitungsareale überschneiden sich allerdings nur in Nordspanien.

2 Kapuzennatter Culebra de cogulla *Macroprotodon cucullatus (Colubridae)*

L 40–60 cm

Merkmale Zierliche Schlange mit deutlich abgesetztem Kopf, zur Schnauze hin abgeflacht; Pupille oval, bei schwachem Licht allerdings meist rund; glatte Rückenschuppen; Grundfärbung blaß gräulich oder bräunlich mit dunkelbraunen Flecken, manchmal zu Streifen verschmolzen; Bauchseite gelblich bis rötlich mit undeutlichem dunklen Mittelband und je einem Seitenstreifen; am Hals dunkelbraunes bis schwarzes Band, das sich bisweilen bis auf den Kopf zieht (Kapuze!); schwärzlicher Streifen vom Nasenloch über das Auge bis zur Unterwange.

Vorkommen In Süd- und Südwest-Spanien und auf den Balearen. In sandigen Bereichen, lichten Hartlaubwäldern, Macchien, felsigen Biotopen, Dehesas und alten Mauern.

Wissenswertes Kapuzennattern verbergen sich tagsüber unter Steinen, in Erdhöhlen anderer Erdbewohner oder graben sich selbst in die Erde ein. Mit einsetzender Dämmerung beginnt die Suche nach kleinen Echsen und Geckos, die ihre Hauptnahrung darstellen. Mit Hilfe ihres Giftzahnes injizieren sie ihrer Beute das Gift, das bei kleinen Eidechsen in wenigen Minuten zum Tod führt. Durch die geringe Größe dieser Schlange ist ihr Biß für den Menschen zwar schmerzhaft, aber kaum gefährlich.

3 Stülpnasenotter Víbora hocicuda *Vipera latasti (Viperidae)*

L 50–70 cm

Merkmale Gedrungener Körper mit deutlich abgesetztem, dreieckigem Kopf, Kopf mit Schildchen bedeckt; Schnauze behornt, manchmal nur leicht nach oben gebogen; Grundfärbung gräulich, bräunlich bis leicht rötlich mit zickzack- oder wellenförmigem, dunklem Rückenband mit schwarzem Saum; Bauchseite gräulich oder schwärzlich, meist in sich gefleckt; Schwanzunterseite mitunter gelblich.

Vorkommen In fast ganz Spanien mit Ausnahme der nordspanischen Küstenbereiche; fehlt auf den Balearen. In felsigen, manchmal auch sandigen Bereichen.

Wissenswertes Die Stülpnasenotter lebt am Boden. Sie ist am Tage aktiv, kann aber auch, sofern die Temperaturen es erlauben, nachts unterwegs sein. Die Stülpnasenotter erbeutet Kleinsäuger, aber auch junge Vögel, junge Eidechsen und wirbellose Tiere. Sie jagt aus einem Versteck heraus, indem sie nach der vorbeilaufenden Beute stößt, um ihr den Giftbiß zu versetzen. In Nordost-Spanien kann die Stülpnasenotter mit der **Aspisviper** *(Vipera aspis)* verwechselt werden. In der Regel fehlt der Aspisviper jedoch ein ausgeprägtes Horn. Der Rücken trägt ein verschwommenes Zickzackband. Unbehandelte Bisse können tödlich sein.

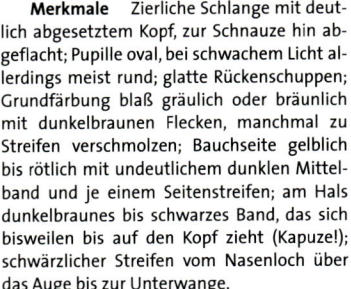

Reptilien / Amphibien

1 Spanischer Rippenmolch Gallipato *Pleurodeles waltl (Salamandridae)*

L 15–30 cm

Merkmale Großer Kopf; warzenartige Höcker an den Körperseiten; Schwanz seitlich abgeplattet; Flossensaum beim Männchen während der Paarungszeit gelblichgrau bis oliv gefärbt, bei älteren Exemplaren dunkelbraun mit regelmäßiger Fleckung; Seitenhöcker orange, gelb oder weißlich; Bauch gelb bis gelblichorange; Männchen während der Paarungszeit mit Brunstschwielen an den Innenseiten der Vorderbeine.

Vorkommen Auf der Spanischen Halbinsel mit Ausnahme des Nordens und des Nordostens; fehlt auf den Balearen. In Gräben, Teichen, Zisternen und langsam fließenden Gewässern.

Wissenswertes Die nachtaktiven Tiere leben weitgehend aquatisch. Trocknen Gewässer aus, verkriechen sie sich unter Steinen und an anderen feuchten Stellen. Die Nahrung besteht aus Bachröhrenwürmern, Regenwürmern und anderen Kleintieren.

2 Marmormolch Tritón jaspeado *Triturus marmoratus (Salamandridae)*

L bis zu 14 cm

Merkmale Großer, robust wirkender Molch; Rücken und Körperseiten grasgrün bis olivgrün gefärbt mit schwarzer Marmorierung (Name!); Bauch gräulich bis schwarzbraun gefleckt mit weißen Tüpfeln; ein schmales, rotes Band mit eingelagerten schwarzen Flecken vom Kopf bis zum Schwanzende.

Vorkommen In ganz Spanien; fehlt wohl auf den Balearen. In ebenen Bereichen und im Hügelland; in stehenden Gewässern, Zisternen und Viehtränken.

Wissenswertes Die Fortpflanzungszeit des Marmormolches ist von April bis Mai. Die Eier werden an Wasserpflanzen abgelegt. Nach ca. 3 Monaten verlassen die jungen Molche das Wasser und gehen zum Landleben über.

3 Spanischer Wassermolch Tritón ibérico *Triturus boscai (Salamandridae)*

L 6–10 cm

Merkmale Männchen oberseits gelblichbraun mit schwärzlicher Fleckung; Rückenmitte mit gelblichen Streifen; unterseits orangegelb mit gelblichen Zonen; Kopf viereckig und längs gefurcht; Weibchen mit kegelförmiger Kloakenwulst; Haut glatt oder gekörnt; Zehen ohne Schwimmhäute.

Vorkommen Im Westteil Spaniens; fehlt auf den Balearen. Zur Fortpflanzungszeit in kleinen, klaren Gewässerläufen, Teichen und Tümpeln; sonst weitgehend terrestrische Lebensweise.

Wissenswertes Die Nahrung besteht aus kleinen Wasserlebewesen, die lediglich mit den Augen aufgespürt werden.

4 Mallorca-Geburtshelferkröte Ferreret *Alytes muletensis (Discoglossidae)*

L 3–4 cm

Merkmale Ähnelt der Iberischen Geburtshelferkröte; insgesamt jedoch kleiner.

Vorkommen Auf Mallorca. In nahrungsarmen Tümpeln und unzugänglichen Schluchten im Inselinneren.

Wissenswertes Der Ferreret oder „Kleine Schmied", wie er genannt wird, weil die hellen Rufe der Männchen so klingen, als schlüge ein Hammer auf einen Amboß wurde erst in den 70er Jahren des 20. Jahrhunderts als eigene Art entdeckt.

5 Spanische Geburtshelferkröte Sapo partero ibérico *Alytes cisternasii (Discoglossidae)*

L 4–5 cm

Merkmale Kleinere plump wirkende Kröte; Färbung gewöhnlich gräulich, aber auch olivgrün oder bräunlich mit kleineren dunkleren, manchmal grünlicheren Flecken; drei Höcker am Handballen; mitunter helle Warzenreihe auf dem oberen Augenlid.

Vorkommen In Zentral- und Südwestspanien; fehlt auf den Balearen. In sandigen Gegenden und in Erdlöchern.

Wissenswertes Die Tiere sind vorwiegend nachtaktiv und verstecken sich tagsüber im Bereich von Wäldern, Gärten oder Steinhalden.

1 Messerfuß Sapo de espuelas *Pelobates cultripes (Pelobatidae)*

L 7–10 cm

Merkmale Robust wirkender Froschlurch; plump und glatthäutig; große Augen mit senkrechter Pupille; am Hinterfuß eine schwarze Schaufel (Name!); Oberseite gräulich, gelblich oder weißlich mit dunklen braunen oder grünlichen Flecken; Iris silbrig bis grünlich; Männchen kleiner als Weibchen und während der Paarungszeit mit ovaler Drüsenbildung am Oberarm.

Vorkommen In ganz Spanien; fehlt wohl auf den Balearen. In sandigem Küstenland und sumpfigem Gelände.

Wissenswertes Außerhalb der Paarungszeit sind die Tiere weitgehend dämmerungs- und nachtaktiv. Tagsüber verbergen sie sich in Löchern, die sie mit Hilfe der „Grabschaufeln" an ihren Hinterfüßen selbst graben. Der Laich wird im Frühjahr als Schnur um die Stengel von Wasserpflanzen geschlungen.

2 Erdkröte Sapo común *Bufo bufo (Bufonidae)*

L Männchen bis 8 cm, Weibchen bis 13 cm

Merkmale Oberseite bräunlich bis gräulich, zuweilen schwarzbraun oder olivgrün; Unterseite meist weißlich oder gräulich mit manchmal dunkler Marmorierung; waagrechte Pupille; Iris gold- bis kupferfarbig; Männchen ohne Schallblase; Männchen zur Laichzeit mit hornigen, schwärzlichen Schwielen an der Innenseite der ersten drei Finger.

Vorkommen In ganz Spanien mit Ausnahme der Balearen. In offenem Gelände, Wäldern, Gärten, Weinbergen, Steinbrüchen, Flußlandschaften, Parks und Ruinenarealen.

Wissenswertes Erdkröten sind überwiegend dämmerungs- und nachtaktive Tiere. Bei warmer, schwüler und feuchter Witterung sind sie mitunter auch tagsüber auf Beutesuche.

3 Kreuzkröte Sapo corredor *Bufo calamita (Bufonidae)*

L 8 (selten 10) cm

Merkmale Körperoberseite grau, gelblichgrün, bräunlich oder dunkelgrau mit hellen Flecken und rötlich getupften Warzen; Bauch mit dunklen Flecken auf weißlichem Grund; z.T. gelblicher Rückenstreifen; Männchen mit kehlständiger Schallblase.

Vorkommen In ganz Spanien; fehlt auf den Balearen. Bis 2.000 m Höhe; in trockenen, steppenartigen Gegenden.

Wissenswertes Die Laichzeit der Kreuzkröte beginnt oft schon Ende März, dauert jedoch manchmal bis Juni. Die 1–2 m lange Laichschnüre enthalten 3.000–4.000 Eier.

4 Spanischer Frosch Rana patlarga *Rana iberica (Ranidae)*

L 6–7 cm

Merkmale Kleiner, plump wirkender Braunfrosch; weit auseinanderliegende Rückendrüsenleisten; Färbung sehr unterschiedlich, Oberseite meist graubraun mit dunkler Zeichnung; einfarbig helle oder gefleckte Unterseite; Männchen während der Paarungszeit mit grauen Brunstschwielen.

Vorkommen Im nordwestlichen und zentralen Spanien; fehlt auf den Balearen. Bis 2.000 m Höhe; in Bergbächen und anderen kalten Fließgewässern, in Quellbereichen von Wäldern, Mooren und Wiesen.

Wissenswertes Wie der Grasfrosch ernährt sich der Spanische Frosch von Kleintieren wie Würmern, Schnecken und Spinnen .

5 Mittelmeerlaubfrosch Ranita meridional *Hyla meridionalis (Hylidae)*

L ca. 5 cm

Merkmale Glatthäutiger Baumfrosch mit Haftscheiben an Fingern und Zehen; hellgrün, selten bräunlich überlaufen; undeutliche Streifen an den Beinen; hellorangefarbene Flecken an der Hinterseite der Oberschenkel; Männchen mit Schallblase.

Vorkommen In Zentralspanien und im südlichen Spanien sowie auf den Balearen. In offenem Gelände mit Gebüschen und Bäumen sowie in Röhrichtzonen.

Wissenswertes Die Tiere sind vorwiegend nachtaktiv. Laubfrösche klettern, und man findet sie am ehesten im Gebüsch.

  Reptilien / Amphibien

1 Amerikanischer Flußkrebs *Procambarus clarki (Cambaridae)*

L bis 10 cm

Merkmale Fünf Laufbeinpaare, davon das vorderste mit kräftiger Schere; weinrot bis braunrot gefärbt; Scheren und Carapax stark gekörnt.

Vorkommen In nahezu ganz Spanien; fehlt wohl auf den Balearen. In sauberen bis mäßig verschmutzten Fließgewässern.

Wissenswertes Dieser Krebs wurde um 1973 eingeschleppt und breitet sich seitdem auf der Iberischen Halbinsel aus. Die gefräßigen Krebse verringern die Bestände von Am-

phibien- und Jungfischen sowie verschiedener Insektenlarven. Ökosysteme, die über Jahrtausende erhalten blieben, werden durch gebietsfremde, eingeschleppte Arten verändert. Die nicht sehr spezialisierten Amerikanischen Flußkrebse verdrängen einheimische Spezialisten, indem sie in Nahrungskonkurrenz mit ihnen treten. Andererseits haben sich die natürlichen Feinde, wie z.B. der Fischotter auf die neue Nahrung eingestellt. Auch Steinmardern oder Iltissen dient dieser Krebs als zusätzliche Nahrungsquelle.

2 Blauschwarzer Eisvogel *Limenitis reducta (Nymphalidae)*

L 4,5–5 cm

Merkmale Samtschwarze, bläulich glänzende Flügel mit weißem, getupftem Band; Außenrand der Vorderflügel mit einer Reihe bläulichschwärzlicher Flecken, Unterseite rotbraun mit weißen Flecken; perlmuttartig blaugraues Feld an der Wurzel der Hinterflügel, Außenrand der Hinterflügel mit einer Reihe schwarzer Tupfen; Raupe grün mit dicken, rötlichen, kurzstacheligen Warzen.

Vorkommen Auf der ganzen Iberischen Halbinsel und auf den Balearen. In der kollinen Gebirgsstufe (bis etwa 1.000 m Höhe).

Wissenswertes Der wärmeliebende Blauschwarze Eisvogel bringt jährlich zwei Generationen hervor. Von Mai bis September während der trockenen Jahreszeit kann man den imposanten Falter an schattigen Quellen oder Bächen gut bei der Wasseraufnahme beobachten.

3 Admiral Numerada *Vanessa atalanta (Nymphalidae)*

L 5,5 cm

Merkmale Samtschwarze Vorderflügelspitze mit weißen Flecken und roter Binde, Weibchen mit kleinem, weißem Fleck in der roten Binde; übrige Flügeldecke dunkelbraun; orangefarbenes Band am Außenrand des Hinterflügels; Unterseite der Hinterflügel dunkelbraun marmoriert; Farbe der Raupen gelblichgrau bis schwärzlich.

Vorkommen In ganz Spanien und auf den Balearen. Vor allem in kolliner und montaner Gebirgsstufe (bis in 2.000 m Höhe).

Wissenswertes Die glänzend grünlichen Eier mit deutlichen Längsrippen legen diese Schmetterlinge an Brennesseln ab. Die Farbe der Raupen ist variabel und reicht von gelblichgrau bis schwärzlich. Sie haben seitlich eine gelbe, durchbrochene Linie und pro Segment kurze verzweigte Dornen. Zu ihrem Schutz spinnt die Raupe die Brennesselblätter zu einem Tütchen zusammen. Der Admiral ist ein Wanderfalter, der ab April aus Spanien und anderen Mittelmeerländern nach Mitteleuropa einwandert.

4 Segelfalter Valero oder Chupaleche *Iphiclides podalirius (Papilionidae)*

L 6,5 cm

Merkmale Großer Tagfalter mit ganzrandigen Vorderflügeln; Hinterflügel an den Innenseiten mit schwalbenschwanzähnlichen Flügelfortsätzen; gelblichweiße Grundfarbe mit schwarzer Bänderzeichnung; Weibchen etwas größer als Männchen.

Vorkommen In ganz Spanien und auf den Balearen. Insbesondere in Obsthainen und Hartlaubwäldern der kollinen Stufe.

Wissenswertes Die Raupen des Segelfalters sind – ähnlich den Raupen des Schwalbenschwanzes – grün mit braunroter Tupfen. Sie lieben sonnige Stellen auf der Futterpflanze, z.B. Felsenkirsche, Schwarzdorn, Mandelbaum und Weißdorn. Die Raupe sitzt meist gut getarnt an der Blattoberseite auf einem Spinnpolster auf der Mittelrippe des Blattes. Die überwinternden Puppen sind ocker bis hellgrau gefärbt.

Wirbellose

1   Wanderheuschrecke Langosta migratoria *Locusta migratoria (Acrididae)*

L 6–7 cm

Merkmale Kräftige, gelblich bis bräunlich gefärbte Feldheuschreckenart, teilweise in sich gefleckt; kurze Fühler; lange Flügel.

Vorkommen In trocken heißen Steppengebieten des spanischen Südwestens.

Wissenswertes *Locusta migratoria* ist die häufigste Wanderheuschrecke der weltweit insgesamt ca. zehn vorkommenden Arten. Sie leben wie alle übrigen Feldheuschrecken zerstreut in den Steppen und anderen Grasländereien und ernähren sich überwiegend von Sämereien (Solitärphase). Erst bei einer hohen Populationsdichte beginnen die Tiere zu wandern. Dann kommt es zu explosionsartigen Massenvermehrungen. Nach der letzten Häutung entwickeln sich flugfähige Insekten, die in großen Schwärmen umherfliegen und enorme Schäden in der Landwirtschaft anrichten können.

2   Gottesanbeterin Santa Teresa *Mantis religiosa (Mantidae)*

L 7–9 cm

Merkmale Fangheuschrecke mit zu Greifbeinen umgebildeten Vorderbeinen; halsförmig verlängerte Rückenplatte; meist grün gefärbt.

Vorkommen In trockenen Regionen der Iberischen Halbinsel und auf den Balearen.

Wissenswertes Die Deckplatte auf der Rückenseite des Tieres, hat die Funktion eines beweglichen Halses. Die Ruhehaltung mit hervorgehobenen Hals und zusammengefalteten Vorderbeinen erinnert an einen ins Gebet versunkenen Menschen (Name!). Alle Gottesanbeterinnen leben als Räuber und benutzen die Vorderbeine zum Erbeuten der Nahrung, z.B. Fliegen, Heuschrecken, Schmetterlingen und anderen Insekten. Die Dornen an beiden Beingliedern halten die Beute fest, während das Tier sie mit Hilfe seiner starken Mandibeln frißt.

3   Gürtelskolopender *Scolopendra cinguata (Scolopendridae)*

L 6–9 cm (manchmal über 10 cm)

Merkmale Körper mit gleichförmiger Segmentierung; das letzte der 21 Laufbeinpaare größer als die übrigen; Augen dicht gedrängt an den Kopfseiten gleich hinter den Fühlern; gelblichbraun bis dunkelbraun gefärbt, Jungtiere oft variabel, meist mit orangefarbener Kopf- und Schwanzpartie und bläulich schimmernden Beinen.

Vorkommen Auf der gesamten Iberischen Halbinsel sowie auf den Balearen. Häufig an sonnigen, trockenen Stellen.

Wissenswertes Gürtelskolopender gehören zu den Hundertfüßern. Es sind nachtaktive Tiere, die sich tagsüber meist unter Steinen oder Wurzeln verbergen. Nachts jagen sie kleine Insekten, Spinnen und andere Gliedertiere, indem sie sie mit den spitzen Klauen der Mundwerkzeuge, die Giftdrüsen tragen, packen. Durch dieses offenbar wirksame Gift werden die Beutetiere sehr schnell getötet. Der Giftbiß ist auch für Menschen ausgesprochen schmerzhaft. Bei der Paarung erzeugt das Männchen mit seinen Spinngriffeln ein lockeres Gespinst an seinem Hinterende und legt darauf einen Spermatropfen, der vom Weibchen mit der Geschlechtsöffnung aufgenommen wird.

4   Gelber Skorpion *Euscorpius occitanus (Scorpionidae)*

L bis 8 cm

Merkmale Hellbraun bis gelblichorange mit dunkelbraunen Rückenplatten; seitlich im Bereich des Vorderkörpers je fünf Augen, zwei weitere im oberen Bereich des Vorderkörpers; Scheren schmal; schwanzartig verschmälerter, hinterer Körperabschnitt sehr kräftig, mit Giftblase und Stachel.

Vorkommen In den trockenheißen Steppenlandschaften Südwest-Spaniens und auf den Balearen. Unter Steinen, Holz oder im sandigen Boden eingegraben.

Wissenswertes Skorpione sind mit ihrem schwanzartig auslaufenden und mit einem Giftstachel besetzten Körperende leicht zu erkennen. Ihre Pedipalpen (vorderstes Extremitätenpaar) haben kleine Scheren ausgebildet. Ihr Stich ist sehr schmerzhaft, jedoch eher ungefährlich. Mit Kindern ist aber Vorsicht geboten!

1 Rote Röhrenspinne *Eresus niger (Eresidae)*

L Männchen 8–11 mm, Weibchen 12–20 mm

Merkmale Vorderkörper der Männchen schwarz behaart mit einzelnen weißen Haaren sowie rotem Haarsaum an hinteren Seitenrändern, Hinterleib rot behaart mit vier schwarzen Punkten auf der Leibmitte, erstes und zweites Beinpaar schwarzweiß geringelt, hinteres Beinpaar schwarz mit rötlicher Behaarung; Weibchen deutlich größer und fast durchweg samtig schwarz behaart.

Vorkommen In ganz Spanien und auf den Balearen weit verbreitet. In sonnigen, trockenen und steinigen Bereichen.

Wissenswertes Die Spinne lebt in einer unauffälligen, perfekt getarnten Erdröhre, die sie sich bis zu 10 cm schräg in den Boden gräbt und mit einem Gespinst auskleidet. Sie ernährt sich hauptsächlich von verschiedenen Käferarten, z.B. Laufkäfern, Mistkäfern oder Bockkäfern. Vor der Paarung zieht das Männchen in die Wohnröhre des Weibchens ein. Es finden mehrere Paarungen statt. Danach wird die Gespinstkammer verschlossen und zur Eiablage vorbereitet. In einen nahezu linsenförmigen Kokon werden bis zu 80 Eier gelegt.

2 Wespenspinne *Argiope bruennichi (Araneidae)*

L Männchen 4–6 mm, Weibchen 14–20 mm

Merkmale Weibchen mit dicht silbrigweiß behaartem Vorderkörper, Hinterleib mit weißer oder gelblicher Grundfarbe und schwarzen Querbändern, Zeichnung des Hinterleibs stark variabel; viel kleineres Männchen mit blaß gelblichem Hinterleib.

Vorkommen Auf der gesamten Iberischen Halbinsel und auf den Balearen. In sonnigen, halboffenen Bereichen häufig.

Wissenswertes Zwischen Gräsern oder krautigen Pflanzen baut die Wespenspinne

ihr Netz bevorzugt in Bodennähe. In der Mitte des Netzes befindet sich eine dichte Gespinstplatte, und quer durch das gesamte Netz verläuft ein zickzackförmiges Gespinstband. Zur Paarung begibt sich das Männchen zum Weibchen ins Netz und gibt Zupfsignale ab. Nur wenige Sekunden verbleiben ihm, dem Weibchen das Sperma zu übergeben. Anschließend wird es fast immer getötet und verzehrt. Etwa vier Wochen später stellt das Weibchen einen rundlichen Kokon her, den die Jungspinnen im Frühjahr verlassen.

3 Walzenspinne *Gluvia chapmani (Gluviidae)*

L etwa 15 mm

Merkmale Hell- bis mittelbraune, langgestreckte Spinne; spitz nach vorn gezogener Kopf mit großen, scherenförmigen Cheliceren und einem Augenpaar; vorderer Teil des Vorderkörpers mit Platte abgedeckt, hinterer Teil häutig und in Hinterleib übergehend.

Vorkommen In Steppengebieten, und wüstenartigen Bereichen Südspaniens.

Wissenswertes Tagsüber verbergen sich die flinken Tiere unter Steinen oder in selbstgegrabenen Erdlöchern. Nachts gehen sie auf Beutefang. Sobald ein Beutetier die Tasthaare der Walzenspinne berührt, packt sie mit ihren Cheliceren fest zu und zerquetscht das Tier. Nach der Paarung legt das Weibchen die Eier in eine Erdhöhle und bewacht diese, bis die Jungen schlüpfen.

4 Apulische Tarantel *Lycosa tarentula (Lycosidae)*

L Männchen bis 25 mm, Weibchen bis 30 mm

Merkmale Eine kräftige Wolfsspinne; Männchen weißlichgrau, Weibchen gelblichbraun; undeutliches Längsband auf dem Vorderkörper und undeutlicher, dunkler, lanzettförmiger Fleck auf dem Hinterleib; leuchtend gelber Fleck mit schwarzem Querband auf der Unterseite des Hinterleibs; Beine mit schwarzweißem Muster.

Vorkommen In Südspanien; fehlt wohl

auf den Balearen. In sonnigen, steinigen Bereichen mit geringer Vegetation.

Wissenswertes Die Tarantel hält sich weitgehend in ihrer bis zu 30 cm langen Wohnröhre in der Erde auf. Am oberen Rand der Röhre befestigt sie ein Gespinst, in das sie Grashalme und kleine Ästchen einwebt. Nachts verläßt sie ihre Röhre und geht auf Beutefang. Der Biß der Tarantel entspricht dem eines Wespenstichs.

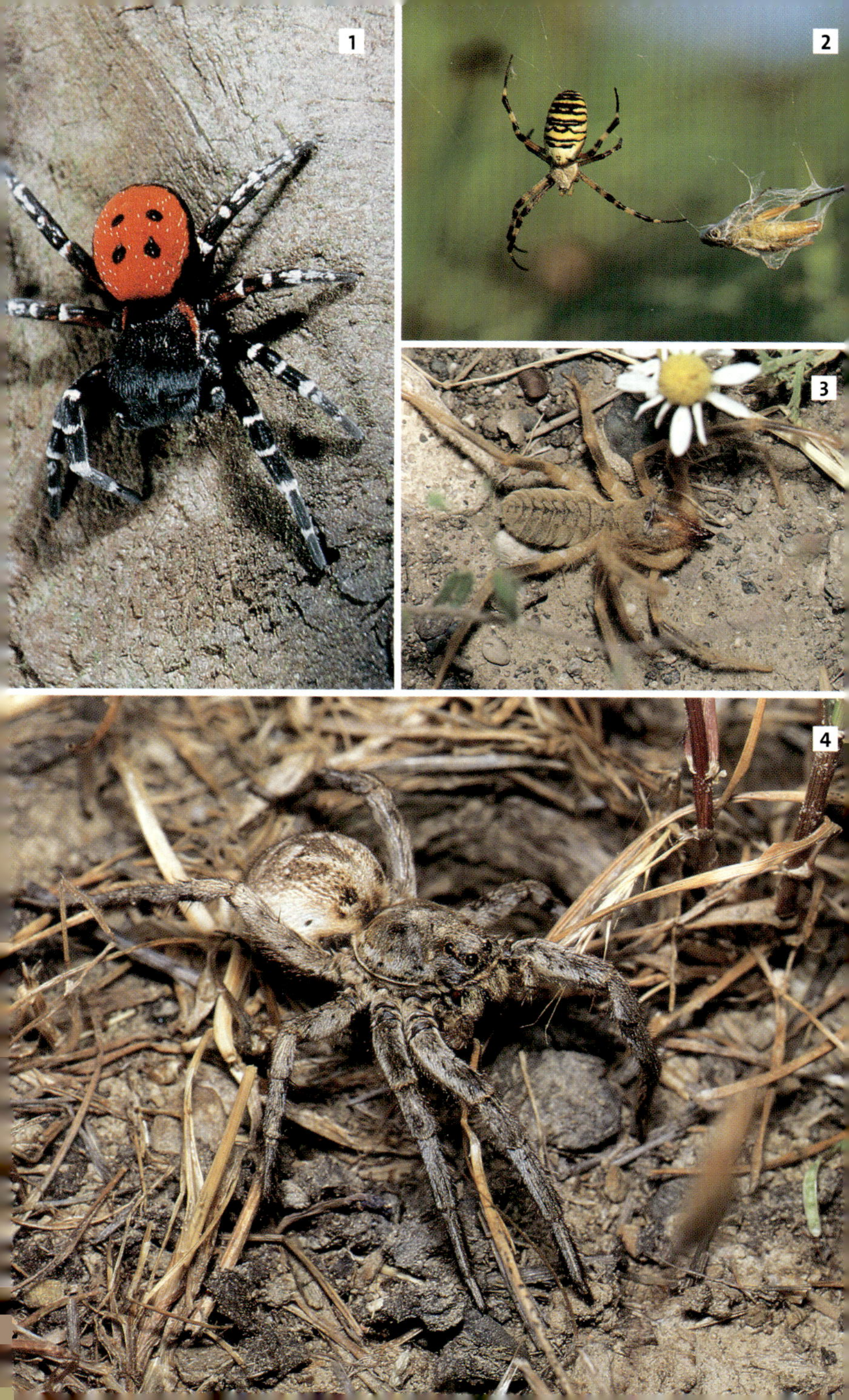
1
2
3
4

1 Dorniger Kapernstrauch Alcaparra *Capparis spinosa (Capparidaceae)*

H 50–150 cm April–Okt.

Merkmale Dorniger, reich verzweigter Strauch mit langen überhängenden Ästen; Blätter wechselständig mit kurzen Stielen, fast kreisrund und ganzrandig, 2–5 cm lang; Blüten einzeln in den Blattachseln, bis 6 cm Durchmesser, lange Blütenstiele; vier grüne ungleiche Kelchblätter und vier weißliche bis rosafarbene Blütenblätter; viele herausragende dunkelrote oder weißliche Staubfäden; Frucht etwa 5 cm lange Beere mit rosarotem Fruchtfleisch und zahlreichen Samen.

Vorkommen In ganz Spanien und auf den Balearen. In felsigen Bereichen, Gärten und an Mauern.

Wissenswertes In Spanien und anderen Mittelmeerländern wird der Kapernstrauch auch kultiviert, da die unreifen Früchte dieses Strauches die bekannten Kapern liefern. Zur Herstellung läßt man die Knospen nach dem Pflücken welken und legt sie eingesalzen in Essig oder Öl ein. Durch diesen Prozeß entsteht das charakteristisch schmeckende Methylsenföl.

2 Stierkopfampfer Acedera de legarto *Rumex bucephalophorus (Polygonaceae)*

H 40 cm April–Sept.

Merkmale Einjährige Pflanze mit aufrechten, unverzweigten Stengeln; Blätter wechselständig, etwa 2 cm lang, von lanzettförmig über eiförmig bis nahezu kreisrund, mit stengelumfassender Nebenblattscheide (Ochrea) mit deutlichen Knoten; Blüten sehr klein, weiblich oder zwittrig, in der Regel 2–3 in den Blattachselscheiden; sechs grüne Blütenhüllblätter in zwei Kreisen angeordnet.

Vorkommen In ganz Spanien und auf den Balearen. Auf sandigen, trockenen Böden, Brachland und Kulturland; oft in Küstennähe.

Wissenswertes Der Stierkopfampfer ist eine sehr formenreiche Art mit mehreren Unterarten. Mit etwas Phantasie ähneln die zu gezähnten Valven umgebildeten Blütenhüllblätter, die der Fruchtverbreitung dienen, einem Stierkopf (Name!).

3 Rote Mittagsblume Diente de león *Carpobrotus acinaciformis (Aizoaceae)*

H max. 2 m März–Juli

Merkmale Am Boden liegende, dicht geschlossene Bestände bildende Pflanze; blaugrüne, dickfleischige Blätter mit dreieckigem Querschnitt, 5–8 cm lang; Blüten mit vielen lanzettlichen, pinkfarbenen Kronblättern, etwa 10 cm im Durchmesser.

Vorkommen In ganz Spanien und auf den Balearen. In Küstenbereichen, Gärten und Parks.

Wissenswertes Die Heimat der Roten Mittagsblume ist Südafrika. Im gesamten Mittelmeerraum wurde *Carpobrotus* einge-

bürgert und teilweise gezielt zur Befestigung von Böschungen und Dünen gepflanzt. Mit ihren fleischigen, zur Wasserspeicherung geeigneten Blättern (Blattsukkulenz) sind diese Pflanzen bestens an trockene Standorte angepaßt. Eine verwandte Art ist die **Gelbe Mittagsblume** *(Carpobrotus edulis)*, die man ebenfalls in allen Küstenbereichen Spaniens und der Balearen antreffen kann. Ihre Blätter sind leuchtend grün und 8–12 cm lang. Die Blüten haben einen Durchmesser von etwa 6–8 cm und sind gelblich bis rosafarben mit gelben Staubfäden.

4 Zackensenf Muñidor *Bunias erucago (Brassicaceae)*

H 30–60 cm Mai–Juli

Merkmale Aufrechte, krautige Pflanze mit drüsig behaarten Stengeln, zur Stengelbasis hin auch rauhhaarig; Rosettenblätter fiederspaltig, obere Stengelblätter linealförmig bis lanzettlich, ganzrandig oder leicht gezähnt; Blüten gelb, an drüsigen Stielen; Schötchen 10–12 mm lang, mit gezackten Flügeln (Name!).

Vorkommen In ganz Spanien; fehlt mitunter auf den Balearen. An Wegrändern, in Brachen und auf Kulturland.

Wissenswertes Die Familie der Kreuzblütler *(Brassicaceae)* zeichnet sich durch traubige Blütenstände und vierzählige Blüten aus. Die für die Bestimmung wichtigen Früchte der Kreuzblütler werden Schoten genannt.

  Wildblumen

1 Weißer Senf Mostaza *Sinapis alba (Brassicaceae)*

H 20–60 cm März–Juni

Merkmale Rauhhaarige Pflanze mit gestielten, leierförmig-fiederspaltigen Blättern; Blüten in lockeren Blütentrauben, hellgelb; Schote geschnäbelt und, borstig behaart, 2–4 cm lang.

Vorkommen In ganz Spanien und auf den Balearen. Auf Brachland, Unkrautfluren und landwirtschaftlichen Flächen.

Wissenswertes Die ursprünglich in Vorderasien und Indien beheimatete Pflanze ist heute in Spanien weit verbreitet. Drei Unterarten dieser Pflanze werden vielerorts in Europa kultiviert und zur Senfherstellung genutzt. Die gelblichen, kugeligen Samen enthalten neben fettem Öl und Eiweiß auch Sinalbin. Beim Mahlen der Senfkörner entsteht daraus unter anderem Senföl.

2 Waagrechtes Nabelkraut Ombligo de Venus *Umbilicus horizontalis (Crassulaceae)*

H 10–50 cm Mai–Aug.

Merkmale Pflanze mit am Grunde fleischigen, kreis- bis schildförmigen, langgestielten Blättern, mitunter am Stielansatz nabelförmig eingebuchtet; Stengelblätter wechselständig, nierenförmig bis linealförmig; Stengel maximal bis zur Hälfte mit Blüten besetzt; Blüten abstehend, 5–7 mm lang, röhrig verwachsene Kronblätter, weißlich bis grünlich; Balgfrüchte.

Vorkommen In ganz Spanien und auf den Balearen. In Felsspalten und Mauerritzen.

Wissenswertes Dickblattgewächse sind mit ihren wasserspeichernden, fleischigen Blättern bestens an trockene Standorte angepaßt. Im gleichen Lebensraum kommt auch das **Hängende Nabelkraut** (*Umbilicus rupestris*) vor. Bei ihm sitzen die Blüten fast am ganzen Stengel und hängen herab.

3 Stacheliger Dornginster Retama espinosa *Calicotome spinosa (Fabaceae)*

H 50–220 cm März–Juni

Merkmale Aufrechter, verzweigter Strauch mit kräftigen Dornen, nur gering oder gar nicht behaart; Blätter dreizählig, gestielt, Teilblättchen fast sitzend, verkehrt eiförmig, 5–12 mm lang; Blüten gelb, 12–18 mm lang, überwiegend einzeln, manchmal in Büscheln von 2–4 Blüten aus den Blattachseln kommend; Nebenblätter ganzrandig bis dreispaltig, dicht unter dem Kelch; Kelchzähne fallen zur Blütezeit ab; Hülse kahl, bis zu 4 cm lang, Naht kaum verdickt, im Reifestadium glänzend schwarz, 3–8 Samen.

Vorkommen In ganz Spanien und auf den Balearen. In Macchien, Kahlschlägen und auf Brandflächen; auf trockenen, sauren Böden, bis etwa 800 m Höhe.

Wissenswertes Auf dem Spanischen Festland kann der Stachelige Dornginster mit dem **Behaarten Dornginster** (*Calicotome villosa*) verwechselt werden. Er hat jedoch eine zottig behaarte Hülse mit verdickter Naht. Mitunter treten die beiden Dorngisterarten vergesellschaftet mit Rosmarin und Zistrosen in Erscheinung. Ein sicheres Merkmal der *Calicotome*-Arten ist der sich teilende Blütenkelch. Der obere Teil des Kelches trennt sich vom unteren Teil ab und sitzt, solange die Blüte noch nicht aufgeblüht ist, als spitzes Hütchen auf der Blütenknospe.

4 Binsenblättriger Ginster Bolina *Genista spartioides (Fabaceae)*

H 30–150 cm Feb.–Juni

Merkmale Aufrechter, stark verzweigter Strauch, wechsel- oder gegenständige und biegsame Zweige ohne Dornen; Blätter elliptisch, bis 8 mm lang und 2 mm breit, Blattunterseite fein behaart; Blüten gelb, 10–14 mm lang, in Büscheln über Zweige verteilt; 3–5 mm langer Kelch, seidig behaart, tief eingeschnitten zweilippig, Oberlippe dreizähnig; Fahne meist kahl, bis 1 cm lang, Schiffchen dicht behaart und deutlich kürzer als Fahne; Hülse 6–8 mm lang, zugespitzt 1–2 Samen.

Vorkommen In Südspanien und auf den Balearen. An sonnigen, trockenen Hängen, Straßenrändern und in Macchien; vor allem auf Kalk.

Wissenswertes Die biegsamen Triebe eignen sich zum Flechten von Körben, ihre Bastfasern zur Herstellung von Geweben.

1 Gelbe Hauhechel Melosa oder Pegamoscas *Ononis natrix (Fabaceae)*

H 20–100 cm April–Juli

Merkmale Reich verzweigte Pflanze mit aufsteigenden Stengeln, an der Basis verholzt, mit vielen Drüsenhaaren, mitunter klebrig; Blätter dreizählig gefiedert, obere Blätter einfach; Teilblättchen bis zu 3 cm lang, von schmal lanzettlich bis eiförmig, meist leicht gezähnt; Nebenblätter lanzettlich und kürzer als Blattstiel; Blüten gelb, 5–20 mm lang, mit rötlichen Adern; Blüten einzeln an gegliederten Stielen in lockeren, traubigen Blütenständen; Kelchzähne mindestens doppelt so lang wie Kelchröhre; Hülse drüsig behaart, hängend, mit 4–10 glatten oder warzigen Samen.

Vorkommen In ganz Spanien und auf den Balearen. An trockenen steinigen bis sandigen Standorten, Wegrändern, in Brachland, Macchien und Dünen; bis 1.700 m Höhe.

Wissenswertes In Südost-Spanien und auf den Balearen kommt zusätzlich *Ononis crispa* vor: Auch hier ist der Stengel dicht drüsenhaarig und deshalb klebrig. Die Blätter sind jedoch fünfzählig und rundlicher, mitunter am Rand gewellt. Eine für Sandstrände charakteristische Pflanze ist die **Bunte Hauhechel** *(Ononis variegata)*. Sie hat niederliegende, teils aufsteigende Stengel mit drüsigen oder einfachen Haaren und kurzgestielte, meist einzelne, stark gezähnte Blätter.

2 Scheibenschneckenklee Carretilla *Medicago orbicularis (Fabaceae)*

H 10–80 cm April–Juni

Merkmale Einjährige Pflanze mit meist niederliegenden Stengeln, kahl oder gering behaart, kantig mit Rillen; Blätter dreizählig mit langen Stielen, Teilblättchen 6–15 cm lang, eiförmig, gezähnt, Nebenblätter 3–5 mm lang mit tief eingeschnittenen Schlitzen; Blüten gelb, 2–5 mm lang, bis zu 5 Einzelblüten in kleineren Trauben hauptsächlich im oberen Stengelbereich; Frucht lampionförmig mit 4–6 spiralig übereinander liegenden Scheiben, Durchmesser 10–17 mm.

Vorkommen In ganz Spanien und auf den Balearen. An Wegrändern, in Macchien Brach- und Kulturland.

Wissenswertes Mehr als 70 Arten zählt die Gattung *Medicago*. Allesamt sind es eher unauffällige, meist am Boden liegende, einjährige Pflanzen. Selten sind sie ausdauernd und verholzt.

3 Blasenwundklee Llentia silvestre *Anthyllis tetraphylla (Fabaceae)*

H bis 50 cm März–Juni

Merkmale Einjährige Pflanze mit niederliegenden, zuweilen aufsteigenden Stengeln, Stengel behaart; unpaarig gefiederte Blätter, meist fünffiedrig mit größerem, endständigem Teilblatt, Teilblättchen 6–25 mm lang, eiförmig; bis zu 8 Blüten in lockeren Büscheln in den Blattachseln, weißlich bis gelb; Kelch zur Fruchtzeit blasig bis 2 cm lang und 12 mm breit; Hülse zweisamig.

Vorkommen In ganz Spanien und auf den Balearen. Auf Brachland, in Macchien und an Wegrändern; bis 1.000 m Höhe.

Wissenswertes Gut zu erkennen sind die Wundkleearten an ihren unpaarig gefiederten Blättern mit großem Endblättchen. Außerdem schließt der Kelch die Hülse dauerhaft ein Auch der **Echte Wundklee** *(Anthyllis vulneraria)*, kommt mit ca. 35 Unterarten verschiedenster Ausprägung im Mittelmeergebiet vor.

4 Palisadenwolfsmilch Euforbia macho *Euphorbia characias (Euphorbiaceae)*

H 60–120 cm Febr.–Juni

Merkmale Mehrjährige Pflanze mit aufrechten, unverzweigten Stengeln und weißem Milchsaft; Blätter umgekehrt lanzettlich bis linealförmig, weich, ganzrandig, 2–14 cm lang; langer Blütenstand im oberen Stengeldrittel mit endständiger Scheindolde und blattachselständigen Strahlen, gelblichgrüne Scheinblüten.

Vorkommen In ganz Spanien und auf den Balearen. An Wegrändern, in lichten Wäldern, Macchien und auf Weideflächen.

Wissenswertes Charakteristisch für Euphorbien ist der zum Teil stark giftige Milchsaft und die Ausbildung der Blütenstände zu sog. Cyathien. Dies sind Scheinblüten, die vor fünf zu einer becherförmigen Hülle verwachsenen Blättchen gebildet werden.

 Wildblumen

1 Weißliche Zistrose Jaguarzo blanco oder Estepa *Cistus albidus (Cistaceae)*

H bis 1,5 m April–Juni

Merkmale Stark verzweigter Strauch; Blätter gegenständig, graugrün, filzig behaart, eiförmig bis elliptisch, 2–5 cm lang und 1–3 cm breit, am Rand gewellt, auf der Blattunterseite mit drei deutlichen parallelen Blattnerven; Blüten 5–20 mm lang gestielt, rosafarben, mit fünf Kronblättern; Blütenknospe unregelmäßig gefaltet; Griffel so lang wie Staubblätter.

Vorkommen In ganz Spanien und auf den Balearen. In Macchien, offenen Wäldern, durch Brand degradierten Bereichen und unbeweideten Dehesas; meist auf Kalk.

Wissenswertes Der Name bezieht sich auf die filzig weißen, mit Sternhaaren bedeckten Blätter. Zistrosengewächse finden im westlichen Mittelmeergebiet ihre reichste Entfaltung. Mit ihrem filzigen Verdunstungsschutz sind sie gut an trockene Verhältnisse angepaßt. Zistrosen sind die Charakterarten der spanischen Macchie und oft über weite Flächen bestandsbildend. Großflächige Macchienstandorte, in Spanien „matorral" genannt, gehen fast immer auf menschliche Einwirkungen zurück und sind Zeichen für ein gestörtes Ökosystem. Vor allem die Überweidung mit Ziegen ist dafür verantwortlich.

2 Salbeiblättrige Zistrose Jaguarzo morisco *Cistus salvifolius (Cistaceae)*

H 30–100 cm April–Juni

Merkmale Dichter gräulichgrüner Strauch; Blätter gestielt, eiförmig bis elliptisch, beiderseits behaart, fiedernervig, stark runzelig, 1–4 cm lang und 5–20 mm breit; Blüten weiß mit leicht gelblichem Grund, lang gestielt, einzeln oder bis zu viert in den Blattachseln, fünf Kelchblätter.

Vorkommen In ganz Spanien und auf den Balearen. An Felshängen, auf Weiden, in Macchien und Dehesas.

Wissenswertes Eine ähnliche Art ist *Cistus populifolius*. Die Blätter sind bis zu 10 cm lang, kahl, glatt, oberseits grün und an der Basis herzförmig. Die weißen Blüten sind größer als bei *Cistus alvifolius*.

3 Spritzgurke Pepinello del diablo *Ecballium elaterium (Cucurbitaceae)*

H 20–40 cm April–Sept.

Merkmale Einjähriges, niederliegendes Kraut mit rankenlosen, bis zu 1 m langen, dicht behaarten Stengeln; Blätter langstielig, herzförmig, wellig, 5–10 cm lang; Blüten weißlich bis gelblich, eingeschlechtig, tief fünfteilig eingeschnitten; Früchte walzenförmig, grün, dicht behaart, bis zu 5 cm lang.

Vorkommen In ganz Spanien und auf den Balearen. An Wegrändern, auf Brachland und Schuttplätzen.

Wissenswertes Spritzgurken haben eine interessante Verbreitungsstrategie entwickelt. Schon bei leichter Berührung der reifen Frucht springt diese vom Stiel ab und schleudert dabei ihre Samen zusammen mit einer stark hautreizenden Flüssigkeit hinaus. Eine weitere, verwandte Gattung ist *Citrullus* mit der **Koloquinte** (*Citrullus colocynthis)*, die 4–10 cm große, gelbe Früchte hat, oder der Kulturform *Citrullus lanatus*, der **Wassermelone**, mit großen grünen Früchten.

4 Echter Feigenkaktus Chumbera *Opuntia ficus-indica (Cactaceae)*

H 2–4 m April–Juli

Merkmale Ausdauernde, stark verzweigte Pflanze; Stengel in abgeflachte Abschnitte gegliedert; Blätter sehr klein und bald abfallend; Blüten gelb, 6–8 cm lang, viele Kelch- und Kronblätter am Grunde zu einem Becher verwachsen; Früchte 5–9 cm lang, gelb bis orangefarben.

Vorkommen In ganz Spanien und auf den Balearen. Auf Brachland und an Wegrändern, manchmal auch kultiviert.

Wissenswertes Die ursprüngliche Heimat von *Opuntia ficus-indica* ist das tropische Amerika. Ihre saftigen Früchte sind eßbar. Allerdings können die leicht abbrechenden Borsten sich in der menschlichen Haut einbohren und Entzündungen hervorrufen. Besonders auf den Kanarischen Inseln und in Algerien wurde die Zucht von Cochenille-Läusen auf Opuntien betrieben. Sie lieferten einen roten Farbstoff für die Kosmetik- und Lebensmittelindustrie.

1 Feldmannstreu Cardo corredor *Eryngium campestre (Apiaceae)*

H 10–60 cm Juli–Sept.

Merkmale Grünlichweiße Pflanze mit eiförmigen bis dreieckigen Grundblättern, meist dreizählig doppelt gefiedert und dornig gezähnt; obere Blätter einfacher mit stengelumfassenden, bedornten Hüllen; weißliche Blüten in bis zu 1,5 cm breiten Köpfchen, umgeben von max. sieben linealförmigen Hüllblättern mit 1–2 Dornenpaaren am Rand; ganzrandige Spreublätter.

Vorkommen Auf der gesamten Iberischen Halbinsel und auf den Balearen. In Felsfluren, auf trockenen Weiden, Brachland und an Wegrändern.

Wissenswertes Eine verwandte Art des Feldmannstreus ist die überall an Sandstränden vorkommende **Stranddistel** *(Eryngium maritimum)*. Unverkennbar sind ihre bläulichgrünen Blätter und leicht violettfarbenen Blüten.

2 Strauchstrandflieder *Limoniastrum monopetalum (Plumbaginaceae)*

H 40–120 cm Juni–Aug.

Merkmale Kleiner Busch; Blätter spatelförmig, blaugrün, fleischig, am Blattgrund mit scheidigem Ansatz; Blüten in ährenähnlichen Blütenständen; Blütenkrone rosafarben, fünfzipfelig, zur Hälfte verwachsen, bis zu 2 cm breit; Kelch wird umrahmt von drei überlappenden Hochblättern.

Vorkommen In ganz Spanien und auf den Balearen. An Sandstränden, Salzmarschen, Lagunen und Strandseen.

Wissenswertes Strandfliederarten sind sehr salzverträglich. Die mit dem Wasser aufgenommenen Salze werden über spezielle Salzdrüsen aktiv ausgeschieden, um den Stoffwechsel der Pflanze nicht zu belasten.

3 Kantabrische Winde Corregüela de monte *Convolvulus cantabrica (Convolvulaceae)*

H 10–50 cm Mai–Juli

Merkmale Ausdauernde Pflanze mit niederliegenden, bisweilen aufsteigenden Stengeln; Blätter wechselständig, lineal- bis lanzettförmig; bis zu sieben Blüten an achsel- oder endständigen Stielen; Kelch dicht behaart, Röhre 3 mm lang, fünf dreieckige Kelchzipfel, 5 mm lang; trichterförmige Krone, 1–2,5 cm lang und 3–4 cm breit, blaßrosafarben; fünf Staubblätter; oberständiger Fruchtknoten; Frucht behaarte Kapsel.

Vorkommen In ganz Spanien und auf den Balearen. In Macchien, auf Brachland.

Wissenswertes Die Kantabrische Winde ist im gesamten Mittelmeerbereich bis ans Schwarze Meer anzutreffen. Etwas stärker gefärbte rosafarbene Blüten sowie gekerbte bis tief eingebuchtete Blätter hat die **Eibischblättrige Winde** *(Convolvulus althaeoides)*. Mit 5–25 cm langen Stengeln dicht am Boden ist die **Gestrichelte Winde** *(Convolvulus lineatus)* eine sehr kleinwüchsige Art. Die Blätter haben keine Blattstiele, sind lineal bis lanzettlich und haben einen verbreiterten Blattgrund. Die Blüten sind weißlich bis blaßrosa mit rosafarbenem Rand.

4 Dreifarbige Winde Corregüela *Convolvulus tricolor (Convolvulaceae)*

H 20–60 cm März–Juni

Merkmale Krautige, bisweilen an der Basis verholzte Pflanze; Stengel 20–60 cm lang, aufsteigend bis aufrecht, im oberen Abschnitt dicht behaart; Blätter wechselständig, verkehrt eiförmig, sitzend, 4–5 cm lang, bis 12 mm breit, behaart; Blüten einzeln in den Blattachseln der oberen Blätter, Blütenstiele mindestens so lang wie dazugehörende Blätter oder länger; fünf behaarte Kelchblätter, deutlich in oberen und unteren Teil gegliedert; Blütenkrone trichterförmig, bis 4 cm lang, dreifarbig (Name!), am Grund gelb, in der Mitte weißlich, am äußeren Rand bläulichviolett; Kapsel behaart.

Vorkommen In ganz Spanien und auf den Balearen. An Wegrändern, auf Brachland und Kulturland.

Wissenswertes Im Mittelmeergebiet kommen drei Unterarten vor, die sich anhand ihrer Kelchblätter unterscheiden. Während bei der Unterart „tricolor" die Spitze der Kelchblätter maximal so lang ist wie der untere Teil, ist bei „cupanianus" die Spitze deutlich länger als der untere Teil, bei „meonanthus" sind die Kelchblätter nicht zweiteilig.

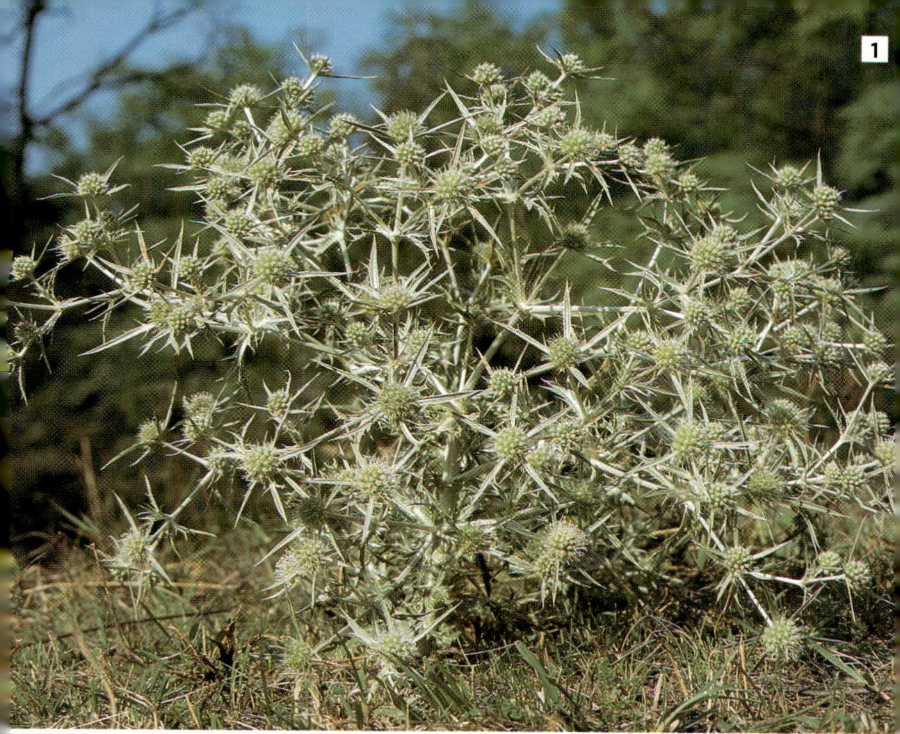
1

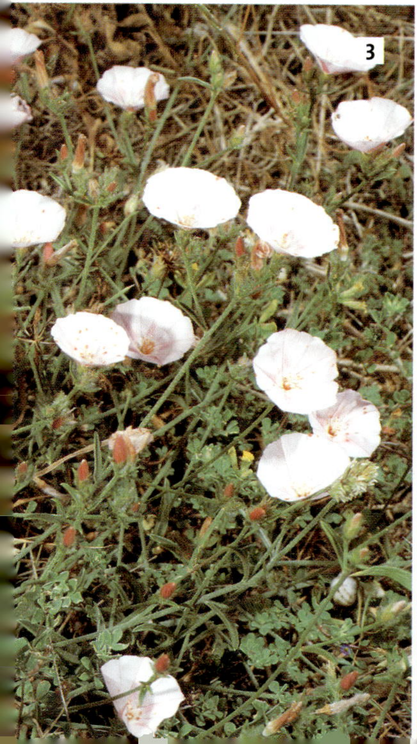
3

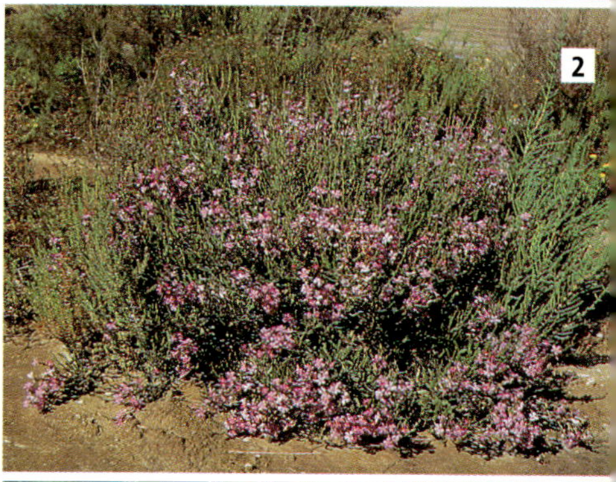
2

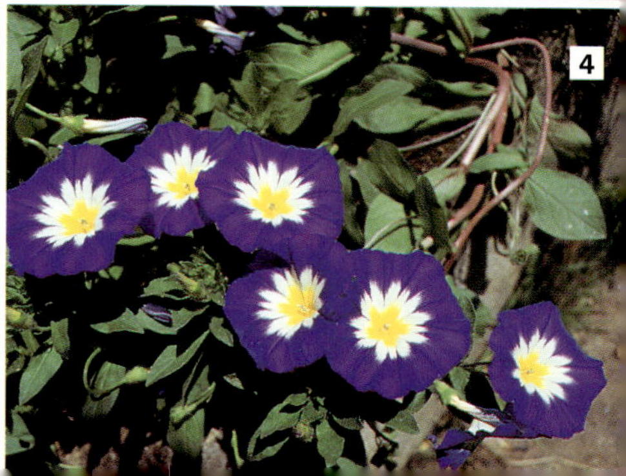
4

1 Große Wachsblume Dientes de perro *Cerinthe major (Boraginaceae)*

H 20–70 cm März–Juni

Merkmale Unbehaarte Pflanze mit aufsteigenden, verzweigten Stengeln; Blätter bis zu 6 cm lang und ca. 1,5 cm breit, bläulichgrün mit Wachsüberzug, fein behaart; obere Blätter sitzend, herzförmig, stengelumfassend, untere Blätter kurz gestielt und spatelförmig; Blüten in endständigen Wickeln, Tragblätter eiförmig und mit violettem Schimmer, Kelchblätter spitz zulaufend; Blü-tenkrone gelb, röhrig, mindestens zweimal so lang wie der Kelch; Spitzen der Kronblätter stark zurückgebogen, viel kürzer als die Kronröhre; dunkelbraune Nüßchenfrüchte.

Vorkommen In ganz Spanien und auf den Balearen. An Wegrändern, auf Brachland und Kulturland.

Wissenswertes Die mit einer Wachsschicht überzogenen Blätter schützen im mediterranen Klima vor Verdunstung.

2 Borretsch *Borago officinalis (Boraginaceae)*

H 20–70 cm April–Sept.

Merkmale Kräftige Pflanze mit borstig behaarten, aufrechten Stengeln; untere Blätter in grundständiger Rosette, breit eiförmig, obere Blätter kleiner, sitzend und stengelumfassend; Blüten nickend, in verzweigten Blütenständen; fünfteiliger Kelch; Krone 2–3 cm breit, mit weißlicher Röhre und fünf blauvioletten Kronzipfeln, Staubblätter mit auffälligem Anhängsel.

Vorkommen In ganz Spanien und auf den Balearen. An Wegrändern, auf Kulturland, Brachland und Schuttplätzen.

Wissenswertes Obwohl die rauhhaarigen Blätter nur geringe Spuren eines ätherischen Öls enthalten, besitzen sie einen würzigen, gurkenartigen Geruch und Geschmack. Die einjährige Pflanze stammt wohl aus Kleinasien. Der oberständige Fruchtknoten zerfällt in vier einsamige Teilfrüchte.

3 Blauer Steinsame Cañamon de monte *Lithospermum purpurocaeruleum (Boraginaceae)*

H 15–70 cm April–Juni

Merkmale Krautige Pflanze mit aufrechten blühenden und niederliegenden nicht blühenden Trieben; Blätter wechselständig, lanzettförmig, bis zu 8 cm lang und 1,5 cm breit, untere Blätter mit kurzen Stielen, obere Blätter sitzend; Blüten in 2–3 endständigen Wickeln, kaum gestielt, lanzettliche Hochblätter; Kelch fünfteilig, bis zu 12 mm lang; Krone rötlichviolett bis azurblau, bis 2 cm lang; Nüßchenfrucht weiß und glänzend.

Vorkommen In ganz Spanien; fehlt wohl auf den Balearen. In sommergrünen Eichenwäldern der Bergstufe.

Wissenswertes Die Eichenwälder in den Höhenlagen der spanischen Gebirge entsprechen dem mitteleuropäischen Waldtyp. Durch die jahrhundertelange Nutzung der Gebirgszonen durch den Menschen, insbesondere jedoch durch die Anlage von Kiefern-Monokulturen, sind die Wälder auf wenige Flecken zurückgedrängt worden.

4 Filziges Brandkraut Matagallos amarillo *Phlomis lychnitis (Lamiaceae)*

H 30–60 cm Mai–Juli

Merkmale Kleiner Halbstrauch; Blätter derb, ganzrandig, lanzettförmig, filzig behaart mit kaum erkennbar abgesetztem Blattstiel, 5–10 cm lang; Blüten gelb, bis zu zehn Einzelblüten in Scheinquirlen angeordnet; Oberlippe helmartig, Unterlippe dreilappig; Griffel ungleich zweispaltig.

Vorkommen In ganz Spanien; fehlt wohl auf den Balearen. Auf trockenen Wiesen, Brachen, in Macchien und Steppen.

Wissenswertes Diese strauchförmige, teilweise verholzte Pflanze wächst bevorzugt auf kalkigem, trockenem Untergrund. Eine ähnliche Art vorkommende Art ist *Phlomis crinita* mit bis zu 12 cm langen dicht filzig behaarten und lang gestielten Blättern. Brandkräuter gehören in die große Familie der Lippenblütler, die weltweit über 3.000 Arten aufweisen und auch im mediterranen Raum eine große Artenfülle besitzen. Charakteristika dieser Pflanzenfamilie sind oft aromatisch riechende Arten mit vierkantigem Stengel, röhrig verwachsener Lippenblüte und scheinquirligen Blütenständen in den Blattachseln der Tragblätter.

1
2
3
4

1 Echter Thymian Tomillo *Thymus vulgaris (Lamiaceae)*

H 10–30 cm April–Juli

Merkmale Kleiner, verholzter, dichte Polster bildender Strauch mit aufsteigenden, dicht behaarten Ästen; Blätter gräulichgrün, linealförmig bis elliptisch, am Rand eingerollt, unterseits mit weißlichem Filz; Blüten in köpfchenförmigen Scheinquirlen; Blütenkrone weißlich oder rosafarben, 3–6 mm lang; Kelch röhrenförmig, 3–4 mm lang, zweilippig, die oberen drei Zähne so lang wie breit und nicht bewimpert, die unteren zwei Zähne pfriemförmig und dicht behaart; vier Staubblätter und Griffel ragen heraus.

Vorkommen In ganz Spanien und auf den Balearen. In Macchien, Steppen; auf Kalk.

Wissenswertes Der Echte Thymian ist eine Charakterpflanze der Macchien und Steppenbereiche trockener Karstgebiete. Großflächige Thymianbestände, in Spanien „Tomillares" genannt, tauchen weite Landschaftsteile in zartes Rosa. Der intensive Duft wird von den in den Blättern enthaltenen ätherischen Ölen, hauptsächlich dem antiseptisch wirkenden Thymol verursacht. Schon die alten Ägypter nutzten diese Wirkung beim Einbalsamieren ihrer Toten.

2 Echter Salbei Salvia *Salvia officinalis (Lamiaceae)*

H 25–60 cm Mai–Juli

Merkmale Verholzter Halbstrauch; Stengel filzig behaart; Blätter gegenständig, eiförmig; Blütenkrone violett, rosa, selten weißlich; Oberlippe zweilappig, Unterlippe dreilappig; Blütenstand mit fünf- bis zehnblütigen Scheinquirlen in endständiger Ähre.

Vorkommen In ganz Spanien und auf den Balearen. An steinigen Hängen, Wegrändern, in Macchien und Gärten.

Wissenswertes Der Echte Salbei ist eine alte Heil- und Gewürzpflanze, die ursprünglich wohl auf dem Balkan beheimatet war, sich heute jedoch im ganzen Mittelmeerbereich ausgebreitet hat. Das destillierte Salbeiöl wird in starker Verdünnung in der Kosmetik für Seifen und Mundwässer sowie in der Medizin als schweißhemmendes Mittel verwendet. In der Küche würzt man Fisch- und Fleischgerichte gerne mit Salbei.

3 Rosmarin Romero *Rosmarinus officinalis (Lamiaceae)*

H 30–200 cm Jan.–Dez.

Merkmale Immergrüner Strauch mit verholzten, aufrechten Zweigen; junge Zweige weißlich behaart; Blätter gegenständig, sitzend, breit nadelförmig, 1–4 cm lang, mit nach unten gerollten Rändern, Blattoberseite dunkelgrün, Blattunterseite weiß filzig; hellviolette Blüten an haarig-filzigen Stielen, 10–15 mm lang, zweilippig, Unterlippe dreilappig mit großem Mittellappen, Oberlippe ganzrandig bis leicht geteilt, bisweilen zurückgebogen; zwei Staubblätter und Griffel gut sichtbar und länger als die Blüte.

Vorkommen In ganz Spanien und auf den Balearen. In Macchien, lichten Wäldern und an steinigen, trockenen Hängen.

Wissenswertes Der kampferähnliche Geruch der Blätter dieser alten Gewürz- und Heilpflanze geht auf ätherische Öle zurück. Aufgrund der durchblutungsfördernden Wirkung der ätherischen Substanzen ist Rosmarin oft Inhaltsstoff von Salben und Bädern.

4 Schopflavendel Tomillo cantueso *Lavandula stoechas (Lamiaceae)*

H 30–100 cm Febr.–April

Merkmale Kleiner, aromatisch riechender Strauch; Blätter grünlichgrau, 1–4 cm lang, schmal lanzettförmig; Blüten in bis zu 3 cm langer Scheinähre aus sechs- bis zehnblütigen Quirlen mit rhombenförmig angeordneten Hochblättern; zweilippige Blütenkrone, 6–10 mm lang, bräunlich bis dunkelviolett; oberste Hochblätter schopfartig vergrößert, bis zu 5 cm lang, hellviolett.

Vorkommen In ganz Spanien und auf den Balearen. In Macchien, Dehesas und Kiefernwäldern; auf kalkfreiem Untergrund.

Wissenswertes Zwei weitere Lavendelarten, in Spanien und auf den Balearen sind der **Grüne Lavendel** *(Lavandula viridis)* mit einem Schopf aus hellgrünen Tragblättern und weißen Blüten sowie der **Gezähnte Lavendel** *(Lavandula dentata)* mit blau-violetten Blüten und linealförmigen, gekerbten Blättern.

1 Weißes Bilsenkraut Beleño blanco *Hyoscyamus albus (Solanaceae)*

H 20–80 cm März–Okt.

Merkmale Aufrechte Pflanze mit klebrigen Drüsenhaaren und eher unangenehmem Geruch; Blätter wechselständig, lang gestielt, bis zu 10 cm lang, oval bis eiförmig, eingebuchtet; Blüten 15–18 mm, mitunter bis 30 mm, in mit Blättern durchsetzten ährenähnlichen Blütenständen; Krone glockenförmig, fünflappig, weißlich bis gelblich, innen purpurn bis dunkelviolett; Kelch dicht mit Drüsenhaaren besetzt.

Vorkommen In ganz Spanien und auf den Balearen. An Wegrändern, Mauern, auf Schuttplätzen, in Siedlungen und Ruinen.

Wissenswertes Blätter und Früchte weisen das rauschwirksame und zugleich giftige Alkaloid Hyoscyamin auf. Im östlichen Mittelmeergebiet könnte es zu Verwechslungen mit dem **Goldgelben Bilsenkraut** *(Hyoscyamus aureus)* kommen, bei dem die Blätter ähnlich eiförmig oder rundlich, unregelmäßig gelappt, aber spitz gezähnt sind.

2 Echte Kugelblume Coronilla *Globularia punctata (Globulariaceae)*

H 10–30 cm März–Mai

Merkmale Immergrüner Frühblüher mit grundständiger, breit eiförmiger Blattrosette und vielen kleinen länglich ovalen Blättern an den Stengeln; Blätter derb, glänzend, lang gestielt, Blattadern oberseits ins Blatt eingesenkt; Blütenköpfchen endständig, 15–30 mm breit, Hüllblätter mit Wimpern am Rand, lanzettförmig und zugespitzt.

Vorkommen In ganz Spanien; fehlt wohl auf den Balearen. In felsigen Bereichen, auf Schotterfluren und Weiden.

Wissenswertes Viele Vertreter der Kugelblumengewächse sind im Mittelmeergebiet heimisch. Sie haben meist blaue Blüten, die zu auffälligen, kugeligen Blütenständen mit einer gemeinsamen Hülle zusammengefaßt sind.

3 Weicher Akanthus Acanto *Acanthus mollis (Acanthaceae)*

H 60–120 cm März–Mai

Merkmale Mehrjährige, unverzweigte Pflanze mit am Grund verholztem Sproß; Grundblätter gestielt, derb, lappig gezähnt, weich und ohne Dornen; entlang der Blattnerven blattunterseits behaart, Blattoberseite dunkelgrün glänzend; bis 30 cm lange Ähre als Blütenstand; Blüten von drei Tragblättern umgeben, davon das mittlere eiförmig und mit Stacheln besetzt, die seitlichen schmaler und ungezähnt; Kelch zweilippig, Oberlippe bis 4 cm, Unterlippe bis 3 cm; Blütenkrone weißlich bis rosafarben, zurückgebildet bis auf kurze Röhre mit dreizipfliger Unterlippe, max. 4,5 cm lang; 4 Staubblätter mit der Röhre verwachsen.

Vorkommen In ganz Spanien und auf den Balearen. An Wegrändern, in Gebüschen und auf Brachland.

Wissenswertes Im ostmediterranen Raum kommt noch der **Dornige Akanthus** *(Acanthus spinosa)* vor. Blüten und Blätter sind ähnlich gestaltet, jedoch mit spitzigen Dornen versehen. Es wird angenommen, daß die tief eingebuchteten Blätter das Vorbild für die Blattornamente der korinthischen Säulenkapitelle der griechischen Antike waren.

4 Rote Spornblume Valeriana roja *Centranthus ruber (Valerianaceae)*

H 30–80 cm Mai–Sept.

Merkmale Kahle, bläulichgrüne, mehrjährige Pflanze; gegenständige Blätter 4–8 cm lang und 1–5 cm breit, spitz eiförmig, die unteren gestielt, die oberen breit herzförmig am Stengel sitzend; Blüten rosa- bis pinkfarben, in Trugdolden angeordnet; Krone zu bis zu 1 cm langer, dünner Röhre verwachsen, mit fünfzipfeligem Saum und 5–7 mm langen Spornen; ein herausragendes Staubblatt.

Vorkommen In ganz Spanien und auf den Balearen. Auf Felsen, Felsschutt, Mauern.

Wissenswertes Das Vorkommen der **Schmalblättrigen Spornblume** *(Centranthus angustifolius)* ist in Spanien auf die Pyrenäen beschränkt. Bis zu 10 cm lange, ganzrandige und sehr schmale Blätter sind charakteristisch für diese Art. Kronröhre und Sporn dieser ausdauernden Art sind insgesamt etwas kleiner als bei der Roten Spornblume.

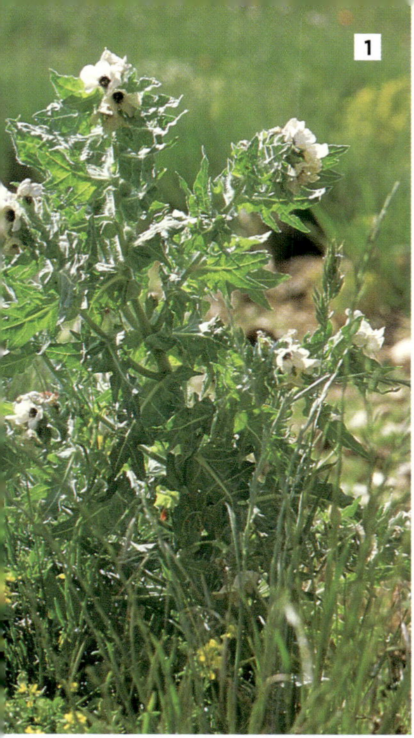
1

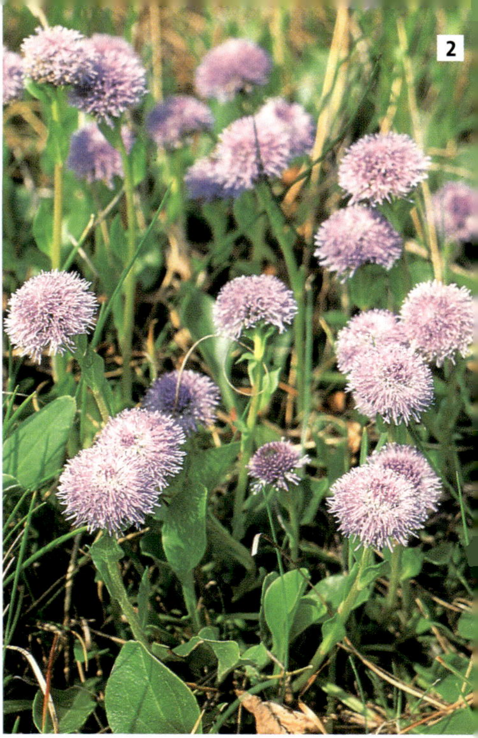
2

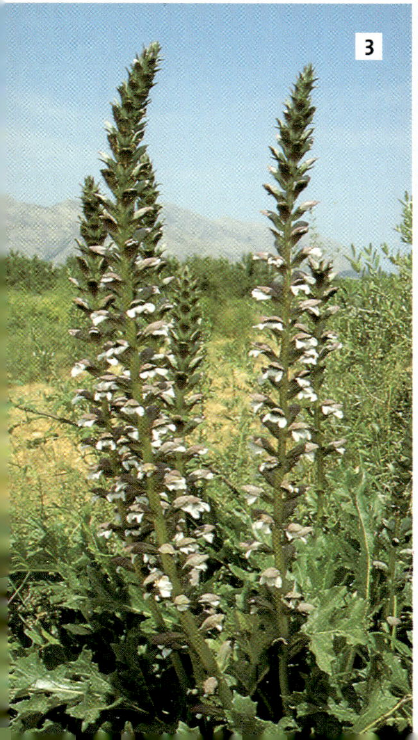
3

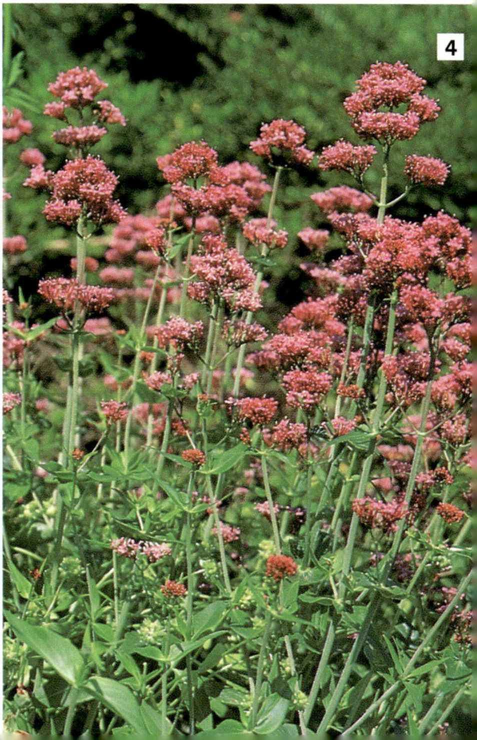
4

1 Ackerringelblume Caléndula *Calendula arvensis (Asteraceae)*

H 10–30 cm April–Okt.

Merkmale Einjährige krautige Pflanze mit niederliegenden bis aufsteigenden Stengeln; Blätter wechselständig, behaart, sitzend und den Stengel halb umfassend, länglich bis lanzettförmig, welliger Rand, bis 8 cm lang; Blüten in bis zu 3 cm breiten Köpfchen; Zungenblüten dreizähnig, gelb bis orange; Hüllblätter, eiförmig bis lanzettlich, zugespitzt auslaufend, mit weißlichem Rand.

Vorkommen In ganz Spanien und auf den Balearen. An Wegrändern, in Kulturland und auf Brachland.

Wissenswertes Das fruchtende Köpfchen weist drei verschiedene Fruchtformen auf. Die äußeren Früchte sind hakenförmig gekrümmt und mit langen Stacheln besetzt, sie bleiben im Fell von Tieren hängen. Dazwischen gibt es Früchte mit seitlichen Flügeln, die durch den Wind verbreitet werden. Im Innern sind die Früchte schmal raupenförmig „geringelt" (Name!). Schon in alten Kräuterbüchern wird Ringelblumentee als schweißtreibend, Ringelblumentinktur und Ringelblumensalbe gegen allerlei Hautkrankheiten und Hautverletzungen angegeben.

2 Gewöhnliche Spitzklette Cadillo común *Xanthium strumarium (Asteraceae)*

H 20–100 cm Juli–Sept.

Merkmale Einjährige Pflanze mit aufrechten, vom Grund an verzweigten Stengeln; Blätter lang gestielt, beidseitig behaart, ungeteilt eiförmig bis gelappt, Rand gesägt; Köpfchen in end- oder achselständigen Büscheln; Blüten eingeschlechtig, grün, männliche Blüten am Stengel über den weiblichen Blüten angeordnet.

Vorkommen In ganz Spanien und auf den Balearen. An Wegrändern, Flußufern, auf Schuttplätzen und sandigen Stellen.

Wissenswertes Die Gewöhnliche Spitzklette ist im gesamten Mittelmeergebiet verbreitet. Die **Dornige Spitzklette** *(Xanthium spinosum)* mit ihren hakig bedornten Fruchtkörpern und den kräftigen gelblichen Dornen am Blattansatz stammt aus Südamerika.

3 Einjähriger Strandstern *Nauplius aquaticus (Asteraceae)*

H 10–40 cm April–Aug.

Merkmale Aromatisch riechende Pflanze mit einfachem oder im oberen Bereich verzweigtem Stengel; Blätter umgekehrt lanzett- bis spatelförmig, ganzrandig, behaart, 4–6 cm lang und 1 cm breit, untere gestielt, obere den Stengel halb umfassend; Köpfchen 1,5–3 cm breit, einzeln, mit kurzen dreizähnigen dottergelben Zungenblüten und kleinen Röhrenblüten; umgeben von bis zu 2 cm langen, sternförmigen Hüllblättern; Früchte meist dreikantig.

Vorkommen In ganz Spanien und auf den Balearen. Auf feuchten, sandigen Böden in Küstennähe.

Wissenswertes Der Einjährige Strandstern bildet halbkugelig geformte Büsche. Er ist mit dem **Ausdauernden Strandstern** *(Asteriscus maritimus)* zu verwechseln. Diese an der Basis verholzte Pflanze hat behaarte Stengel und Blätter. Ihre niederliegenden bis aufsteigenden Zweige können größere Flächen bedecken. Die gelben Köpfchen haben einen Durchmesser von 3–4 cm.

4 Saatwucherblume Ojo de buey oder Corona de rey *Chrysanthemum segetum (Asteraceae)*

H 20–60 cm Juni–Aug.

Merkmale Krautige Pflanze mit kahlen, bläulichgrünen Stengeln und Blättern; Blätter fleischig verdickt, länglich bis verkehrt eiförmig, ganzrandig, leicht eingeschnitten oder grob gezähnt, sitzend, die oberen fast stengelumfassend; Blütenköpfchen bis 5 cm breit, Zungen- und Scheibenblüten goldgelb; Hüllblätter gelblichgrün mit häutigem Rand; Früchte der Zungenblüten geflügelt.

Vorkommen In ganz Spanien und auf den Balearen eingebürgert. An Wegrändern, auf Brachflächen und Kulturland.

Wissenswertes Eine ebenfalls im gesamten Mittelmeergebiet vorkommende Art ist die **Kronenwucherblume** *(Chrysanthemum coronarium)*. Sie ist größer als die Saatwucherblume, hat größere Köpfchenblüten (bis 6 cm) und besitzt einen gewölbten Blütenboden.

1 Wilde Artischocke Cardo alcachofero *Cynaria cardunculus (Asteraceae)*

H 20–120 cm Mai–Aug.

Merkmale Ausdauernde, kräftige Pflanze, im ersten Jahr nur eine grundständige Rosette bildend; aufrechter Stengel, lang und meist vielköpfig, wollig dicht behaart; Blätter groß, zweifach fiederteilig, am Grund jedes Abschnittes mit mehreren bis zu 3 cm langen Dornen, oberseits blaugrün, unterseits bisweilen filzig behaart; Blütenköpfe 4–6 cm breit, einzeln und endständig; Hülle kugelförmig, aus breit eiförmig sitzenden Hüllblättern mit dorniger Spitze, am Grund fleischig verdickt; alle Blüten bläulich bis violett, zwittrig, röhrenförmig, mit fünf Zipfeln; fleischiger Köpfchenboden.

Vorkommen In ganz Spanien und auf den Balearen. An Wegrändern, auf Weiden.

Wissenswertes Die auch als Kardone bekannte Pflanze ist die Wildform der Kultur-Artischocke. Die Artischocke war schon 500 v. Chr. in Ägypten bekannt und eine teure Spezialität im späteren, christlichen Rom. Blätter und Blütenstände enthalten den Bitterstoff Cynarin, der in Bitterlikören verwendet wird.

2 Baumfärberdistel Cártamo *Carthamus arborescens (Asteraceae)*

H bis 2,5 m April–Juli

Merkmale Ausdauernde Pflanze, stark verzweigt, am Grunde verholzt; untere Blätter leierförmig zerteilt, mehr als 15 cm lang und etwa 4 cm breit, Blattrand gezähnt und mit Stacheln besetzt; obere Blätter fiederteilig, stachelig; Blütenköpfchen eiförmig, bis 4 cm breit, von stacheligen Hochblättern überragt; Einzelblüten gelb, bis 4 cm lang.

Vorkommen In Südspanien; fehlt auf den Balearen. In küstennahen Steppen.

Wissenswertes Färberdistelarten der Gattung *Carthamus* sind meist einjährige Pflanzen mit großen, leicht vierkantigen Früchten, die nicht behaart sind. Während die äußeren Früchte meist runzelig sind und keinen Pappus tragen, sind die inneren Früchte glatt und besitzen einen Pappus, der sich aus glänzend bräunlichen Schuppen zusammensetzt. Aufgrund ihrer Größe und ihres Habitus ist die Baumfärberdistel mit keiner anderen Art zu verwechseln.

3 Spanische Golddistel Cardillos oder Cardo borriquero *Scolymus hispanicus (Asteraceae)*

H 20–100 cm Mai–Aug.

Merkmale Aufrechte, sehr dornige, verzweigte, Pflanze; untere Blätter gestielt, tief fiederteilig, 10–12 cm lang, Blätter am Stengel diesen halb umfassend, lanzettförmig, tief gezähnt; Blütenköpfchen bis 2 cm breit; nur Zungenblüten, bis 2 cm lang, gelb, von 3 dornigen Hochblättern umgeben; etwa 2 cm lange, kahle Hüllblätter.

Vorkommen In ganz Spanien und auf den Balearen. An Wegrändern, auf Brachland und Schuttplätzen.

Wissenswertes Diese zwei- bis mehrjährige Pflanze ist im ganzen Mittelmeergebiet verbreitet und recht häufig. Sie ist Nektarspender für eine Vielzahl von Schmetterlingen, die mit ihren einrollbaren, rüsselförmigen Mundwerkzeugen die süße Nahrung aus den Röhrenblüten saugen. In Spanien kommt ebenso wie auf den Balearen noch die **Gefleckte Golddistel** *(Scolymus maculatus)* vor. Ihre Stengel und Stengelflügel haben einen dicken, weißen Rand, der sie von der Spanischen Golddistel unterscheidet.

4 Roter Bocksbart Barba cabruna *Tragopogon porrifolius (Asteraceae)*

H 20–70 cm Mai–Juli

Merkmale Bläulichgrüne Pflanze mit kaum verzweigtem Stengel; Blätter wechselständig, linealförmig, parallelnervig, 5 mm breit, bis zu 16 mm lang, mit stengelumfassender Blattscheide; Blüten zu bis zu 7 cm breiten Köpfchen vereinigt, nur violette Zungenblüten ausgebildet; Früchte geschnäbelt und mit fedrigem Haarpappus.

Vorkommen In ganz Spanien und auf den Balearen. Auf Brachen, Grasländern und an Wegrändern.

Wissenswertes Der Rote Bocksbart, auch Haferwurzel genannt, ist mit der Schwarzwurzel nahe verwandt und wurde früher wie diese als Gemüsepflanze kultiviert. Die an Lauch erinnernden Blätter gaben ihr den Artnamen „lauchblättrig" oder „*porrifolius*".

1 Weißer Affodill Gamón blanco *Asphodelus albus* (Liliaceae)

H 50–150 cm März–Juni

Merkmale Ausdauernde Pflanze mit rübenartig verdickten Wurzeln; Blätter alle grundständig, bis 60 cm lang, schmallinealisch, gekielt; Blüten in einfachen oder nur an der Basis verzweigten Trauben, sternförmige, sechszählige Einzelblüten, Blütenhüllblätter weißlich bis leicht grünlich mit purpurfarbenem Mittelnerv; Frucht kugelförmige bis dreikantige Kapsel.

Vorkommen In ganz Spanien und auf den Balearen. An Wegrändern, auf Brachen, Weiden und in Macchien.

Wissenswertes Die stärkehaltigen Wurzelknollen sind eßbar und ergeben geröstet mit Feigen eine interessante Mahlzeit. Von Schafen und Ziegen wird die Pflanze allerdings gemieden, so daß man oft auf weitläufige Affodillfluren trifft. Sie sind stellenweise ein Zeichen der Überweidung.

2 Gewöhnliche Meerzwiebel Ceborrincha *Urginea maritima* (Liliaceae)

H 50–150 cm Aug.–Okt.

Merkmale Ausdauernde Pflanze mit kugeliger, weißlicher oder lilafarbener Zwiebel mit bis zu 18 cm Durchmesser; lanzettförmige Blätter, 20–100 cm lang und 3–10 cm breit; weißliche Blüten zu vielblütiger dichter Traube zusammengefügt; Staubbeutel gelblich bis grünlich.

Vorkommen Im gesamten Spanien und auf den Balearen. An Sandstränden, auf Weiden, Felsfluren und in Macchien.

Wissenswertes Mit bis zu 2 kg Gewicht gehören die Zwiebeln dieser für viele Landschaften des Mittelmeerraumes typischen Pflanze schon zu den größeren ihrer Art. Zur Blütezeit im Herbst sind die Blätter der Pflanze verdorrt. Die Blüte zehrt allein von den Nährstoffen aus der Zwiebel. Im östlichen Spanien wächst die verwandte Art *Urginea undulata*, deren Stengel bis 50 cm hoch wird. Die Blätter sind bis zu 15 cm lang, ca. 1 cm breit und am Rand gewellt.

3 Binsenlilie *Aphyllantes monspeliensis* (Liliaceae)

H 10–35 cm April–Juli

Merkmale Horstartig wachsende, ausdauernde Pflanze von binsenartigem Aussehen; Stengel bläulichgrün, steif und gerippt; Blätter reduziert, an der Stengelbasis als bis zu 8 cm lange stengelumfassende Scheiden; ein bis drei endständige Blüten; sechs hellviolette Hüllblätter mit dunkelviolettem Mittelnerv, 2 cm lang; unterer Teil der Blüte von häutigen, begrannten Hochblättern bedeckt; Staubblätter ungleich lang mit kahlen Fila-

menten; Frucht dreikantig zugespitzte Kapsel mit drei schwarzen, eiförmigen Samen.

Vorkommen In ganz Spanien und auf den Balearen. In lichten Wäldern, Macchien, überwiegend auf Kalk; bis in montane Regionen.

Wissenswertes Das Vorkommen der Binsenlilie beschränkt sich auf das westliche Mittelmeergebiet. Die Gattung *Aphyllanthes* umfaßt nur diese eine Art und steht innerhalb der Liliengewächse recht isoliert.

4 Rosenlauch Ajo rosado oder Lágrimas de la Virgen *Allium roseum* (Liliaceae)

H 10–70 cm März–Juni

Merkmale Ausdauernde Zwiebelpflanze mit bis zu 70 cm hohem Blütenstengel, Blätter linealförmig, flach, mitunter am Rande mit kleinen Zähnchen, bis zu 3,5 cm lang und 1,5 cm breit, die Basis des runden Blütenstengels scheidig umgebend und in unterschiedlicher Höhe abgehend; Blütenstand einer halbkugeligen Scheindolde, bis 7 cm breit, aus bis zu 30 rosafarbenen, selten weißen Einzelblüten zusammengesetzt; Hochblatthülle häutig, drei- bis vierlappig,

kürzer als Blütenstiele; Staubblätter mit gelben Staubbeuteln, in Blüten eingeschlossen.

Vorkommen In ganz Spanien und auf den Balearen. In Macchien, auf Weiden, Brachland und Kulturland.

Wissenswertes Der Rosenlauch ist an seinem typischen Geruch erkennbar. Statt der Blüten findet man oft Brutzwiebeln. Eine ähnliche Art ist der **Dunkle Lauch** *(Allium nigrum)*. Er ist kräftiger und um einiges größer (40–100 cm). Der blaßviolette Blütenstand ist fast kugelig und bis 10 cm breit.

1 Glöckchenlauch Ajo chino *Allium triquetrum* *(Liliaceae)*

H 10–50 cm Dez.–Mai

Merkmale Mehrjähriges Zwiebelgewächs mit kahlem, dreikantigem Stengel; 2–3 gekielte Blätter mit bis zu 18 mm breiter Scheide an der Basis, fast so lang wie der Stengel; Blüten weiß in hängender Scheindolde mit zweiteiliger Hochblatthülle; Blütenhüllblätter weiß mit grünlich durchscheinendem Mittelnerv, spitz zulaufend, 10–18 mm lang, Staubblätter eingeschlossen; keine Brutzwiebeln.

Vorkommen In ganz Spanien und auf den Balearen. In schattigen Gebüschen, Auwäldern, an Flußufern und Gräben.

Wissenwertes Der Glöckchenlauch riecht unverkennbar nach Knoblauch. Eine weitere weißblühende Lauchart ist der **Neapolitanische Lauch** *(Allium neapolitanum).*

2 Schopfige Traubenhyazinthe Hierba religiosa *Muscari comosum* *(Liliaceae)*

H 15–80 cm April–Juni

Merkmale Zwiebelpflanze mit kahlem Stengel und bis zu sieben Blättern in grundständiger Rosette; Blätter gebogen, breit linealförmig; Blütenstand, im unteren Bereich mit bräunlichen Einzelblüten, an der Spitze mit einem Schopf steriler, violetter Blüten.

Vorkommen In ganz Spanien und auf den Balearen. In Macchien, an trockenen, felsigen Hängen und auf Kulturland.

Wissenswertes Die Zwiebel der Schopfigen Traubenhyazinthe mißt bis zu 4 cm im Durchmesser. Ihr werden diuretische Eigenschaften zugeschrieben.

3 Gemeine Stechwinde Zarzaparilla *Smilax aspera* *(Liliaceae)*

H bis 15 m Okt.–Nov.

Merkmale Verholzte Kletterpflanze mit stacheligen Trieben; Blätter wechselständig, immergrün, herz- bis pfeilförmig; Blattstiele mit Ranken und oft mit Stacheln; Blüten gelblichgrün, meist büschelig in Blattachseln oder in endständigen Dolden; rote oder schwarze Beere als Frucht.

Vorkommen In ganz Spanien und auf den Balearen. In Hecken, Macchien, Wäldern, an Mauern und Steinwällen.

Wissenswertes Diese lianenartige Kletterpflanze bildet in Wäldern manchmal dichte stachelige Vorhänge. Die jungen Sprosse werden in ländlichen Gegenden wie Wildspargel als Gemüse gegessen.

4 Stechender Mäusedorn Rusco *Ruscus aculeatus* *(Liliaceae)*

H 10–80 cm Okt.–April

Merkmale Immergrüner, verzweigter Halbstrauch mit blattähnlichen Flachsprossen in Blattachseln; Flachsprosse breit eiförmig bis lanzettförmig, 1–6 cm lang, an der Spitze dornig auslaufend; Blüten einzeln oder zu mehreren auf der Oberseite der Flachsprosse sitzend; rote Beerenfrucht **(4a)**.

Vorkommen In ganz Spanien und auf den Balearen. In immergrünen und sommergrünen Wäldern und Macchien.

Wissenswertes Aufgrund der harntreibenden Wirkung fand die Pflanze schon seit langem Verwendung in der Heilkunde. Heute werden Extrakte gegen Durchblutungsstörungen verwendet.

5 Gelbe Narzisse Narciso trompetero *Narcissus pseudonarcissus* *(Amaryllidaceae)*

H 20–40 cm März–Mai

Merkmale Narzissengewächs mit bis zu 1,5 cm breiten, flachen und unterseits gekielten Blättern; Blüten einzeln, nickend, manchmal auch aufwärts gerichtet, mit bis zu 2,5 cm langer, trichterförmiger Röhre und gelblichen bis weißlichen eiförmigen, oft aufrecht abstehenden Zipfeln; Nebenkrone etwa so lang wie der wellige Saum.

Vorkommen Überwiegend in kollinen und montanen Regionen; fehlt wohl auf den Balearen. In sommergrünen Wäldern, auf Wiesen und Weiden.

Wissenswertes Neben der Gelben Narzisse, der Wildform der sogenannten Osterglocke, bilden u.a. die gelbe **Reifrocknarzisse** *(Narcissus bulbocodium)* und die blaßgelbe *Narcissus triandrus* die Bestände.

1 Illyrische Siegwurz Lirio de San Juan *Gladiolus illyricus (Iridaceae)*

H 20–60 cm März–Juni

Merkmale Schwertlilie mit schmal lanzettförmigen, bis 40 cm langen Blättern; Blüten in lockerer Ähre; sechs rosarote bis pinkfarbene Blütenhüllblätter, nahezu zweilippig, am Grunde zu einer kurzen Röhre verwachsen, seitliche Blütenhüllblätter linealförmig, überlappen das obere Hüllblatt.

Vorkommen In ganz Spanien und auf den Balearen. In Macchien, offenen Wäldern, auf Felsfluren und Kulturland.

Wissenswertes Leicht zu verwechseln ist diese Art mit der **Saatsiegwurz** *(Gladiolus italicus)*, die sich generell durch einen höheren Wuchs und ungeflügelte Samen auszeichnet.

2 Großes Zittergras Lágrimas de Job *Briza maxima (Poaceae)*

H 10–60 cm April–Juni

Merkmale Einjähriges Gras mit schlanken, hohen Stengeln und großen Ähren; Stengel aufrecht oder aufsteigend, unverzweigt; Blätter 2–8 mm breit, dünn, an den Rändern leicht rauh; lockere Rispe mit bis zu zwölf hängenden, eiförmigen, seitlich abgeplatteten und 15–25 mm langen Ährchen an

dünnen, langen Stielen; Spelzen fast waagerecht abstehend und unbegrannt.

Vorkommen In ganz Spanien und auf den Balearen. In lichten Wäldern, Macchien, an Wegrändern, auf Brach- und Kulturland.

Wissenswertes Das **Kleine Zittergras** *(Briza minor)* besitzt zahlreiche kleine Ährchen, die nur max. 5 mm lang sind.

3 Spanisches Rohr Caña común *Arundo donax (Poaceae)*

H 2–6 m Juli–Dez.

Merkmale Ausdauernde, schilfartige Grasart mit unterirdischen Sproßausläufern; Halme verholzt, bis 3 cm breit; Blätter gräulichgrün, bis 60 cm lang und 6 cm breit; Blüten in bis zu 70 cm langen Rispen; Ährchen 10–18 mm lang mit violettem Schimmer.

Vorkommen In ganz Spanien und auf den Balearen. An Gräben und Flußufern.

Wissenswertes Das Spanische Rohr war ursprünglich in Zentralasien beheimatet. Die holzigen Halme werden u.a. für Matten und Angelruten verwendet. Angeblich schnitzte Pan seine Hirtenflöte daraus.

4 Geknieter Walch *Aegilops geniculata (Poaceae)*

H 10–40 cm April–Juli

Merkmale Gras mit zahlreichen bogig aufsteigenden Stengeln; Blätter flach, 2 mm breit, mit gering verdickter Scheide, Blattöhrchen bewimpert; Blütenähre eiförmig, am Grund mit 1–2 verkümmerten Ährchen, darüber meist zwei fruchtbare und oben ein unfruchtbares Ährchen; Hüllspelzen lederig fest, bauchig aufgeblasen, grünlich gestreift mit 3–5 bis zu 2,5 cm langen Grannen.

Vorkommen In ganz Spanien und auf den Balearen. An Wegrändern, auf Brachen und Grasstreifen.

Wissenswertes Eine verwandte Art ist der **Dreizöllige Walch** *(Aegilops triuncialis)*. Dieses mehrstengelige, bläulichgrüne Gras ist etwa 40 cm hoch. Im Unterschied zum Geknieten Walch ist der Blütenstand eine bis zu 6 cm lange Ähre mit 6–10 mm langen begrannten Hüllspelzen.

5 Kleines Knabenkraut Testículo de perro *Orchis morio (Orchidaceae)*

H 10–50 cm März–Mai

Merkmale Orchidee mit 6–9 lanzettlichen Blättern, die unteren in einer grundständigen Rosette, 2–4 Blätter den Stengel scheidig umhüllend; Blütenstand mit bis zu 25 Einzelblüten; Blütenhüllblätter rosa mit grünlichen Nerven, helmförmig; Lippe dreilappig; nach oben gebogener Sporn.

Vorkommen In ganz Spanien und auf den Balearen. In Macchien, lichten Wäldern und auf trockenen Grasfluren; auf kalkhaltigem Boden.

Wissenswertes Eine Vielzahl mediterraner Orchideenarten gehört zu den Geophyten, sie überdauern die sommerliche Trockenheit mit Knollen oder Zwiebeln.

 Wildblumen

1 Schwertblättriges Waldvögelein Cephalanthera longifolia (Orchidaceae)

H 10–60 cm April–Juli

Merkmale Orchidee mit dicht beblättertem Stengel; bis zu zwölf Blätter, abstehend bis herabhängend, schmal lanzettförmig, bis 18 cm lang und 1–4 cm breit; lockerer bis dicht gedrängter Blütenstand; Blüten reinweiß, 14–18 mm lang, ungespornt; Fruchtknoten etwa gleich lang wie zwei unterste Tragblätter, viel länger als übrige Tragblätter; aufgerichtete Lippe mit zart orangefarbenen Leisten.

Vorkommen In ganz Spanien und auf den Balearen. In lichten Wäldern.

Wissenswertes Sämtliche Orchideen sind nach dem Washingtoner Artenschutzübereinkommen geschützt.

2 Puppenorchis Hombre ahorcado Aceras anthropophorum (Orchidaceae)

H 10–40 cm März–Juni

Merkmale Untere Blätter rosettenartig, breit lanzettförmig, stumpf auslaufend; ähriger Blütenstand mit bis zu 60 gelblichgrünen, rostrot gestreiften Einzelblüten; ungespornte Lippe mit zwei schmalen Seitenlappen und tief geteiltem Mittellappen.

Vorkommen In ganz Spanien und auf den Balearen. In Macchien und lichten Wäldern, überwiegend auf Kalk.

Wissenswertes Etwa 95 % aller Orchideen sind in den Tropen und Subtropen beheimatet, nur etwa 1 % in Europa mit Verbreitungsschwerpunkt im Mittelmeerraum.

3 Pyramidenorchis Anacamptis pyramidalis (Orchidaceae)

H 20–80 cm März–Juli

Merkmale Stengel mit 4–10 lanzettförmigen Blättern, nach oben kleiner werdend, 8–25 cm lang, bis 2 cm breit, meist rinnig gefaltet; Blütenstand dicht kegelförmig, 2–10 cm lang; Blüten weißlich, rosafarben bis purpurrot; Lippe 7–9 mm lang, gleichmäßig dreilappig, Lippenlappen lineal bis eiförmig; Seitenlappen abstehend; dünner, fadenförmiger Sporn, nach unten gerichtet.

Vorkommen In ganz Spanien und auf den Balearen. In Gebüschen, lichten Wäldern und auf Grasfluren.

Wissenswertes Eine ähnliche Art ist das **Riesenknabenkraut** *(Barlia robertiana)*. Seine grundständigen Blätter sind länglich bis eiförmig und an der Basis fleischig verdickt. Das Riesenknabenkraut trägt grünliche bis rötliche Blüten mit bis zu 20 mm langer Lippe und bis zu 6 mm langem Sporn.

4 Gelbe Ragwurz Flor de abeja amarilla Ophrys lutea (Orchidaceae)

H 10–30 cm (max. 40 cm) Febr.–Juni

Merkmale 3–6 grundständige, lanzettförmige Blätter; Stengel mit 2–10 Blüten; äußere Hüllblätter gelblichgrün, das obere nach vorn gebogen, die seitlichen abstehend; Lippe dreilappig mit breitem, gelbem Rand und braunschwärzlichem Mal in der Mitte.

Vorkommen In ganz Spanien und auf den Balearen. In lichten Wäldern, Macchien, auf Grasfluren und Brachland; meist auf kalkigem Untergrund.

Wissenswertes Innerhalb der Familie der Orchideen stellt die Gattung *Ophrys* die meisten der mediterranen Orchideenarten.

5 Spinnenragwurz Flor de abeja Ophrys sphegodes (Orchidaceae)

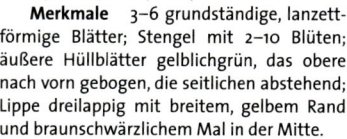

H 10–50 cm Febr.–Juni

Merkmale Äußere Hüllblätter gelblich grünlich bis rosafarben; Lippe rostbraun bis mittelbraun, fast ungeteilt bis schwach dreilappig, 10–16 mm lang, rundlich bis oval eiförmig, oft mit Höckern versehen, unterseits behaart, H-förmiges graubraunes bis gräuliches Mal mit weißlichem Rand.

Vorkommen In ganz Spanien und auf den Balearen. In lichten Wäldern, Macchien und auf Grasfluren.

Wissenswertes Die Spinnenragwurz verdankt ihren Namen der Form ihrer Lippe, die dem Hinterleib einer Kreuzspinne ähnelt. Die Männchen bestimmter Hautflügler halten die Blüte für das Weibchen. Davon angelockt, krabbeln sie auf der Blüte herum und bestäuben sie.

1 Schwarzkiefer Pino negral *Pinus nigra (Pinaceae)*

H 30–40 m (max. 50 m) März–April

Merkmale Kegelförmiger Baum mit abgeflachter Krone; dicke, gräulichschwarze, gefurchte, schuppige Borke; Knospen bis zu 1,5 cm lang, hellbraun, harzig, Knospenschuppen silbrig glänzend; 10–18 cm lange, steife Nadeln, im Querschnitt halbkreisförmig, randlich fein gesägt, dunkelgrün; männliche Blüten gelb, bis 3 cm lang, weibliche Blüten in Blütenständen, bis 1 cm lang; Zapfen eiförmig, fast sitzend, bis 3 cm breit, gelblich bis bräunlich, gekielte Schuppen, Nabel meist mit kleinem Dorn.

Vorkommen In Zentral- und Ostspanien, in den Pyrenäen; fehlt wohl auf den Balearen. In höheren Bergstufen.

Wissenswertes Die Schwarzkiefer kommt auf der Iberischen Halbinsel mit der Unterart „salzmannii" vor. Das Harz wird durch V-förmiges Anritzen der Bäume gewonnen und durch Wasserdampfdestillation zu Terpentinöl verarbeitet.

2 Aleppokiefer Pino carrasco *Pinus halepensis (Pinaceae)*

H 20 m März–Mai

Merkmale Krummwüchsiger Baum mit asymmetrisch gerundeter Krone; Stamm meist gedreht, silbriggräuliche Schuppenborke; Triebe bis 4 mm dick, olivgrün bis hellbraun; Knospen spitz zulaufend, harzfrei; Nadeln 5–10 cm lang, weich, halbrund, fein gesägt, grün; männliche Blüten bis 1 cm lang, weibliche Blüten in Scheinquirlen; Zapfen meist asymmetrisch, eiförmig bis kegelförmig, gräulich bis rotbräunlich, matt glänzend.

Vorkommen In ganz Spanien und auf den Balearen. In Dünen, Sandgebieten und auf Karstflächen.

Wissenswertes Besonders auf küstennahen, kalkhaltigen Böden wurde in vielen Bereichen Spaniens großflächig mit der Aleppokiefer aufgeforstet. Im 16. Jahrhundert versuchte man auf Mallorca durch Anpflanzung eines Küstensaums aus Aleppokiefern das Eindringen arabischer Piraten zu verhindern.

3 Eßkastanie Castaño *Castanea sativa (Fagaceae)*

H 10–30 m Juni

Merkmale Sommergrüner Baum mit 10–25 cm langen, lanzettförmigen, dornig gezähnten, glänzend dunkelgrünen Blättern; Blüten unscheinbar; männliche und weibliche Blüten in bis zu 20 cm langen kätzchenartigen Blütenständen; Nußfrüchte mit glatter, brauner Schale, 1–3 Früchte in einem stacheligen Fruchtbecher sitzend.

Vorkommen In ganz Spanien; vereinzelt auf den Balearen. In sommergrünen Laubmischwäldern der submediterranen Stufe; auf kalkfreien Böden.

Wissenswertes Die Eß- oder Edelkastanie wurde wohl von den Römern in Spanien verbreitet. Meist sind es halbwilde oder verwilderte Bäume aus alten, angepflanzten Kulturen an den südexponierten Hängen beispielsweise der Sierra de Gredos, des Kantabrischen Küstengebirges aber auch anderer Gebirgszüge bis in Höhen um 1.500 m. Die Samen enthalten fast 50% Stärke und waren somit früher ein wichtiges Lebensmittel für die ländliche Bevölkerung. Die Eßkastanien werden durch Rösten (Maronen) oder Dämpfen zubereitet.

4 Kermeseiche Coscoja *Quercus coccifera (Fagaceae)*

H 2–4 m (max. 15 m) März–Mai

Merkmale Immergrüner dicht verzweigter Strauch oder kleiner Baum mit wechselständigen, 2–4 cm langen, breit eiförmigen bis länglichen Blättern, am Rand wellig und eingebuchtet mit stacheligen Zähnchen, an der Blattspitze dornig auslaufend, glänzend dunkelgrün und lederig hart; Eicheln **(4a)** überwiegend einzeln, kurz gestielt, bis max. 3 cm lang, kugelig bis eiförmig, vom Fruchtbecher zur Hälfte umgeben.

Vorkommen In ganz Spanien und auf den Balearen. In Macchien, Garrigues und im Unterwuchs lichter, immergrüner Wälder.

Wissenswertes Die Kermeseiche ist Wirtspflanze verschiedener Schildlausarten, aus denen Karmesinrot oder Scharlachrot gewonnen wird.

1 Steineiche Encina *Quercus ilex (Fagaceae)*

H bis 25 m April–Mai

Merkmale Immergrüner Baum mit länglich eiförmigen, lederigen Blättern, ganzrandig oder leicht stachelig gezähnt, Blattoberseite dunkelgrün glänzend, Blattunterseite wollig bis gräulich filzig; Eicheln 1,5–4 cm lang, länglich bis eiförmig, Frucht maximal bis zur Hälfte vom weichhaarig beschuppten Fruchtbecher umgeben.

Vorkommen In ganz Spanien mit Ausnahme höherer Lagen der Sierras, der Pyrenäen und des Kantabrischen und Asturischen Gebirges; auch auf den Balearen. Charakterbaum des Hartlaubwaldes und der Dehesas, vereinzelt überall anzutreffen.

Wissenswertes Der Westen Spaniens beherbergt mehr als sechs Millionen Hektar lichte Stein- und Korkeichenwälder, die seit Urzeiten hauptsächlich als Weideland genutzt werden. Diese sogenannten Dehesas bilden einen in Europa einzigartigen Lebensraum. Sie sind das Ergebnis einer respektvollen Nutzung des Waldes durch den Menschen, der über Jahrhunderte hinweg die Weidegründe verbesserte und den Wald behutsam auflichtete und formte. Bis zu 80 Stein- und Korkeichen pro Hektar produzieren nahrhafte Eicheln, die vor allem vom **Iberischen Schwein** *(Cerdo iberico)* gefressen werden. Das Holz wird als Brennstoff bzw. für die Holzkohlenherstellung verwertet. In einer extensiven Dreifelderwirtschaft werden die Dehesas nachhaltig genutzt. Mit dem Beitritt Spaniens zur EU 1986 wurde eine Zerstörung dieser Landschaft mit Hilfe von Strukturfördermitteln vorangetrieben.

2 Korkeiche Alcornoque *Quercus suber (Fagaceae)*

H bis 20 m April–Mai

Merkmale Immergrüner Baum, Stamm zunächst glatt, später mit dicker, korkiger Borke; entrindete Stämme hellbraun, später rostbraun; Blätter lederig, länglich bis eiförmig, oberseitig dunkelgrün glänzend, unterseitig filzig gräulich, leicht gezähnt; männliche Blüten in bis zu 4 cm langen Kätzchen, weibliche Blüten einzeln oder zu mehreren an dicht behaartem Stiel sitzend; Fruchtbecher mit gräulich filzigen Schuppen.

Vorkommen In Spanien und auf den Balearen. Vor allem an feuchteren Standorten, in trockeneren bis wechselfeuchten Bereichen mit der Steineiche vergesellschaftet; in Hartlaubwäldern; bis in 1.300 m Höhe.

Wissenswertes Neben der Steineiche ist die Korkeiche die Hauptbaumart des mediterranen Waldes. Die größten Korkeichenvorkommen findet man im westlichen Andalusien, in der Extremadura und im nordöstlichen Katalonien. Neben der Eichelmast für die Iberischen Schweine und den Weidegründen für Kampfstiere in den Dehesas liefern diese Eichen Kork. Spanien ist hinter Portugal der zweitgrößte Korkproduzent. Etwa alle neun Jahre wird die korkhaltige Borke in großen Platten abgeschabt.

3 Feigenbaum Higuera *Ficus carica (Moraceae)*

H 2–10 m Juni–Sept.

Merkmale Milchsaft führender, sommergrüner Strauch oder Baum, dicktriebig und weichholzig mit hellgrauer Borke; Blätter wechselständig, lang gestielt, tief drei- bis fünflappig, Blüten eingeschlechtig, an den Innenwänden krugförmig eingesenkte Gebilde mit kleiner Öffnung an der Spitze; Früchte (**3b**) grünlich bis braunviolett.

Vorkommen In ganz Spanien und auf den Balearen. Ursprünglich in felsigen Bereichen, heute weit verbreitet als Kulturpflanze auf steinigen alkalischen Böden sowie als Wildform in Macchien, an Legesteinmauern, Legesteinwällen und auf ruderalem Gelände.

Wissenswertes Die ursprüngliche Heimat des Feigenbaumes ist Kleinasien. Jedoch bereits um 700 v. Chr. war er nachweislich den Griechen bekannt und verbreitete sich schnell im ganzen Mittelmeergebiet. Infolge jahrtausendelanger Kultur haben sich aus der Wildfeige zwei Varietäten der Kulturfeige herausgebildet. Die Hausfeige hat nur weibliche Blüten, die Holzfeige dagegen weibliche und männliche Blüten, deren Pollen von der Gallwespe übertragen werden müssen. Um die Fruchtbildung bei der Haus- oder Kulturfeige sicherzustellen, werden Zweige der Holzfeige in die Bäume der Hausfeige gehängt bzw. beide Varietäten nebeneinander gepflanzt.

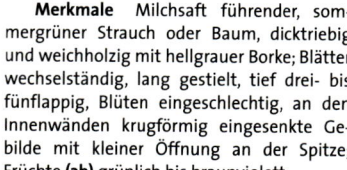

Bäume / Sträucher

1 Johannnisbrotbaum Algarrobo *Ceratonia siliqua (Caesalpiniaceae)*

H 4–10 m Aug.–Okt.

Merkmale Immergrüner, dicht belaubter Baum mit glattem, grauem Stamm; Blätter wechselständig, paarig gefiedert, 12–20 cm lang mit je 4–10 kurz gestielten, verkehrt eiförmigen, derben Einzelblättchen; männliche und weibliche Blüten, in kätzchenartigen Blütenständen direkt am Stamm; Früchte **(1a)** 20–30 cm lang, bräunlichviolett, mit runden schwärzlichen Samen.

Vorkommen In ganz Spanien und auf den Balearen. In felsigen Bereichen und Macchien; Kulturbaum.

Wissenswertes Der Johannisbrotbaum stammt ursprünglich aus dem ostmediterranen Raum. Der deutsche Name ist wohl auf Johannes den Täufer zurückzuführen, der sich in der Wüste von den Früchten dieses Baumes ernährt haben soll. Die getrockneten Samen dienten in Afrika zum Abwiegen von Gewürzen und in Indien von Gold und Diamanten. Der Saft der musartigen Scheidewände der Früchte wird zu Sirup, Säften oder vergorenen Getränken verarbeitet. Johannisbrotmehl dient als Dickungsmittel und Stabilisator für Backwaren und Speiseeis.

2 Judasbaum Árbol de Judas *Cercis siliquastrum (Caesalpiniaceae)*

H 3–10 m März–April

Merkmale Baum oder Strauch mit unbehaarten Zweigen; Blätter wechselständig, nahezu kreisrund, bis 13 cm lang, am Blattgrund herzförmig, oberseitig bläulich bis grünlich, sieben bogenförmig verlaufende rötliche Blattnerven, rötlicher Blattstiel; rosa- bis purpurfarbene Blüten in kurzen, buschigen Trauben an zwei- oder mehrjährigen Ästen bzw. am Stamm, etwa 2 cm lang, Blütenform ähnlich einer Schmetterlingsblüte mit drei kleineren oberen Kelchblättern und zwei unteren Kelchblättern; 9–15 cm lange, hülsenähnliche Früchte, stark abgeplattet, rötlichbraun.

Vorkommen Auf der ganzen Iberischen Halbinsel; vereinzelt auch auf den Balearen. In Auwäldern, Macchien, felsigen Bereichen, Gärten und Parks.

Wissenswertes Interessant ist die Eigenart der Pflanze, daß Blüten und Früchte direkt am Stamm erscheinen (Kauliflorie). Um den deutschen Namen ranken sich einige Legenden. So soll es der Baum sein, an dem sich Judas erhängt hat.

3 Orangenbaum Naranjo *Citrus sinensis (Rutaceae)*

H 2–5 m April–Okt.

Merkmale Immergrüner Baum mit rundlicher Krone, kantigen Zweigen und dünnen Zweigdornen, manchmal fehlend; Blätter breit elliptisch, zugespitzt, Blattstiel schmal geflügelt; Blüten einzeln oder in kleinen achselständigen Trauben, weiß, mit fünf Kronblättern, stark duftend; orangefarbene Früchte; gleichzeitig blühend und fruchtend.

Vorkommen In frostfreien Gebieten im Einflußbereich der spanischen Mittelmeerküste und auf den Balearen. In Gärten, Parks, stellenweise als Straßenbäume.

Wissenswertes Seit dem 16. Jahrhundert werden diese ursprünglich in Südost-Asien beheimateten Bäume im Mittelmeergebiet kultiviert. Durch das beständig milde Klima und dauerhaft vorhandenes Wasser aus den Bergen entwickelten sich Ende des 18. Jahrhunderts an der Ostküste großflächige, bewässerte Orangenkulturen. Ähnliche Arten sind die **Bitterorange** oder **Pomeranze** *(Citrus aurantium)* mit breit geflügelten Blattstielen oder die ebenfalls in Spanien angebaute **Mandarine** *(Citrus deliciosa)* mit schmalelliptischen Blättern.

4 Zitronenbaum Limonero *Citrus limon (Rutaceae)*

H 2–7 m Jan.–Dez.

Merkmale Immergrüner, kleiner Baum; Zweige mit kurzen, steifen Dornen; Blätter länglich-eiförmig, Blattstiele schmal geflügelt; Blüten weiß mit rötlichem Schimmer; charakteristische, gelbe Früchte.

Vorkommen Kulturbaum in Spanien und auf den Balearen. In frostfreien und geschützten Bereichen; in Gärten und Parks.

Wissenswertes Etwa 85 % der deutschen Zitroneneinfuhren stammen aus Spanien.

  Bäume / Sträucher

1 Gewöhnlicher Fieberbaum Eucalipto *Eucalyptus globulus (Myrtaceae)*

H 30–40 m Febr.–Juli

Merkmale Kräftiger Baum mit glatter Borke, löst sich in Streifen ab; junge Blätter bläulichgrün, 8–15 cm lang, eiförmig bis lanzettförmig, ältere Blätter grün, schmal lanzettförmig, leicht sichelförmig gebogen, bis zu 30 cm lang; Kron- und Kelchblätter verwachsen, viele weißliche Staubblätter.

Vorkommen Großflächig angepflanzt, vor allem in Teilen der Extremadura, in Galizien und Asturien.

Wissenswertes Die Heimat des Eukalyptus ist Australien. Durch den schnellen Wuchs ist der Baum auch für die Papierindustrie interessant. So wurden im spanischen Südwesten viele der urwüchsigen Hartlaubwälder gerodet und durch schnellwüchsige, Eukalyptusmonokulturen ersetzt.

2 Granatapfelbaum Granado *Punica granatum (Punicaceae)*

H 2–7 m Mai–Sept.

Merkmale Sommergrüner, reich verzweigter, meist dorniger Strauch oder kleiner Baum; Blätter gegenständig, ledrig, glänzend, eiförmig bis lanzettförmig, 4–8 cm lang; Blüten zu 1–3 an den Zweigenden, mit 5–7 zerknitterten, roten Kronblättern; kugelige Früchte mit gelblicher bis roter Hülle.

Vorkommen Auf der ganzen Iberischen Halbinsel und auf den Balearen. In Gärten.

Wissenswertes Verzehrt werden die safthaltigen, roten „Samenkörnchen" des Granatapfels, die leicht säuerlich schmecken. Aus zahlreichen Abbildungen und Skulpturen ist bekannt, daß sowohl den Ägyptern als auch den Juden diese Pflanze heilig war.

3 Westlicher Erdbeerbaum Madroño *Arbutus unedo (Ericaceae)*

H 1,5–3 m (max. 12 m) Okt.–März

Merkmale Strauch oder kleiner Baum mit dumpf bräunlicher, rissiger Borke; Blätter glänzend, derb, lanzettförmig, am Rand gesägt; Blüten weiß bis rosa, grünlich überlaufen, etwa 1 cm lang, glockenförmig verwachsen mit zurückgebogenen Zipfeln, Kelch 1,5 mm lang, in hängenden Rispen.

Vorkommen In ganz Spanien und auf den Balearen. In Macchien und immergrünen Wäldern.

Wissenswertes Die Früchte ähneln einer Mischung aus Erdbeere und Litschi, haben eine warzige Oberfläche und sind zunächst gelblich orange, zur Reifezeit dann rot.

4 Baumheide Brezo blanco *Erica arborea (Ericaceae)*

H 1–4 m (max. 15 m) März–April

Merkmale Dicht verzweigter, immergrüner Baum oder Strauch mit weiß behaarten Trieben; nadelförmige, 3–5 mm lange Blätter, in bis zu vier Quirlen angeordnet; Blattrand umgerollt, die Unterseite vollständig bedeckend; Blüten zu vierzipfeliger, rundlich glockiger Krone verwachsen, bis 4 mm lang, gräulichweiß, dunkelbraune Staubblätter mit weit herausragenden Griffeln; kleine, vielsamige Kapselfrüchte.

Vorkommen In ganz Spanien und auf den Balearen. In immergrünen Wäldern und Macchien.

Wissenswertes Die Baumheide ist eine Charakterart des mediterranen Hartlaubwaldes, der ursprünglich einmal fast den gesamten Süden der Iberischen Halbinsel bedeckte. Hohe, geschlossene Waldbestände sind hier die Ausnahme, meist sind die Bestände recht offen, und nur wenige Bäume erreichen mehr als 15 m Höhe.

5 Besenheide Brezo de escobas *Erica scoparia (Ericaceae)*

H 1–6 m April–Juli

Merkmale Schlanker Strauch; Blätter nadelartig, Rand umgerollt; Blüten zu vierzipfeliger Blütenkrone verwachsen, glockig, grünlich mit rötlichem Schimmer, Narbe rot.

Vorkommen In ganz Spanien und auf den Balearen. In Macchien, an Straßen- und Wegrändern.

Wissenswertes Die Besenheide ist eine charakteristische Macchienpflanze.

 Bäume / Sträucher

1 Ölbaum Acebuche oder Olivo *Olea europaea (Oleaceae)*

H bis 15 m Mai–Juni

Merkmale Lichter, immergrüner Baum mit ungeteilten, schmal elliptischen Blättern, oberseits graugrün, unterseits weißlich; weit ausladende Krone; Blüten klein, unscheinbar, duftend, in rispigen Blütenständen, Blütenkrone mit kurzer Röhre und vierlappigem Saum; pflaumengroße, bräunliche bis schwärzliche Früchte (**1b**).

Vorkommen In ganz Spanien und auf den Balearen als Kulturpflanze angebaut. Wildform in Macchien und Hartlaubwäldern.

Wissenswertes Der wilde Ölbaum unterscheidet sich von der Kulturform durch dornige Zweige, kleinere Blätter und kleinere ölarme, bitter schmeckende Früchte. Mitunter mehrere hundert Jahre alte Ölbäume sind die Charakterarten des mediterranen Raumes. Die oft knorrigen Stammformen sind jedoch nicht altersbedingt, sondern die Folge einer Infektion des *Polyporus*-Pilzes. Schon seit der Antike liefern diese Bäume Olivenöl als Speiseöl, für rituelle Salbungen und für Öllampen.

2 Oleander Adelfa *Nerium oleander (Apocynaceae)*

H 1–4 m Juli–Sept.

Merkmale Immergrüner, buschiger, milchsaftführender Strauch oder Baum; 3–4 Blätter quirlständig, 10–20 cm lang, lanzettförmig; Blüten in endständigen Trugdolden, Krone rosafarben oder weiß, 3–4 cm breit, trichterförmige Röhre mit zerschlitzten Anhängseln; Früchte 10–18 cm lange, bräunliche, zur Reife aufplatzende Balgfrüchte, Samen mit hellbraunem Haarschopf.

Vorkommen In ganz Spanien und auf den Balearen. An Flußufern, ausgetrockneten Flußbetten, in Gärten und an Straßen.

Wissenswertes Alle Teile der milchsaftführenden Pflanze sind für Mensch und Tier giftig! Noch heute sollen etwa in Griechenland im ländlichen Bereich die Mauselöcher mit Oleanderblättern verstopft werden, so daß die Mäuse sterben, wenn sie sich durchbeißen.

3 Zwergpalme Palmito *Chamaerops humilis (Arecaceae)*

H 4–6 m April–Juni

Merkmale Fächerpalme, oft mehrstämmig, durch Viehfraß oft buschig; Fiederblätter steif abstehend bis zu 80 cm breit, unterteilt in 10–20 lanzettförmige, grünlichgraue Abschnitte, am oberen Ende zweispitzig; Blattstiel dornig gezähnt, an der Basis netzfaserig; Blüten ein- bis zweihäusig, gelb, in dichten Rispen am Stammende zwischen den Blattstielen; eiförmige bis rundliche, ungenießbare Früchte.

Vorkommen In ganz Spanien und auf den Balearen, in Zentralspanien als sogenannte „Palmetto-Formation". Auf sandigen Böden und in Felsfluren.

Wissenswertes Die Zwergpalme ist die einzige in Spanien natürlich vorkommende Palmenart. Die meist nur 70–100 cm hohe Fächerpalme enthält in ihren Blättern Fasern, die als „vegetabiles Roßhaar" bezeichnet werden. Die sehr elastischen Fasern werden als Polstermaterial verwendet.

4 Echte Dattelpalme Palmera datilera *Phoenix dactylifera (Arecaceae)*

H 10–20 m (max. 30 m) Febr.–April

Merkmale Schlanker, hoher Baum, lockere Krone mit 20–30 Fiederblättern; mehrstämmig, nur in Kultur einstämmig, Fiederblätter 3–5 m lang, mittlere Fiedern bis 40 cm lang; rispige Blütenstände; Früchte 3–7 cm lange Beeren (Datteln, **4a**) mit gelblicher Haut und süßem Fruchtfleisch.

Vorkommen In Bewässerungskulturen in Südspanien; als Zierbaum in ganz Spanien und auf den Balearen.

Wissenswertes Die Echte Dattelpalme ist eine der ältesten Kulturpflanzen. Erste Nachweise für Anbau und Nutzung gehen 8.000 Jahre zurück. Als Ursprungsgebiet gilt der Trockengürtel von Marokko bis Südwest-Asien. Die Nutzung der Dattelpalme ist vielfältig. Die Früchte werden zu Dattelbrot zusammengepreßt, die Blattknospen als Gemüse gegessen. Ältere Blätter wurden früher zu Matten verarbeitet und als Deckmaterial für die Häuser verwendet.

Bäume / Sträucher

A

Anreise

Mit PKW oder Motorrad

Für Touren im Landesinneren, besonders in abgelegeneren Gebieten, empfiehlt sich die Anreise mit dem eigenen PKW, dem Motorrad oder einem Mietwagen ab dem jeweiligen Flughafen. Vor allem abseits der Touristenorte ist ein Fortkommen ansonsten relativ schwierig. Über die Pyrenäen bestehen zwei Autobahngrenzübergänge, zum einen in Irún an der baskischen Atlantikküste und zum anderen in La Jonquera an der katalanischen Mittelmeerküste. Nach wie vor wird das Mitführen einer Grünen Versicherungskarte (Carta verde) empfohlen. Vor Antritt der Reise sollte am Auto ein D-Schild angebracht werden, da das KFZ-Zeichen zusammen mit dem Schild als Versicherungsnachweis gilt.

Mit dem Flugzeug

Wer die Anreise mit dem Flugzeug anreist, hat von allen größeren Flughäfen in Deutschland, Österreich und der Schweiz eine Vielzahl an Flugverbindungen. Linienverbindungen bestehen nach Madrid und Barcelona mit den meisten europäischen Fluglinien. Zu den Touristengebieten auf dem Festland wie Alicante oder Málaga gibt es ebenso wie nach Mallorca, Ibiza und Menorca verschiedene preisgünstige Charterflugverbindungen.

Mit dem Bus

Europabusse steuern von verschiedenen Großstädten aus fast alle wichtigen spanischen Städte an. Auskunft zu Fahrplan, Abfahrts- und Zielorten erteilt die

Deutsche Touring
Am Römerhof 17
60486 Frankfurt
Tel. (069) 79 030.

Mit der Bahn

Das Reisen mit der Bahn ist zwar bequem, doch im Vergleich mit dem Flugzeug fast genauso teuer. Eine einfache Fahrt im Liegewagen von Köln nach Madrid kostet rund 350,– DM. Mit Ausnahme des Schnellzuges Puerta del Sol, der Paris mit Madrid via Irún verbindet, und der Talgo-Züge aus der Schweiz und Frankreich über Port Bou muß man bei allen anderen Zugverbindungen zudem an der französisch-spanischen Grenze umsteigen.

Auto

Ein normaler Führerschein reicht aus, um in Spanien mit dem Auto zu fahren. Es gibt nur wenig Autobahnen (autopistas), die dann aber in jedem Fall mautpflichtig (peaje) sind. So kostet eine einfache Fahrt mit dem PKW von La Jonquera entlang der Mittelmeerküste über die A 7 nach València rund 55,– DM. Von Irún bis Bilbao sind rund 25,– DM für die einfache Fahrt fällig. Viele Nationalstraßen sind mittlerweile zweispurig ausgebaut worden (autovías). Die Nationalstraßen führen von Madrid aus in alle Landesteile und sind daher normalerweise stark befahren. Besonders an Feiertagen wie Ostern, wenn die Mad-

rider in den Kurzurlaub starten, kommt es häufig zu Staus, die in Extremfällen bis zu 100 km lang sein können. Informationen über Verkehrsstaus, Umleitungen und Straßenzustand bietet der telefonische Verkehrsservice der Dirección General de Tráfico (Tel. 900-12 35 05).

Neben den großen Autoverleihfirmen wie Avis, Hertz oder Europcar bieten zahlreiche lokale „Alquileres de Coche" zum Teil preisgünstigere Mietwagen an. Vor allem in den Touristenzentren lohnt häufig ein Vergleich. Mit dem königlichen Automobilclub RACE bestehen mit einigen ausländischen Automobilclubs Abkommen (z.B. ADAC, AvD). Ein nationaler Abschleppdienst ist über Tel. (91) 593 33 33 zu erreichen. Pannenhilfe bietet in Spanien auch der ADAC (über Deutschland unter Tel. 0749-89-22 22 22).

B

Banken

Die Banken (banco) und Sparkassen (caja de ahorros) sind Mo–Sa von 8.30–14 Uhr geöffnet. Von Juni bis September bleiben die Banken und Sparkassen allerdings samstags geschlossen.

Behinderte

Mit Ausnahme von Flughäfen ist Reisen in Spanien bisher nur wenig behindertengerecht. Einige Hotels haben sich mittlerweile auf Körperbehinderte eingestellt. Ein Führer mit behindertengerechten Hotels ist zu beziehen über:

Centro Estatal de Minusválidos
Físicos
c/Eugenio Salazar 21
28002 Madrid
Tel. (91) 141 380 01.

Benzin

Die Preise für Benzin (gasolina) und Diesel (gasoleo) sind etwas günstiger als in Deutschland, Österreich und der Schweiz. Bleifreies Benzin (gasolina sin plomo) ist mittlerweile flächendeckend verfügbar. Kraftstoff wird als Normalbenzin (92 Oktan), Super bleifrei (95 Oktan) und Super verbleit (97 Oktan) sowie Diesel (Gasoleo A) verkauft.

Bus & Bahn

Busse sind neben dem PKW nach wie vor das bevorzugte Fortbewegungsmittel der Spanier. Entsprechend gut sind die Überlandverbindungen zwischen den größeren Städten. Auch kleinere Orte erreicht man auf diese Weise relativ leicht. Ein Busfahrplan mit den jeweiligen Anbietern ist bei den örtlichen Touristenbüros erhältlich.
Im Gegensatz dazu sind das innerspanische, gut 13.000 km lange Bahnnetz der staatlichen Eisenbahngesellschaft RENFE und das der an der Nordküste verkehrenden Schmalspurbahn FEVE relativ schlecht. Häufig sind nur die Hauptbahnhöfe größerer Städte von Madrid oder Barcelona aus erreichbar. Daneben bestehen mit Regionalzügen (trenes de cercanías) Verbindungen in das Umland der größeren Städte, z.B. in Madrid, Barcelona und València. Die Schnellzüge Talgo, Intercity und TER sind ebenso wie der Hochgeschwindigkeitszug AVE zwischen Madrid und Sevilla zuschlagpflichtig.
Auf den Balearen verfügt lediglich Mallorca über Eisenbah-

nen. Der Ferrocarril Eléctrico de Sóller verbindet Palma mit Sóller. Daneben unterhält die Gesellschaft Ferrocarriles de Mallorca noch eine Strecke von Palma nach Inca (Tel. 971-19 10 88).
Vergünstigungen innerhalb des Netzes der RENFE auf dem Festland bieten die Touristenpässe (Tarjetas turísticas), die auf allen RENFE-Strecken für 8, 15 oder 22 Tage zur freien Fahrt (ohne Zuschlag) berechtigen. An den sogenannten blauen Tagen (días azules) gelten ebenfalls günstigere Fahrpreise. Hotelzüge wie der Transcantábrico (Juni bis Oktober) in Nordspanien oder der Al Andalus (April bis Dezember mit Ausnahme Juli/August) in Andalusien können nur als Pauschalarrangements gebucht werden. Auskünfte erteilt jedes Reisebüro. Keine Reservierung braucht man für den historischen Erdbeerzug Tren de la Fresa zwischen Madrid-Atocha und Aranjuez, der von April bis Oktober verkehrt.
Informationen: RENFE, Tel. (91) 328 90 20.

C

Camping

Campingurlaub ist unter Spaniern nicht besonders beliebt. Vor allem Jugendliche nutzen diese preisgünstige Übernachtungsmöglichkeit, entsprechend hoch ist der Lärmpegel. In Spanien gibt es rund 1.200 Campingplätze, die sich vor allem an der Nordküste und an der Mittelmeerküste Kataloniens konzentrieren. Im Landesinneren sind sie eher selten und daher oft überfüllt. Auch auf den Balearen gibt es einige Zeltplätze.
Wildes Kampieren ist auf dem Festland und den Balearen prinzipiell erlaubt. An Stränden,

in Naturschutzgebieten und innerhalb von Ortschaften ist es allerdings verboten. Es empfiehlt sich in jedem Fall, vorher zu fragen. Ein Verzeichnis aller spanischen Campingplätze (guía de campings) gibt es bei den Fremdenverkehrsämtern.

D

Diplomatische Vertretungen

In Deutschland
Spanische Botschaft in Deutschland
Schloßstraße 4
53115 Bonn
Tel. (0228) 91 17 90

In Österreich
Spanische Botschaft in Österreich
Argentinierstraße 34
1040 Wien 1
Tel. (1) 505 57 80

In der Schweiz
Spanische Botschaft in der Schweiz
Kalcheggweg 24
3000 Bern 15
Tel. (1) 352 04 12

Für Deutschland
Deutsche Botschaft in Madrid
c/Fortuny 8
Madrid
Tel. (91) 319 91 00

Deutsches Generalkonsulat in Barcelona
Passeig de Grácia 111
Barcelona
Tel. (93) 415 36 96

Für Österreich
Österreichische Botschaft in Madrid
Paseo de la Castellana 91
Madrid
Tel. (91) 579 35 79

Honorarkonsulat in Barcelona
c/Mallorca 214
Barcelona
Tel. (93) 453 72 94

Für die Schweiz
Schweizer Botschaft in Madrid
c/Nuñez de Balboa 35
Madrid
Tel. (91) 431 34 00

Generalkonsulat der Schweiz in
Barcelona
Gran Vía de Carlos III 94
Barcelona
Tel. (93) 330 92 11

E

Einkaufen

Geschäfte haben in der Regel
vormittags von Mo–Sa
9.30–13.30 Uhr und nachmit-
tags von 16.30–20 Uhr geöffnet. Die großen Kaufhäuser öffnen von Mo–Sa meist durchge-
hend von 10–21 oder 22 Uhr und
zusätzlich an einigen Sonnta-
gen im Jahr. In den Touristenzentren haben die Geschäfte
oft längere Öffnungszeiten.
Märkte und Markthallen haben
normalerweise nur vormittags
Mo–Sa bis 14 Uhr geöffnet.

Einreise

Besucher aus EU-Ländern und
der Schweiz benötigen lediglich
einen noch drei Monate gülti-
gen Personalausweis bzw. die
nationale Identitätskarte. Kin-
der unter 16 Jahren brauchen
einen Kinderausweis oder müssen im Paß der Eltern eingetra-
gen sein.

Essen & Trinken

Das spanische Frühstück hat
mit dem mitteleuropäischen
Frühstück so gut wie nichts zu
tun. Ein Milchkaffee (café con
leche) und ein Toast mit Mar-
melade reicht den meisten am
Morgen. Das Mittagessen hin-

gegen ist üppiger, beginnt aber
nie vor 14 Uhr, oft erst um 15
Uhr. Und mit dem Abendessen
ist es genauso. Vor 21 Uhr wird
normalerweise nicht gegessen.
Olivenöl und Knoblauch sind
die Basis der spanischen Küche,
obwohl es die spanische Küche
strenggenommen gar nicht
gibt. Jede Region hat ihre eigenen Besonderheiten und Spe-
zialitäten. Traditionell läßt sich
das Land grob in sechs gastronomische Zonen unterteilen:
In Katalonien sind Kasserollen-
Gerichte wie zum Beispiel der
geschmorte Fischtopf Zarzuela
typisch. Aus den Reisanbauge-
bieten der Levante stammt das
berühmteste spanische Gericht,
die Paella valenciana, die aber
nur ein Reisgericht unter vielen
ist. In Andalusien gibt es vorwiegend frittierten Fisch oder
Gemüse. Kastilien und die Extremadura gelten als „Zone der
Braten", typische Gerichte sind
hier z.B. gebackenes Spanferkel
in Segovia oder gebackenes
Lamm in Sépulveda. Nordspanien ist für seine deftigen
Eintöpfe wie den baskischen
Thunfisch-Kartoffel-Eintopf
Marmitako oder den asturischen Bohneneintopf Fabada
bekannt. Aragón und Navarra
schließlich gehören zur „Zone
der Paprikaschoten" (zona de
los chilindrones), weil fast zu jedem Fleischgericht eine Soße
aus Paprika gereicht wird.
Wenn es überhaupt ein spanisches Nationalgericht gibt,
dann ist das die „tortilla de patatas", ein Kartoffelomelett,
das in jedem spanischen Restaurant auf der Speisekarte
steht. Anders verhält es sich
mit den berühmten „tapas",
kleinen Appetithäppchen zu
Wein oder Bier, die man noch
lange nicht überall bekommt.
Im Baskenland werden statt Tapas phantasievoll zubereitete
Pintxos serviert, in Galizien sind

die Appetithäppchen so gut
wie unbekannt, in Andalusien
dagegen werden Tapas zu jedem Wein oder Bier gereicht.
Apropos Wein: In fast jeder Region ist Wein nach wie vor das
typische Getränk zum Essen,
auch wenn sich Bier (cerveza)
zunehmender Beliebtheit erfreut. In Kantabrien und Asturien ist es üblich, statt zu Wein
zur Sidra (Apfelwein) zu grei-
fen. In Andalusien ist ein Glas
Sherry vor dem Essen fast
schon obligatorisch, genauso
wie in Katalonien ein Glas Cava
vor oder nach dem Essen.
Unter den regionalen Küchen
gilt die baskische Küche als die
beste, gefolgt von der katalanischen Küche. Im Baskenland
und Katalonien gibt es demzu-
folge auch die meisten Sterne-
Restaurants Spaniens. Nachfol-
gend einige gute Adressen:

Madrid

Posada de la Villa
Cava Baja 9
Tel. (91) 366 18 60
Typisch kastilische Küche in ei-
nem der ältesten Restaurants
von Madrid.

Casa Ciriaco
c/Mayor 84
Tel. (91) 548 06 20
Der historische Literatentreff-
punkt bietet kastilische Haus-
mannskost, an den Wänden
hängen Fotos berühmter Gäste.

La Bola
c/Bola 5
Tel. (91) 547 69 30
Hier gibt es angeblich den besten Cocido madrileño.

Barcelona

Hostal El Pintor
c/Sant Honorat 7
Tel. (93) 301 40 65
Typisch katalanische Küche zu
moderaten Preisen mitten im
Gotischen Viertel.

Casa Leopoldo
San Rafael 24
Tel. (93) 441 30 41
Familienbetrieb mit guter
Küche in gekacheltem Am-
biente im Barrio Chino.

Suquet de'Almirali
Juan de Borbón 65
Tel. (93) 221 62 33
Der Küchenchef zaubert ka-
talanischen Fischeintopf auf
höchstem Niveau.

San Sebastián
Arzak
Alto de Miracruz 21
Tel. (943) 27 84 65
Der einzige Drei-Sterne-Koch
des Baskenlandes serviert baskische Neue Küche angesichts
der Sterne zu erstaunlich moderaten Preisen.

Segovia
Mesón de Cándido
Azoguejo 5
Tel. (921) 42 81 03
Das berühmteste Restaurant
Spaniens. Hier wird das ge-
backene Spanferkel mit einem
Teller zerteilt.

F

Fährverbindungen

Sowohl zwischen dem spanischen Festland und den Balearen als auch zwischen den Balearen-Inseln bestehen zahlreiche Fährverbindungen. Von
Barcelona (Catalunya) und
Dénia (Comunidad Valenciana)
gibt es täglich Verbindungen
nach Palma de Mallorca und
Ibiza. Rund 20mal verkehren
Fähren und Schnellboote täglich zwischen Ibiza und Formentera.
Informationen gibt es bei:
Flebasa (Tel. 902-16 01 80),
Transmediterránea (Tel. 902-
45 46 45) und Línea Marítima
Pitra (Tel. 96-642 31 20).

Fernsehen & Radio

Der staatliche Rundfunk RTVE
(Radio Televisión Española)
strahlt zwei Fernsehpro-
gramme aus, TVE-1 (Televisión
Española) und La 2. Daneben
gibt es in sechs Autonomen Regionen einen von der TVE unab-
hängigen dritten öffentlich-
rechtlichen Kanal (im Baskenland und in Katalonien sogar
zwei). Die ETB (Euskal Telebista)
der baskischen Rundfunk- und
Fernsehgesellschaft EITB (Euskal Irrati Telebista) sendet nur
in baskischer Sprache, der
zweite Kanal ETB-2 in Spanisch.
Die beiden Kanäle des katalanischen Fernsehens CCRTB (Cor-
poració Catalana de Ràdio i Te-
levisió), TV-3 und Canal 33, senden nur in Katalanisch. Auch
Galizien verfügt mit dem TVG
(Televisión de Galicia) über ein
Programm in galizischer Sprache. Weitere Regionalsender
sind in Andalusien der Canal
Sur, in Madrid der Sender Tele-
madrid und in València der Kanal 9.
Seit 1990 gibt es neben den
öffentlich-rechtlichen Sen-
dern auch Privatsender: Antena
3 Televisión, Tele 5 und den
gebührenpflichtigen Canal
Plus.
Anders als in Deutschland sendet nur Radio Nacional de
España (RNE) als landesweites,
öffentlich-rechtliches Radio-
programm. RNE verfügt über
5 innerspanische Programme,
wovon das 4. Programm nur
in Katalanisch ausgestrahlt
wird.
Daneben gibt es rund 30 Privat-
rundfunksender. Davon sind
landesweit zu hören u.a. Onda
Cero, der Nachrichtensender
Cadena Ser oder der Musiksen-
der 40 Principales mit der aktuellen spanischen Hitliste. Zahlreiche regionale und lokale Privatsender ergänzen das
Angebot.

Feste und Feiertage

Ferias und Fiestas gibt es in
Spanien das ganze Jahr über.
Gesetzliche Feiertage sind:
Neujahr: 1. Januar,
Dreikönigstag: 6. Januar,
Karfreitag,
Tag der Arbeit: 1. Mai,
Fronleichnam,
Mariä Himmelfahrt: 15. August,
Kolumbustag: 12. Oktober,
Allerheiligen: 1. November,
Verfassungstag: 6. Dezember,
Mariä Empfängnis: 8. Dezember,
Weihnachten: 25. Dezember.

Daneben hat jede Region und
jedes Dorf eigene Feiertage. Die
berühmtesten sind die Fallas in
València (12.–19. März), die
Semana Santa in der Karwoche
in Andalusien und die sich
anschließende Feria de Abril
von Sevilla, die Pfingstwallfahrt
Romería del Rocío in Huelva, die
Fiestas de San Fermín in Pamplona (6.–14. Juli) und der Día
de Santiago (25. Juli) in Galizien.

Fotografieren

Vor einer Reise nach Spanien
sollte man sich zu Hause mit
ausreichend Filmen eindecken,
da Filmmaterial nach wie vor
teurer als in Deutschland ist.
Das gilt vor allem für Diafilme.
In den meisten Museen und in
vielen Kirchen ist das Fotogra-
fieren gar nicht, mancherorts
nur gegen eine Gebühr erlaubt.

G

Geld und Geldwechsel

Es sind Münzen von 1 bis 500
und Scheine zu 1000, 2000,
5000 und 10.000 Peseten im
Umlauf. Die Pesete ist seit dem
EU-Beitritt Spaniens eine relativ stabile Währung. Der Wech-
selkurs von 100 Peseten
schwankt seit Jahren um
1,20 DM.

Gängige Kreditkarten wie Euro-card/Mastercard, Visa und American Express werden in den meisten Restaurants, an Tankstellen und in Geschäften akzeptiert. Weit verbreitet sind Geldautomaten (cajero automático oder telebanco). In fast jedem Ort, bisweilen selbst in kleineren Dörfern, kann man hier rund um die Uhr mit EC-Karte oder Kreditkarte und Geheimnummer Geld ziehen. Ebenso werden in den Banken Reiseschecks akzeptiert. Darüber hinaus ist es möglich, bei der Post (Caja Postal) von europäischen Postsparbüchern mit Sparbuchkarte und Ausweis Geld abzuheben. Wer Bargeld wechseln möchte, sollte sich vorher nach der Höhe der Kommission erkundigen.

Gesundheitsvorsorge

Schutzimpfungen sind für EU-Bürger und Schweizer für eine Einreise nach Spanien nicht erforderlich.

I

Informationen

Informationen und Broschüren sind bei den spanischen Fremdenverkehrsämtern in Deutschland, Österreich und der Schweiz erhältlich. Im Internet gibt es Informationen in Spanisch, Deutsch und Englisch unter http://www.tourspain.es.

Deutschland
Kurfürstendamm 180
10707 Berlin
Tel. (030) 882 60 36

Myliusstraße 14
60323 Frankfurt/Main
Tel. (069) 72 50 33

Grafenberger Allee 100
40237 Düsseldorf
Tel. (0211) 680 39 80

Schubertstr. 10
80051 München
Tel. (089) 538 90 75

Österreich
Rotenturmstr. 27
1010 Wien 1
Tel. (0222) 535 31 91

Schweiz
Seefeldstraße 19
8008 Zürich
Tel. (01) 252 79 30

Inlandsflüge

IBERIA und ihre kleinere Tochtergesellschaft AVIACO fliegen fast alle größeren Städte des Landes einschließlich der Balearen an. Zwischen Madrid und Barcelona besteht eine Luftbrücke (puente aéreo), die beide Städte im Stundentakt, zu bestimmten Zeiten in noch kürzeren Abständen, per Flugzeug miteinander verbindet. Informationen: Infoiberia, Tel. (91) 329 57 67.

L

Literaturhinweise

Aus der nahezu unüberschaubaren Fülle der Literatur über Spanien hier eine kleine Auswahl:

Cervantes, Miguel de: Don Quijote
Winkler, München, 1987
Die Abenteuer des Ritters von der traurigen Gestalt sind ein Klassiker und führen den Leser durch ganz Spanien.

Goytisolo, Juan: Spanien und die Spanier
Suhrkamp, Frankfurt, 1982
Ein Standardwerk des zeitgenössischen spanischen Autors.

Haensch, Günther und Haberkamp de Antón, Gisela: Kleines Spanien-Lexikon

Beck, München, 1996
Eine umfassende Informationsquelle nicht nur für Touristen.

Hemingway, Ernest: Der Tod am Nachmittag
Rowohlt, Reinbek, 1999
Ein Klassiker über den spanischen Stierkampf.

Herzog, Werner: Spanien
Beck, München, 1998
Umfassende Landeskunde zu Spanien.

Llamazares, Julio: Der gelbe Regen
Suhrkamp, Frankfurt, 1991
Die Geschichte des verlassenen Dorfes Ainielle in den aragonesischen Pyrenäen.

Nooteboom, Cees: Der Umweg nach Santiago
Suhrkamp, Frankfurt, 1992
Essays, nicht nur über den spanischen Norden.

Oehrlein, Josef: Madrid. Das Insider-Lexikon
Beck, München, 1993
Das Buch gibt in höchst amüsanter Weise Einblicke in die Geheimnisse der Stadt und ihrer Bewohner von A wie Amigos bis Z wie Zarzuela.

Sand, George: Ein Winter auf Mallorca
dtv, München, 1985
Eine Einstimmung für alle, die auf die Insel wollen, nicht nur im Winter.

Seibert, Ingrit: Spanien: ein Porträt. 30 Reportagen von Ingrit Seibert und Harald Irnberger
Rasch & Röhring, Hamburg, 1992
Vergnügliche Reportagen über Seelenzustände beim Flamenco, dem frivolen Nichts der Tapas, österlichen Bräuchen und vielem mehr.

Vilar, Pierre: Spanien
Wagenbach, Berlin, 1990
Für alle, die die Geschichte Spaniens von den Anfängen bis zur Gegenwart interessiert.

Vilar, Pierre: Der spanische Bürgerkrieg 1936–1939
Wagenbach, Berlin, 1999
Eine kurze, zusammenfassende Darstellung des spanischen Bürgerkriegs.

Wolf, Reinhart: Castillos
Schirmer/Mosel, München, 1990
Einer der schönsten Bildbände über Kastilien und seine Burgen.

M

Maße & Gewichte
Die Maße und Gewichte auf dem Festland und den Balearen entsprechen denen der mitteleuropäischen Länder.

Medizinische Versorgung
In allen größeren Orten gibt es Arztpraxen oder staatliche Gesundheitszentren (Centros de Salud). Zwischen Deutschland und Spanien besteht ein Sozialversicherungsabkommen. Wer in einer gesetzlichen Krankenkasse versichert ist, wird gegen Vorlage eines Auslandskrankenscheins kostenlos behandelt. Für alle anderen empfiehlt sich der Abschluß einer Reisekrankenversicherung.
Medikamente sind im allgemeinen günstiger als in Deutschland, Österreich und der Schweiz und häufig ohne Rezept zu bekommen. Die Apotheken (farmácias) haben Mo–Fr 9.30–13.30 und 16.30–20 Uhr und Sa 9.30–13.30 Uhr geöffnet, in großen Städten zum Teil auch täglich und rund um die Uhr.

N

Notruf & Polizei
Seit kurzem gilt in Spanien wie in den anderen EU-Staaten die 112 als landesweite Notrufnummer. Darüber hinaus ist die Polizei unter 091 und die Guardia Civil unter 062 erreichbar. Daneben kann man in den meisten Provinzen tags und nachts ärztliche Hilfe oder einen Rettungswagen über die Notrufnummer des Roten Kreuzes unter Tel. 22 22 22 anfordern.
In diesen Provinzen gelten folgende Notrufnummern:
Alicante Tel. 525 25 25
Asturias Tel. 522 22 22
Baleares Tel. 20 22 22
Barcelona Tel. 422 22 22
Burgos Tel. 23 22 22
Cantabria Tel. 27 56 61
Jaén Tel. 25 15 40
Madrid Tel. 522 22 22
Málaga Tel. 222 22 22
Navarra Tel. 14 32 22
Palencia Tel. 72 22 22
Pontevedra Tel. 85 20 77
Segovia Tel. 43 03 11
Sevilla Tel. 422 22 22
Teruel Tel. 60 22 22
València Tel. 367 18 70
Vizcaya Tel. 422 22 22
Zamora Tel. 52 33 00

P

Post
Postämter (correos) sind Mo–Fr 9–14 Uhr und 16–18 Uhr sowie Sa 9–14 Uhr geöffnet. Wer außerhalb dieser Zeit Briefmarken (sellos) braucht, kann sie auch in Tabakläden (estancos) kaufen.

S

Strom
220 Volt sind Standard. Fast alle Hotels und Campingplätze verfügen mittlerweile über Euro-Steckdosen. Wer sicher gehen will, sollte sich einen Adapter für Südeuropa kaufen.

T

Taxis
Taxifahren ist im allgemeinen billiger als in Deutschland, Österreich oder der Schweiz. Taxameter sind Standard. Grundbeträge und Fahrpreise sind festgelegt.

Telefonieren
Internationale Gespräche sind in der Regel von jedem öffentlichen Fernsprecher aus möglich. Man bezahlt entweder mit Münzen oder mit Karte (tarjeta), die man u.a. in Tabakläden (estancos) erhält. In vielen größeren Städten gibt es darüber hinaus öffentliche Telefonämter (telefónicas oder locutorios). Hier kann man von Kabinen aus telefonieren und später an der Kasse bezahlen. Auch Faxgeräte stehen bereit. Die Auslandsvorwahl von Spanien aus ist die 07, nach dem Signalton wird die jeweilige Landeskennzahl gewählt (49 für Deutschland, 43 für Österreich, 41 für die Schweiz). Die Null der Ortsnetzkennzahl entfällt. Für Gespräche innerhalb Spaniens gelten seit April 1998 neunstellige Telefonnummern, die jetzt immer mit einer 9 beginnen. Die nationale Auskunft ist unter 10 03, die Internationale Auskunft unter 025 zu erreichen.

Trampen
Trampen ist in Spanien verpönt. Wer es dennoch versucht, sollte sich auf eine lange Wartezeit einstellen. Da Bus- und Bahntickets relativ günstig sind, lohnt das Warten ohnehin kaum.

Trinkgeld

Ein Trinkgeld (propina) ist in Spanien üblich. Kellner erhalten etwa 10 % des Rechnungsbetrages, in Bars oder Cafés läßt man ein paar Münzen auf dem Rechnungstellerchen zurück. Gepäckträger und Zimmermädchen erhalten ein Trinkgeld von etwa 100 Ptas. pro Koffer bzw. Tag.

Unterkunft

Spanien bietet für jeden Geschmack und Geldbeutel die entsprechende Unterkunft. Die Palette reicht von einfachen Pensionen, in denen ein Doppelzimmer schon für 2.500 Ptas. die Nacht zu haben ist, bis zu 5-Sterne-Luxushotels, in denen ein Doppelzimmer 30.000 Ptas. und mehr die Nacht kostet. Die Unterkünfte sind folgendermaßen klassifiziert:

Hotel/Hotel Residencia H/HR (von ***** bis *):
Hier reicht das Angebot von Hotels der Luxusklasse bis zur einfachen Unterkunft. Die Hotel Residencias entsprechen unseren Garni-Hotels und bieten nur Frühstück an.

Hostal HS oder Pensión P (von ** bis *):
Der gebotene Komfort dieser Unterkünfte liegt in der Regel unter dem von 1-Sterne-Hotels. Das gilt aber nicht immer. Manche Hostalbesitzer lassen sich aus steuerlichen Gründen in diese Kategorie einstufen und bieten trotzdem den Komfort von 2- oder 3-Sterne-Hotels. Der Zimmerpreis verrät es.

Fonda F:
Fondas sind sehr einfache Unterkünfte, die oftmals über Bars oder Restaurants liegen, aber in den letzten Jahren immer seltener werden.

Jugendherberge:
Adressen von spanischen Jugendherbergen bekommt man beim Deutschen Jugendherbergswerk (Tel. 05 231-74 01 22).

Privatunterkunft:
Privatunterkünfte (habitaciones) sind zwar selten, werden gelegentlich aber in den Ferienzentren angeboten, eine zentrale Vermittlungsstelle gibt es bislang nicht.

Parador:
Eine spanische Besonderheit sind die staatlichen Paradores, die oft in historischen Gemäuern wie Burgen, Schlössern oder Adelspalästen untergebracht sind. Von 3-Sterne- bis zu 5-Sterne-Paradores reicht das Angebot. Ein Verzeichnis ist ebenfalls bei den Fremdenverkehrsämtern erhältlich. Reservierungen sind über die Central de Reservas der Paradores de Turismo de España in Madrid möglich (Tel. 91-516 66 66).

Ganz gleich, welche Kategorie man wählt: Die Zimmerpreise müssen überall deutlich angeschlagen sein, wobei normalerweise die Mehrwertsteuer IVA (zwischen 7 und 15 %) nicht inbegriffen ist. Frühstück ist im Zimmerpreis in der Regel ebenfalls nicht enthalten. Einzelzimmer (individuales) sind immer noch selten. In der Regel wird auf den Doppelzimmerpreis ein Nachlaß gewährt. Die Doppelzimmer werden mit zwei Einzelbetten (dobles) oder mit französischem Bett (matrimonios) angeboten.
Wachsender Beliebtheit erfreut sich darüber hinaus seit einigen Jahren Urlaub auf dem Bauernhof (Turismo rural, Agroturismo oder Turismo verde). Die spanischen Fremdenverkehrsämter haben für jede Region ein vollständiges, aktuelles Unterkunftsverzeichnis, aus dem Ausstattung, Lage und Preis der Unterkünfte hervorgehen. Die Fremdenverkehrsämter informieren auch über regionale Anbieter des Turismo rural.

Verkehrsregeln

Wer in Spanien gegen die Verkehrsregeln verstößt, hat mit vergleichsweise hohen Strafen zu rechnen. Für Geschwindigkeitsüberschreitungen von 10 km/h sind bis zu 10.000 Peseten fällig. Die Promillegrenze liegt bei 0,8. Inner- wie außerorts besteht Gurt- und Helmpflicht. Abschleppen durch Privatautos ist verboten. Ebenso wird das Telefonieren mit Mobiltelefonen während der Fahrt geahndet. Das Parken in allen größeren Städten ist ein besonderes Problem, da Parkplätze rar sind. Es empfiehlt sich allein aus Sicherheitsgründen, bewachte Parkplätze oder Parkhäuser anzusteuern. An gelb markierten Bordsteinen ist das Parken grundsätzlich verboten, gebührenpflichtige Parkzonen sind blau markiert. Der gefürchtete Abschleppdienst, die „grúa", kennt auch bei Touristenautos kein Pardon.

Wein

Seit Francis Drake ihn nach England gebracht hat, ist Sherry aus Andalusien der bekannteste Wein Spaniens. Auch süßer Málaga-Wein war in der späteren viktorianischen Epoche in England sehr beliebt. Die restlichen Weinbauregionen in Spanien waren weitgehend unbekannt. Daran hat sich erst Anfang des 20. Jahrhunderts etwas geändert. 1926 hat das Landwirtschaftsministerium die Weinbauregionen für ganz Spanien festgelegt und regionale Qualitätskontrollbehörden (Consejo Reguladores) geschaffen. Und seit 1972 wacht das Instituto de Denominaciones de Origen (INDO) als zentrales Gremium über die Arbeit der Consejo Reguladores. Heute ist Spanien nicht nur was die Anbaufläche anbelangt, sondern auch hinsichtlich der Qualität der Weine eine der führenden Weinnationen Europas. Je nach ihrer geographischen Lage werden in den Anbaugebieten sehr unterschiedliche Weine produziert.

Weißweine sind typisch für die Regionen am Atlantik (Albariño und Ribeiro in Galizien, Txacolí im Baskenland) und Katalonien (u.a. Cava). Gute Rotweine kommen vor allem aus der Rioja und Ribera de Duero (Castilla-León) sowie aus dem Priorat (Südkatalonien). Aber auch Valdepeñas (Castilla-La Mancha), das früher eher für seine Massenweine bekannt war, hat mittlerweile Reservas und Gran Reservas zu bieten. Gleiches gilt für die Weine der Tierra de Barros (Extremadura) oder des Somontano (Huesca). Auf den Balearen ist Binissalem auf Mallorca das beste Anbaugebiet. Mittlerweile 40 Weinbaugebieten hat der Consejo Regulador die geschützte Herkunftsbezeichnung verliehen. Abgesehen von den einfachen, oft nicht herkunftsbezeichneten Tischweinen (vino de mesa), werden folgende Weine unterschieden: Con crianza sind Weine, die mindestens zwei Jahre lang im Eichenfaß und in der Flasche gelagert sein müssen. Reserva sind Weine von gehobener Qualität, die mindestens drei Jahre lang im Eichenfaß und in der Flasche gelagert sind, davon mindestens ein Jahr im Eichenfaß (Weißweine mindestens zwei Jahre, davon sechs Monate im Eichenfaß). Gran Reserva sind Weine, die die beste Qualität bieten. Sie müssen mindestens zwei Jahre im Eichenfaß und danach drei Jahre in der Flasche gelagert worden sein (Weißweine insgesamt vier Jahre, davon sechs Monate im Eichenfaß).

Z

Zeit

In Festlandspanien und auf den Balearen gilt mitteleuropäische Zeit (MEZ). Wie in allen anderen EU-Staaten werden auch die Uhren auf Sommerzeit bzw. Winterzeit umgestellt.

Zeitungen & Zeitschriften

Fast jede größere Stadt verfügt über eine eigene Tageszeitung. Darüber hinaus werden die überregionalen Tageszeitungen wie El País, Diario 16, El Mundo, La Vanguardia oder ABC zum Teil mit Regionalteilen verkauft. Deutschsprachige internationale Tages- und Wochenzeitungen sowie Zeitschriften sind in allen größeren Städten an Bahnhöfen oder in Buchhandlungen zu bekommen. Vor allem an der Mittelmeerküste und auf den Balearen gibt es darüber hinaus deutschsprachige Zeitungen, die in der jeweiligen Urlaubsregion erscheinen wie z.B. die Costa Blanca-Nachrichten oder das Mallorca-Magazin.

Zoll

Seit 1993 dürfen Waren zum persönlichen Gebrauch innerhalb der EU unbegrenzt mitgeführt werden. Für die Schweiz gelten Sonderbestimmungen. Die Einfuhr von spanischen Wurst- oder Fleischwaren in die Schweiz ist nach wie vor verboten. Daran sollten Österreicher und Deutsche bei Transitreisen durch die Schweiz denken.

Bildnachweis
A.N.T. Photo Library/Silvestris 163/3, Anders/Juniors 215/1b, Arndt 173/2a, Arndt/Silvestris 169/2, Barajas 13, 27, 50, 52, 72, 74, 77, 123, Bärtels 269/5, Bernhart 15, Bethge 191/2, 211/4, Botzek 155/1, 175/3b, Brandl/Silvestris 171/3, 215/3, Brehm 173/1, 181/1a, 199/2a, Brockhaus/Silvestris 229/2, 235/1, 271/2, Brooks/Aquila 199/3, Brooks/FLPA 189/2a, Callan/FLPA 163/2a, Canseco/NHPA 225/3, Chittenden/FLPA 189/1, Cramm 219/2, 223/1b, Cuveland/Silvestris 237/1, Danegger/Silvestris 159/2, 159/3, 161/4, 163/1a, 233/2, Dennis/Sunset 175/1, Eriksen/Aquila 191/3, Eshbol/FLPA 175/3a, Essler/Juniors 153/4, Fischer 193/4, 203/2, 203/4, Fischer/Silvestris 185/1a, 227/5, FLPA/Silvestris 155/2, 191/1, 223/3, Förster/Natur im Bild 269/4, Galán 219/4, 221/4, 225/1, 225/5, Galán/Silvestris 225/2, 227/3, 227/4, 237/4, 239/1, 255/3, 257/2, 263/1, 271/3, 271/4b, Geoff/A-Z Botanical Collection 257/1, Gernis/Aquila 205/1a, Gibbons 235/4, Giel/Silvestris 149/1, 169/4, Gomille 169/3b, Grande/Bruce Coleman 179/5, Gross/Silvestris 201/3, 249/3, Grüner 205/2, Haberer 261/2, Hecker 169/1, 171/2, 189/2b, 197/1, 211/3, 215/1a, 217/1, 229/1, 247/3, 251/2, 257/3, 265/3b, 271/1b, Hecker/Silvestris 203/3, 219/1, 231/3, 231/4, 245/3, 249/4, 253/3, 263/3, 265/2, 267/3, 267/4, Heppner/Silvestris 253/4, 255/4, Herzog/Juniors 159/1, Heuclin/NHPA 149/2, Heuer 1, 135, 136, Höfels/Silvestris 233/3, Hofmann 167/3, 169/3a, 197/4, 199/2b, Hofmann/Silvestris 247/1, Höll/Juniors 167/2, Hutter 245/2, 265/1, 269/1, Irsch/Silvestris 259/3, Jacobi 267/2, Jacobi/Silvestris 221/2, 243/2, 249/2, Jones/A-Z Botanical Collection 257/4b, Kanzler 2 u. 3, 20 u. 21, Kemp/Oxford Scientific Films 161/3, König 215/4, 221/1, 263/4a, Kostrzewa 28, 69, 128, Lacz/Sunset 221/3, Lane/Aquila 207/2, Lane/Silvestris 233/1, Lange 4 u. 5, 18, 106, 130 u. 131, Lange/Silvestris 251/4, Layer 193/2a, 197/3, 241/4, 255/2, 263/4b, 269/2, Layer/Silvestris 193/3, 201/2, Lenz/Silvestris 229/4, Liese 47, 66 u. 67, 95, 98 u. 99, 101, 102, 108, 111, 113, 114, 116, 118 u. 119, 121, 125, 126, 140, 141, 143, 145, Limbrunner 149/4, 151/1, 151/2a, 151/4, 153/2, 153/3, 171/1, 181/1b, 187/3, 195/1, 195/2, 199/1, 199/4, 205/3b, 207/1, 211/1, 211/2, 217/3, 231/2, 233/4, 241/1, 247/4, 255/1, Lüpnitz 237/3, Maier/Silvestris 173/3a, 183/2, 241/2, Manzanares/Bruce Coleman 217/5b, Marquez/Silvestris 155/3b, 161/2, 163/1b, 177/1b, Mattison/FLPA 217/4, 219/3, Merlet/FLPA 267/1b, Meyers/Silvestris 163/4, 185/2, 227/2, Montes/Grévol 179/2, Moosrainer 195/3, Moosrainer/Silvestris 213/3, Müller 181/3a, 185/1b, 195/4, Müller/Juniors 193/1b, Mutz/Blickwinkel 223/2, 225/4, Nagel/Silvestris 163/2b, Nill/Silvestris 151/2b, 157/2, 161/1, 177/2, 177/5, 181/4b, Nordlicht/Juniors 183/1, Partsch/Silvestris 165/2, 209/2, 215/2, Pfeiffer/Silvestris 235/3, Pforr 243/4, Pieper/Silvestris 167/1, Plant Pictures World Wide 247/2, Pölking/Silvestris 175/2, Pott 146 u. 147, 171/4, 171/5a, 171/5b, 181/4a, 183/4, 193/1a, 239/4, 257/5, 261/3, Reinhard 153/1, 181/2, 243/1, 259/2, 271/1a, Reinhard/Angermayer 157/3, 157/4, Sacristán/Grévol 165/3, 217/2, 217/5a, 223/1a, 245/4, 253/2, 257/4a, Sams/A-Z Botanical Collection 253/1, Sanchez/Oxford Scientific Films 207/3, Sanz/Grévol 149/3, Schiefer 7, 10, 23, 24, 25, 29, 33, 34 u. 35, 37 beide, 43, 44 beide, 45, 48 u. 49, 56, 57, 59, 62, 65, 71, 88, 127, 129, 137, Schmidt/Angermayer 165/5, 183/3, 203/5, 213/1, Schmidt/Silvestris 179/1, 205/3a, Schönfelder 235/2, 237/2, 239/2, 239/3, 241/3, 243/3, 245/1, 251/1, 251/3, 259/4, 263/2, Schug/Silvestris 271/4a, Schulte/Juniors 165/1, Schulz/Juniors 189/4, Schütz 265/3a, Siepmann 78 u. 79, 80, 86, 91, 122, Simón/Aquila 209/1, Sohns/Silvestris 151/3, 177/1a, 201/1, Sprank/Silvestris 187/2, Stein 261/4, Synatzschke 205/1b, Thielscher/Juniors 193/2b, 203/1, Thielscher/Silvestris 177/3, 259/5, 261/1, Trummer 40 beide, 76, 83, 85, 133, Usher/Silvestris 197/2, Vences/Blickwinkel 227/1, Volmer 187/1, Voß/Silvestris 229/3, Walz/Silvestris 157/1, Wendl/Angermayer 177/4, Wendler/Silvestris 261/5, Weniger 38, 115, Wernicke/Silvestris 189/3, Wilkes/Aquila 199/5, Willner 231/1, 249/1, 259/1, Wilmshurst/FLPA 185/3, Wilmshurst/Silvestris 173/3b, 191/4, 207/4, 209/4, Wisniewski/Silvestris 165/4, Wothe 155/3a, 179/4, Wothe/Silvestris 267/1a, 269/3, Zeiniger 151/3, 173/2b, 175/4, 179/3, 181/3b, 209/3, 213/2, Zoller/Juniors 209/5.
Mit drei Farbtafeln und einer Zeichnung (S. 272 ff.) von Marianne Golte-Bechtle.

368 Farbfotos, 60 Farbzeichnungen und
25 Karten

Umschlaggestaltung von Atelier Reichert,
Stuttgart, und Friedhelm Steinen-Broo,
eSTUDIO CALAMAR, unter Verwendung
von sieben Aufnahmen von Hecker: Feigen-
kaktus (Umschlagrückseite oben), Kanzler:
Los Mallos, Pyrenäen (Klappe), Las Medu-
las, Kastilien-León (Titelbild), Liese: Spanische Fiesta (Umschlagrückseite unten),
Müller: Bienenfresser (kl. Bild oben), Schiefer: Alcázar, Segovia (kl. Bild ro), Siepmann:
Cabo de Trafalgar, Andalusien (kl. Bild ru).

Die Deutsche Bibliothek –
CIP-Einheitsaufnahme

Spanien – Balearen : reisen und erleben ;
Tiere und Pflanzen entdecken ;
[Reiseführer & Bestimmungsbuch] /
Andrea Kath ; Karin Blessing. [In Zusam-
menarbeit mit Natur-Studienreisen]. –
Stuttgart : Kosmos, 1999
  (Kosmos-NaturReiseführer)
  ISBN 3-440-07836-1

KOSMOS Bücher · Videos · Cds · Kalender ·
Experimentierkästen · Spiele ·
Seminare
Natur · Natur Reiseführer · Garten und
Zimmerpflanzen · Heimtiere · Astronomie ·
Pferde & Reiten · Kinder- und Jugendbuch ·
Eisenbahn/Nutzfahrzeuge
Informationen senden wir Ihnen gerne zu:
KOSMOS Verlag · Postfach 10 60 11 ·
70049 Stuttgart · Telefon 07 11-21 91-0 ·
Fax 07 11-21 91-4 22

© 1999, Franckh-Kosmos Verlags-GmbH &
Co., Stuttgart
Alle Rechte vorbehalten
ISBN 3-440-07836-1
Grundlayout: Atelier Reichert, Stuttgart
          Friedhelm Steinen-Broo,
          eSTUDIO CALAMAR
Seitenlayout: Guido Schlaich, München
Kartographie: Jochen Fischer, Fürstenfeld-
bruck
Lektorat: Angelika Holdau, Stefanie Tommes
Textredaktion Bestimmungsteil:
Dr. Christa Söhl
Herstellung: Lilo Pabel
Printed in Germany / Imprimé en Allemagne
Satz: Typomedia Satztechnik GmbH,
Ostfildern
Druck und Buchbinder: Westermann Druck
Zwickau GmbH, Zwickau

Verwendete Abkürzungen:

G	Gewicht
H	Höhe
KR	Kopf-Rumpf-Länge
L	Länge
Sp	Spannweite

Die Zeichnungen auf den Farbtafeln entsprechen nicht den exakten Größenver-
hältnissen, wie sie in der Natur vorzufin-
den sind.